Taschenbücher zur Musikwissenschaft

23

Taschenbücher zur Musikwissenschaft
Herausgegeben von Richard Schaal
23

Heinrichshofen's Verlag
Wilhelmshaven

CARL MARIA VON WEBER

Kunstansichten

Ausgewählte Schriften

Heinrichshofen's Verlag
Wilhelmshaven

CIP-Kurztitelaufnahme der Deutschen Bibliothek

Weber, Carl Maria von
[Sammlung]
Kunstansichten: ausgew. Schriften. – Wilhelmshaven: Heinrichshofen, 1977.

(Taschenbücher zur Musikwissenschaft; 23)
ISBN 3-7959-0248-7

Gesamtherstellung: Heinrichshofen's Druck, Wilhelmshaven
Printed in Germany
ISBN 3-7959-0248-7
Bestellnummer 12/248

VORWORT

Dem törichten Wort, Carl Maria von Weber sei auf die Welt gekommen, um den *„Freischütz"* zu komponieren, in dieser Oper also sei sein ganzes Lebenswerk inbegriffen, widerspricht das Gesamtwerk, das Opern, Orchester-, Kammer- und Vokalmusik umschließt – wollen wir denn auf *„Abu Hassan"*, *„Euryanthe"* und *„Oberon"* verzichten, wollen wir nicht immer wieder die herrlichen Werke für Klarinette hören, wollen wir nicht vieles entdecken, was sich lohnt, aufgeführt zu werden, Sinfonien, Konzerte, Concertinos, Duo, Trio, Quartett und Quintett, Lieder, die den Frühling des deutschen Liedes ankündigen, Klavierwerke, die ihren eigenen Stil haben und in die Zukunft weisen?
Könnte man nicht mit der gleichen Berechtigung behaupten: Weber, der Gründer der „Deutschen Oper" in Dresden, sei auf die Welt gekommen, um der deutschen Oper gegenüber der italienischen, die die Höfe und ihre antinationale Einstellung überschwemmt hatte, zum Sieg zu verhelfen? War es nicht seine Mission, als erster „Generalmusikdirektor" vorbildlich für die Nachwelt zu wirken in seiner umfassenden Sorge um das Geschehen auf und vor der Bühne, um die Leistung des Orchesters und die der Solisten und des Chors?
Schließlich: Gehört Carl Maria von Weber nicht zu den großen Schriftstellerkomponisten, die uns heute noch etwas zu sagen haben? Wir wollen mit der folgenden Auswahl seiner Schriften den Beweis dafür antreten.

Schon im 18. Jahrhundert hatten sich verschiedene Komponisten im Gefolge der Aufklärung, der Emanzipationsbewegung des fortschrittlichen Bürgertums, auf das Gebiet der Literatur, der Autobiographie, der Musikwissenschaft, der Musiktheorie und der Musizierpraxis begeben. Beispiele dafür sind u. a. Georg Philipp Telemann (1681–1767), der nicht nur als Komponist, sondern auch als Schriftsteller für viele Musikfreunde noch heute zu entdecken ist, Johann Mattheson (1681–1764), Johann Joachim Quantz (1697 bis 1773), Johann Adolph Scheibe (1708–1776), Carl Philipp Emanuel Bach (1714–1788) und Johann Adam Hiller (1728–1804). Am Ende

des Jahrhunderts und in das neue hineinragend bildete sich der Typ des Künstlers heraus, der sich auf beiden Gebieten, dem der Musik und dem der Literatur, in gleicher Weise betätigte, wobei die Akzente verschieden waren. Noch mehr als bisher wandte man sich nun an das Publikum, an das neue, an das bürgerliche Publikum. Die jetzt eroberte öffentliche Konzertpraxis verlangte nach einer öffentlichen Stellungnahme. Dafür genügte die Fachpresse, in der die obengenannten Musiker zu Wort gekommen waren, nicht mehr. Immer mehr Zeitschriften berichteten über musikalische Ereignisse, bis sich die 1798 von J. F. Rochlitz in Leipzig gegründete „Allgemeine Musikalische Zeitung" (für die Carl Maria von Weber fleißig schrieb) an die Spitze einer ganzen Reihe ähnlich gearteter, die Musik-„Kritik" extensiv betreibenden Periodika setzte. Und schließlich zog die Musikkritik auch in die Tagespresse ein. Als erste gab die Berliner „Vossische Zeitung" (1788) in ihrem Feuilleton der Musikkritik Raum, J. K. F. Rellstab (1759–1813) war ihr erster Mitarbeiter, dem bis zu ihrem von den Faschisten 1933 herbeigeführten Untergang weitere hervorragende Kritiker folgten.
Dabei bildeten sich mehrere Typen schreibender Komponisten heraus.
Es gab den Schriftsteller, der auch komponierte – E. T. A. Hoffmann. Ein genialer Schriftsteller, ein nicht unbedeutender Komponist, der die Begabung und die Ausbildung des Musikers vereinte mit der Kunst des Schreibens, das er bis zu dichterischer Höhe steigerte. Aus dieser Mischung ergab es sich, daß Hoffmanns Schriften über Musik – im Gegensatz etwa zu den musikalischen Randbemerkungen eines Wackenroder, eines Novalis, eines Friedrich Schlegel – von großem Fachwissen geprägt sind. Berühmt wurde zum Beispiel sein Aufsatz über Beethovens V. Sinfonie, den er 1810 für die „Allgemeine Musikalische Zeitung" schrieb. Seine mehrfach gesammelt vorgelegten Werke sind Dichtungen und zugleich Musikschrifttum.
Es gab den Komponisten, der auch schriftstellerisch tätig war – Carl Maria von Weber, dem diese Schrift gewidmet ist.
Es gab den Dichter, der zwar nicht Musiker war und dennoch (meistens für die „Augsburger Allgemeine Zeitung") Gültiges über Musik – zum Beispiel über den Weberschen „*Freischütz*" – schrieb: Heinrich Heine.
Es gab die gleicherweise als Komponist und als Musikschriftsteller mit hohem dichterischem Einschlag bedeutende Persönlichkeit – Robert Schumann. 1834 gründete er in Leipzig die „Neue Zeitschrift für Musik" und leitete sie zehn Jahre lang selbst. Zu Be-

ginn seiner Tätigkeit feierte er – weit vorausschauend – Chopin als kommenden großen Mann („Hut ab, meine Herren, ein Genie!"); seine letzte Rezension eröffnete „Neue Bahnen", als er „ein junges Blut, an dessen Wiege Grazien und Helden Wache hielten", ankündigte: Johannes Brahms. Aber auch Schubert, Berlioz und Carl Maria von Weber fanden in ihm einen begeisterten Fürsprecher. Wo er die Kunstwerke mit zarten Händen anfaßte, nannte er sich: Eusebius; wo er leidenschaftlich zugriff: Florestan; wo er weise abwägte: Raro. Auch sei daran erinnert, daß sein „Davidsbund", der zwar nur ein fiktiver war, im „Harmonischen Verein" Webers vorgebildet war. Schumann selbst hat 1852 die musikalisch-literarischen Aufsätze, die er für die „Neue Zeitschrift für Musik" geschrieben hatte, in Buchform herausgegeben, und diese „Gesammelten Schriften über Musik und Musiker" sind mehrfach aufgelegt worden (Reclams Universal-Bibliothek Band 226), weil sie immer wieder starkes Interesse hervorgerufen haben.

Es gab den sein Jahrhundert und die Folgezeit in Aufruhr versetzenden Komponisten, der sich zugleich als Musikdramatiker in die Geschichte der Literatur eingeschrieben hat und der sein Werk mit einer Fülle von aggressiven, philosophischen, ästhetischen und organisatorischen Schriften begleitete – Richard Wagner.

Ihm stand als Kritiker und Propagandist Hugo Wolf zur Seite, der nicht nur die harmonischen Entdeckungen Wagners auf das Genre Lied übertrug und schöpferisch weiterentwickelte, sondern auch zum Lobredner Wagners wurde und sich darum auch auf die Seite Bruckners schlug, was seinen Kampf gegen Brahms zwar nicht rechtfertigt, aber doch verständlich erscheinen läßt. Seine Kritiken aus dem „Wiener Salonblatt" sind ebenfalls gesammelt erschienen.

In Frankreich waren es u. a. Hector Berlioz, Bewunderer Carl Maria von Webers, der nicht nur den „Grand Traité d'instrumentation et d'orchestration", also ein Lehrbuch schrieb, sondern auch Memoiren und eine Fülle geistvoller Kritiken, deren deutsche Gesamtausgabe nicht weniger als zehn Bände füllen, und Claude Debussy, der als „Monsieur Croche antidelettante" sehr kluge, oft poetisch verklärte Komponistenporträts (auch von Carl Maria von Weber) entworfen hat.

Nicht zuletzt waren es russische Komponisten, die sich literarisch betätigten, Nikolai A. Rimski-Korsakow, der, ähnlich wie die früheren Komponistenschriftsteller, Lehrbücher, aber auch eine Autobiographie hinterließ (Reclams Universal-Bibliothek Band 428), Peter I. Tschaikowski, der ebenfalls ein Lehrbuch („Leitfaden zum

praktischen Studium der Harmonie") verfaßte, sich außerdem aber auch, von 1872 bis 1876, als Musikkritiker an der Moskauer Zeitung „Ruskije Wedomosti" („Russische Nachrichten") betätigte und seine publizistische Tätigkeit mit Berichten über die ersten Wagner-Festspiele in Bayreuth beendete (vgl. Reclams Universal-Bibliothek Nr. 6284–86). Neben ihnen waren es Alexander N. Serow (1820–1871) und Wladimir W. Stassow (1824–1906), die, aufbauend auf der in ihrem Charakter revolutionär-demokratischen russischen Aufklärung, die eigentliche russische Musikkritik eröffneten, vereint beide trotz großer Gegensätze in dem Bestreben, die Diktatur der italienischen Oper zu brechen und auf ihre Art beizutragen zu einer Blüte der nationalen russischen Musik.
Doch sind wir mit dieser begreiflicherweise nur skizzierten Geschichte der Musikkritik im Umkreise Carl Maria von Webers zum Teil schon weit über seine Zeit hinausgeschritten. Kehren wir also zu ihm zurück.
Was bei Weber ohne weiteres auffällt, ist eine immense Vielseitigkeit. Sie tritt klar zutage in der thematischen Anordnung unseres Bändchens, für das als Auswahlprinzip die Frage geltend war, inwieweit die Ausführungen Webers heute noch lesenswert und aktuell sind. Was ihn aus den anderen heraushebt, was seine unverwechselbare Eigenart ausmacht, ist die Tatsache, daß er hauptsächlich als Mann der Praxis geschrieben hat, und zwar nach den verschiedensten Richtungen hin. Vor allem ging es ihm darum, seinem Wirken als Kapellmeister den rechten Widerhall zu sichern. Darum schrieb er für Prag und dann für Dresden die „Dramatisch-musikalischen Notizen, als Versuche, durch kunstgeschichtliche Nachrichten und Andeutungen die Beurteilung neu auf dem Landständischen Theater zu Prag" (bzw. „auf dem Königl. Theater zu Dresden") „erscheinender Opern zu erleichtern". Er schuf damit populär-wissenschaftliche Werkeinführungen, die bis heute als Modell Gültigkeit besitzen. Den Prager Notizen stellte er im „Vorwort" einen Ausspruch Goethes voran: „Der rohe Mensch ist zufrieden, wenn er nur etwas vorgehen sieht; der Gebildete will empfinden, und Nachdenken ist nur dem ganz Ausgebildeten angenehm."
Weber geht es nicht etwa darum, sich und seine Aufführungen in ein recht günstiges Licht zu setzen. Es geht ihm ums Werk, es geht ihm um die Werke. Dabei ist er sowohl ein Wahrer des Erbes, wie etwa in der Einführung in Mozarts *„Entführung aus dem Serail"*, als auch ein Vorkämpfer für das Neue. Das bestätigt sich u. a. mit der Einführung in Spohrs Oper *„Faust"*, in seiner Kritik über E. T. A. Hoffmanns Oper *„Undine"*. Es spricht für seine Be-

scheidenheit, daß er nur selten etwas über seine eigenen Werke verlauten ließ.

Nicht nur in seiner Dresdner Tätigkeit, der Gründung einer „Deutschen Operngesellschaft“ finden wir bestätigt, daß Weber vor allem die Pflege der deutschen Oper am Herzen lag, auch in seinen Schriften setzt er sich immer wieder für sie ein. Schon früh war ein starkes Nationalgefühl in ihm geweckt worden, im freundschaftlichen Umgang mit dem glühenden Patrioten Gänsbacher, der als Offizier an den von Andreas Hofer geleiteten Freiheitskämpfen teilgenommen hatte, in dem Erleben der Kriegsfluten, die 1807 Schlesien erreicht hatten und in ihm Abscheu erweckte gegen den Krieg und die Spaltung des, wie der Sohn in der Biographie sagt, „ewig uneinigen Deutschlands“, in dem er „Deutsche für den fremden Dränger gegen Deutsche kämpfen sah“. Und erst recht entzündete sich sein vaterländisches Gefühl an dem geistigen Auftrieb, den das Bürgertum im letzten Drittel des 18. Jahrhunderts aus der Besinnung auf seine nationale Aufgabe gewonnen hatte, vor allem aber am Feuer der Befreiungskriege. Das fand seinen Niederschlag in Webers Liedern aus Theodor Körners *„Leier und Schwert“*, in seiner Kantate *„Kampf und Sieg“* (bezeichnend ist, daß es eines der wenigen eigenen Werke ist, zu denen er einen Kommentar schrieb) und nicht zuletzt im *„Freischütz“*, der in Dresden entstand, wo das Haus des Oberappelationsrats Christian Gottfried Körner, von den Hofkreisen gemieden, der Mittelpunkt bürgerlich-fortschrittlich und vaterländisch gesinnter Kreise war. Aber auch durch seine Schriften zieht es sich wie ein roter Faden: ob es sich um die Erläuterungen zu seiner Kantate *„Kampf und Sieg“* handelt oder um den Bericht über das Musikfest zu Frankenhausen in Thüringen, ob er in den Dresdner „Notizen“ sehr scharfsinnig das Wesen der deutschen Oper im Gegensatz zur französischen und italienischen definiert, ob er in seinen frühen Münchner Kritiken immer wieder das Thema „Deutsche Oper“ anklingen läßt und das „nach Fremdem haschende deutsche Publikum“ angreift, ob er von dem geliebten Freund, dem früher vielbewunderten und auch begeistert gewürdigten Meyerbeer, abrückt, wenn er ihm in seiner Einführung zu dessen Oper *„Emma di Resburgo“* nahelegt, er möge „ins deutsche Vaterland zurückkehren und mit den wenigen, die Kunst wahrhaft Ehrenden, auch mit fortbauen helfen ... an dem Gebäude einer deutschen Nationaloper, die gern von Fremden leiht, aber es in Wahrheit und Eigentümlichkeit gestaltet wiedergibt, um uns so endlich auch den Rang unter den Kunstnationen festzustellen, dessen unerschütterlichen Grund Mozart“ (vgl. seine begeisterte

Einführung in die *„Entführung aus dem Serail"*! K. L.) „in der deutschen Oper legte". Wahrhaftig, Richard Wagners Ausspruch am Dresdner Grab Webers: „Nie hat ein deutscherer Musiker gelebt als du!" hatte seine volle Berechtigung.

Zuwenig bekannt ist, daß Wagners vielzitierter Ausspruch: „Deutsch sein heißt, eine Sache um ihrer selbst willen tun" von Weber schon vorweggenommen war, als dieser 1820 in seiner Einführung in Hellwigs Oper *„Die Bergknappen"* schrieb: „Ich komme zu dem, was mich zu bevorstehender Ergießung veranlaßte. Es ist die Bemerkung: dem deutschen Künstler sei vorzugsweise der wahre Eifer eigen, im stillen die Sache, eben um der Sache willen, zu tun."

Nun wäre es ganz falsch, Carl Maria von Weber etwa eines engstirnigen Chauvinismus zu bezichtigen. Im Gegenteil! Nicht nur hat er immer wieder Werke von Komponisten anderer Nationen aufgeführt (sein Debut in Dresden gab er mit der Oper *„Jakob und seine Söhne"* des von ihm besonders geschätzten Franzosen Méhul), in seinen Schriften finden sich geistvolle Bemerkungen über die französische, über die italienische Oper, die die einzigen waren, die damals Geltung auf den europäischen Bühnen hatten. Und mit Recht konnte er in der (auch in unserer Auswahl aufgenommenen) Antwort auf die Angriffe im „Literarischen Merkur", nachdem er die Komponisten, deren Werke er in Dresden aufführte, genannt hatte, feststellen: „Nun, das sind eben keine schlechten Leute, ich hätte mich meiner Lieblinge nicht gerade zu schämen, und sie wären wohl auch mannigfaltiger Art genug. Oder hätte ich vielleicht Rossinis *‚Elisabeta'* und *‚Italiana in Algeri'* nicht mit derselben Sorgfalt und Eifer aufzuführen gesucht wie die anderen Opern? Nein, ich ehre gewiß alles Gute, es komme von welchem Volke es wolle." Überblickt man die rund siebzig Dresdner Einstudierungen während der fast zehnjährigen Tätigkeit, so findet man das Prinzip des Weberschen Spielplans bestätigt: Nationalbewußtsein und Weltoffenheit.

Weber faßte seine Tätigkeit als Kapellmeister, wie schon angedeutet, nicht eng, sondern sehr komplex auf. Er fühlte sich für die Darstellung, die Ausstattung der Bühne, das Bühnenbild, die Kostüme ebenso verantwortlich wie für das musikalische Niveau – wir würden heute sagen: er war ein Vertreter des „Musiktheaters". Und auch das findet seinen Niederschlag in seinen Schriften. In der Rechtfertigung, seine Tätigkeit in Prag betreffend, spricht er von seiner Sorge um die „Aufstellung eines schönen Ensembles" als erster Notwendigkeit und fügt den Satz an, der für alle, die sich der Kunst widmen, damals wie heute gilt: „Ich hielt nichts für Nebensache, denn in der Kunst gibt es keine Kleinigkeit." Mit welcher minutiösen Genauigkeit er vorzugehen pflegte, geht aus dem jene Gedanken weiterführenden „Versuch eines Entwurfs, den Stand einer deutschen Operngesellschaft zu Dresden in tabellarische Form zu bringen, mit kurz erläuternden Anmerkungen" hervor. Daß er sich hier auch um die finanzielle Seite kümmert und den ungefähr notwendigen Gehaltsbetrag einsetzt, wundert den nicht, der aus der Weber-Biographie weiß, welch peinlich genauer Rechner er in seinem eigenen „Budget" war, was aus den täglichen Einnahme- und Ausgabe-Eintragungen im Tagebuch zu ersehen ist.

Der Gesichtskreis des Kapellmeisters Carl Maria von Weber war weit gespannt. Das geht aus dem hervor, was er über die Musikfeste seiner Zeit geschrieben hat, aus seiner liebevollen Behandlung der Nachwuchsfrage (in seinen Berichten über das Prager Konservatorium, in dem warmherzigen Brief an seinen Schüler Julius Benedikt), aus seinen Kritiken. Welch hohe Auffassung Weber vom Amt des Kritikers hatte, zeigt sich deutlich in den „Bemerkungen über Kritikwesen", in denen der heute noch gültige Ratschlag steht: „Daß auch der Kritiker mit besonnener Auswahl und möglichster Berücksichtigung des auf das Fortschreiten in der Kunst Einwirkenden und mit wohlwollender Strenge – der Strenge des liebenden Freundes oder Vaters – zu Werke gehen möge." Es ist das gleiche, was Richard Wagner seinen Hans Sachs in den *„Meistersingern von Nürnberg"* in Versen sagen läßt: „Der Merker werde so bestellt, daß weder Haß noch Liebe das Urteil trübe, das er fällt."

Der Kritiker hat es nicht leicht. Er muß zu den Tagesereignissen Stellung nehmen. Es fehlt der zeitliche Abstand. Außerdem ist er in die Ereignisse selbst verstrickt, steht er ihnen noch gefühlsmäßig ablehnend oder zustimmend nahe. Daher erklären sich die vielen Fehlurteile und falschen Prognosen, die auch von namhaften und umsichtigen Kritikern immer wieder abgegeben werden. Es gibt bei Weber nicht weniger Fehlurteile als bei Robert Schumann, es gibt bei Weber aber auch die gleichen treffenden Prognosen wie bei jenem. Es sind bei Weber nicht vorwiegend die Komponistennamen, die seinen Weitblick bezeugen (mag er auch sehr viel Treffendes, oft alleinstehend, über Bach, Mozart, Gluck, Haydn, Cherubini, Marschner, Spohr und E. T. A. Hoffmann gesagt haben), sondern die großen musikpolitischen Gesichtspunkte, die er geäußert hat und die sich heute noch als lebens- und lesenswert zeigen. In den verhältnismäßig wenigen Konzertkritiken, die

Weber schrieb (das Schwergewicht liegt durchaus auf Opernrezensionen), wirkte er stets gemäß der Forderung, mit der Arnold Schering seinen Aufsatz „Aus der Geschichte der musikalischen Kritik in Deutschland" (Peters-Jahrbuch 1929) ausklingen ließ: „Ehrfurcht zu haben vor der Kunst selbst und menschliche Achtung vor dem Künstler, der sie uns gibt."

In seinem Stil zeigt sich Weber, namentlich in dem Romanfragment „*Tonkünstlers Leben*", beeinflußt von E. T. A. Hoffmann, mit dem er mehrfach zusammengetroffen ist und dessen „Phantasiestücke in Callots Manier" 1816 in ihm die Lust erweckten, das „Künstlerleben wieder vorzunehmen". Auch hat die Schreibweise Jean Pauls auf die seine abgefärbt. Eine direkte Abhängigkeit läßt sich allerdings nicht nachweisen, was sich auch damit erklären läßt, daß ihm eine planmäßig aufgebaute Erziehung fehlte. So beklagte er im Roman, daß alles, was er wisse, „eigentlich nur so zufällig entstanden sei und sich ebenso zufällig eins zum anderen gefügt habe". Von den Genannten unterscheidet er sich dadurch, daß er sich als Mann der Praxis nicht in phantastische oder gar mystische Fernen verliert. Daher sind seine einen Künstler oder ein Werk beurteilenden Schriften sachlicher abgefaßt, obzwar auch in ihnen immer wieder Edelsteine sprachlichen Ausdrucks zu finden sind. So entfernt sich Weber von E. T. A. Hoffmann und nähert sich mehr Robert Schumann, mit dem ihn auch verbindet, daß beide ausübende Musiker von Rang waren. Daß Weber eine ganz eigene Stellung einnimmt, hat Ernst Bücken veranlaßt, ihn zu den Ahnherren einer systematischen musikwissenschaftlichen Forschung unserer Tage zu zählen. Schon in seiner Jugend (worüber noch zu sprechen sein wird), als Sechzehnjähriger (!), hatte er mit seinen lexikalischen Beiträgen zu Gerbers „Neuem Lexikon der Tonkünstler" die Begabung auch dafür bewiesen.

Außer E. T. A. Hoffmann war es in Dresden, abgesehen von dem unbedeutenden „Dichterkreis", aus dem nur Friedrich Kind – und zwar durch Weber, weil er diesem den Text für seine Oper „*Der Freischütz*" lieferte – unsterblich geworden ist, Ludwig Tieck, der sicherlich auch auf den Schriftsteller Weber eingewirkt hat. Sein Name taucht oft im Tagebuch auf. An Gänsbacher schrieb er aus Prag, daß er ihm „manche belehrende, schöne Stunde verdanke". Weber wird wohl auch an den berühmten Tieckschen Vorlesungen im Eckhaus an der Dresdner Kreuzkirche (Weber und Tieck waren Nachbarn) teilgenommen und dabei seinen literarischen Horizont bedeutend erweitert haben. Denn Tieck, dem sein Vater, ein Seilermeister, den Weg zur Bühne versperrt hatte, war der geborene Schauspieler, und die Dramen der Weltliteratur wurden in seinen Vorlesungen zu unmittelbarem Leben erweckt. Vielleicht geht von Tiecks Pionierarbeit für Shakespeare ein wenn auch dünner Faden zum *„Oberon"*? Und dürfen wir annehmen, daß seine Volksmärchen Weber bei seiner Arbeit am *„Freischütz"* bestärkt haben? Leider fehlen darüber, wie überhaupt über Webers Verhältnis zu Tieck, sowohl im Tagebuch als auch in den Briefen nähere Angaben.

Daß Weber auch mit dem Arzt, Naturwissenschaftler und Maler Carl Gustav Carus zusammengetroffen ist, wissen wir aus dessen „Lebens-Erinnerungen und Denkwürdigkeiten". Die Atmosphäre seiner Gemälde und Zeichnungen finden wir im *„Freischütz"* wieder.

Die ersten schriftstellerischen Absichten (es ist angebracht, von dem 1801 im Zusammenhang mit der Aufführungs von Webers erster Oper *„Das stumme Waldmädchen"* unglücklich vom Zaun gebrochenen Freiberger Federkrieg abzusehen, da er in der Hauptsache auf das Konto des ehrgeizigen Vaters geht) stammen aus der Zeit, da Weber bei seinem zweiten Aufenthalt in Salzburg, wo er 1801 bei Michael Haydn studierte, zusammen mit seinem Freund und Mitschüler Susann vorhatte, eine Musikzeitschrift und ein Musiklexikon herauszugeben. Auch wollte er, kühnes Unterfangen, eine „Theater- und Konzert-Geschichte Wiens" schreiben und „von einer starken Epoche der Kunst- oder vielmehr Theatergeschichte Wiens oder der Hauptepoche des Theaters an der Wien anfangen" (Brief an Susann). Beide Pläne kamen nicht zur Ausführung.

Wohl aber verfaßte Weber, worauf schon kurz hingewiesen wurde, einige Artikel für E. L. Gerbers „Neues Historisch-Biographisches Lexikon der Tonkunst" (1812–1814), „welches", so heißt es unter dem Titel, „Nachrichten von dem Leben und den Werken musikalischer Schriftsteller, berühmter Komponisten, Sänger, Meister auf Instrumenten, kunstvoller Dilettanten, Musikverleger, auch Orgel- und Instrumentenmacher, älterer und neuerer Zeit aus allen Nationen enthält". Weber selbst ist vertreten als „eins der frühgereiften Genies unter den Tonkünstlern . . .". Seine Beiträge stammen aus den Jahren 1802 und 1803, sind also in Salzburg geschrieben. Sie betreffen auch meistens Salzburger Persönlichkeiten. Es handelt sich um Andreas Brunmayer, Joachim Fuetsch, beide, wie Weber selbst, Schüler von Michael Haydn, und um einen Os-

wald Bach, den Weber wegen einer von ihm entdeckten handschriftlichen Singschule für würdig hielt, in Gerbers Lexikon aufgenommen zu werden. In diesen drei Fällen ebenso wie bei dem Artikel über Johann Peter Heuschkel, Webers Lehrer in Hildburghausen, steht die Autorschaft Webers fest. Georg Kaiser, dem wir neben der Kritischen Gesamtausgabe der Schriften auch eine Dissertation über Weber als Musikschriftsteller verdanken, hält es mit guten Gründen für möglich, daß auch die Artikel Luigi Gatti, Benedikt Hacker und Johann Schmidt, ebenfalls Salzburger, Michael Haydn, Abbé Vogler, Gottfried Weber, J. N. Kalcher, J.E. Valesi, Johann B. Gänsbacher und Franz Edmund Weber von Carl Maria von Weber stammen oder daß er mindestens Gerber Material dafür geliefert hat, vielleicht solches, das er für das von ihm geplante eigene Musiklexikon gesammelt hatte.
Neue Anregungen empfing Weber 1807 in Stuttgart im Umgang mit seinem Freund Franz Danzi, dem hochgebildeten Theaterkapellmeister, der ihm nicht nur ein musikalischer Mentor war, sondern ihn auch mit den Schriften Kants und Schellings bekannt machte. Auch schlossen sich Weber die Häuser der gebildeten Kreise auf, er verkehrte mit Gelehrten, Schriftstellern und Künstlern, mit dem Bibliothekar Hofrat Lehr und dem Schriftsteller Franz Carl Hiemer, der ihm dann das Libretto zur Oper *„Silvana“* schrieb.
An ihn richtete er 1809 eine „Epistel“, die mit den Worten begann:

„Da Prosa Sie nicht rühren kann,
so fängt mein Brief mit Versen an.“

Schon vorher hatte er an Freund Danzi den ersten von drei gereimten Briefen geschrieben, die uns auch einen Begriff von seinem liebenswürdigen Humor geben. Es sind dies die ersten uns überlieferten Verse. Auch später drängte es Weber, seine Gedanken in poetischer Form auszudrücken. Als er im August 1811 seine „Kunst- und Naturkneip-Reise in die Schweiz“ unternahm und im September zehn Tage in Jegisdorf als Gast des bayrischen Gesandten d'Ollory weilte, verliebte er sich in die schöne Frau Peyermann und: „Der Dichtungsteufel war in mich gefahren, es stak mir zwischen den Rippen, ich mochte wollen oder nicht, ich mußte Verse machen.“ Daraus wurde „Künstlers Liebeswerben“. Noch oft fuhr der „Dichtungsteufel“ in ihn. So entstanden bei allen möglichen Gelegenheiten Gedichte, Episteln, gereimte Briefe, Sticheleien bis zur „Verspottung des eigenen Versemachens“, aber auch, zu wirklich dichterischer Höhe sich hebend, die Übersetzungen aus dem Italienischen (woher die Originale stammen, ist nirgends vermerkt), in deren einer Weber sich auch als Beherrscher des schwäbischen Dialekts erweist.

Aber auch der Prosa wußte sich schon der junge Weber gut zu bedienen. So rezensierte er im Juni 1809 für die „Allgemeine Musikalische Zeitung" die „Briefe über den Geschmack in der Musik" von Johann Baptist Schaul, und im Dezember erschien in der „Zeitung für die elegante Welt" seine erste „Reportage" unter dem Titel „Ansicht des gegenwärtigen Zustandes der Kunst und Literatur in Stuttgart", die uns einen Begriff von der Vielseitigkeit seiner Interessen und seines Verkehrs gibt, da er sicherlich mit vielen der hier porträtierten Persönlichkeiten Umgang pflegte. Auch hier ist Weber Kritiker, wenn er feststellt, daß sich infolge der Vorherrschaft des Hofes kein rechtes Kunstleben entwickeln kann, wie auch aus seiner Beurteilung Danzis die Sorge um die „Deutschen Nationalopern" spricht.

Als dann im folgenden Jahr der „Harmonische Verein" gegründet wurde, mußte der schreibgewandte Carl Maria von Weber die Statuten entwerfen, wobei er sich damals schon als Organisator bewährte. Sinn und Zweck des „Harmonischen Vereins" war die Verpflichtung der Mitglieder zur literarischen „Propaganda" ihrer Werke – auch dies ein Anstoß für Weber, die Noten- mit der Schreibfeder zu vertauschen.

Das umfangreichste literarische Werk, das uns Weber hinterlassen hat, ist das Romanfragment *„Tonkünstlers Leben"*, das sich neben Schöpfungen von E. T. A. Hoffmann und Jean Paul sehen lassen kann. Um so bedauerlicher ist es, daß er, übermäßig beansprucht von seinen Pflichten als Kapellmeister, nicht die Zeit fand, den Roman zu vollenden. Hier haben wir beides: Fachschrift und Dichtung (mit vielen echt poetischen Bildern), Dichtung und Wahrheit, und mit Recht trägt die erste Veröffentlichung durch Theodor Hell (1828) die Bezeichnung „Eine Arabeske". Denn wie eine luftige, kaum greifbare Arabeske sind die geschilderten Vorgänge um das wirkliche Leben Webers geschlungen, eine zweite Autobiographie, diesmal in dichterischem Gewand, die wirkliche Vorkommnisse unter einem dichten, vielfarbigen Blumen- und Blütengestrüpp verbirgt. Sagt er doch selbst und sicher mit Bezug auf den Roman: „Mein Stil kommt mir bunt und, weil er seinen Gegenstand erschöpfen möchte, etwas preziös und bombastisch vor. Doch kann ich mich nicht von ihm trennen, sosehr ich eines Goethe, Schlegel, Tieck Klarheit ehre und liebe. Es mag just das Musikalische in mir sein." Auf seine rein fachlichen Arbeiten trifft das allerdings nicht zu. Ihr Stil ist nicht preziös, sondern prägnant, nicht verwirrend, sondern immer klärend.

Autobiographisch zu werten sind im Roman die Ausführungen im dritten Kapitel, die Bemerkungen über Vater und Mutter, über die Reisen, die er mit dem Vater gemacht hat, über seine Studien. Erschütternd das siebte Kapitel, in dem Weber seinen Enttäuschungen im Umgang mit Frauen (Gegenstück zu den Tagebuchnotizen in der Münchner Zeit) und Freunden Ausdruck verleiht. Ein Pessimismus kommt da zum Ausdruck, der sich allerdings selbst aufhebt, wenn es im gleichen Kapitel heißt: „Nur unter Drucke hebt sich die Welle, nur gedrückt zeigt die Stahlfeder ihre Schnellkraft, und die ungünstigsten Verhältnisse und Lagen nur gebaren große Männer."

Ästhetische Probleme berührt Weber, wenn er sich im dritten Kapitel mit der Frage des „Fortschritts" in der Musik auseinandersetzt, wobei er sich gegen jene Stimmen wendet, die meinen, man müsse das, was Bach oder Händel oder Mozart noch nicht gemacht haben, was also neu ist, gleich wieder wegstreichen. Das fünfte Kapitel widmet Weber dem Genre „Oper", und hier findet er jene, man darf schon sagen, klassische Definition der deutschen Oper als einem „in sich geschlossenen Kunstwerke, wo alle Teile und Beitrage der verwandten und benutzten Künste" (Vorahnung der Oper als eines „Gesamtkunstwerks"; K. L.) „ineinanderschmelzend verschwinden und auf gewisse Weise untergehend eine neue Welt bilden". Realisiert findet er dieses deutsche Kunstwerk in E. T. A. Hoffmanns *„Undine"*, wie aus der Besprechung für die „Allgemeine Musikalische Zeitung" hervorgeht. Die Oper der verschiedenen Nationen wird dann in den von Geist und Witz sprühenden Persiflagen vorgenommen, wobei auch die deutsche, nämlich die als „Romantisch-vaterländisches Tonspiel" auftretende, nicht geschont wird. So wenig war Weber ein „Romantiker".

Den Begriff „Romantik" hat er nicht ausdrücklich definiert. Wo er ihn anwendet, geschieht es auf eine höchst vage Weise. So spricht er im Romanfragment einmal von „Mozarts Tiefe und romantischem Schwung". Er mag sich das zum Vorbild genommen haben, stellte er doch Mozarts Oper über alles, kannte doch seine Verehrung für ihn keine Grenzen. Und „Tiefe" und „romantischen Schwung" kann man gewiß auch Webers Opern nachrühmen.

Zur Opernästhetik Webers finden sich nicht nur im Roman, sondern erst recht in den Einführungen und Besprechungen zahlreiche Bemerkungen. So über die Erinnerungsmotivik, mit deren Anwendung er Richard Wagner ebenso vorauseilte wie mit der

dem Orchester zugewiesenen Aufgabe, das seelische Geschehen zu deuten und klarzumachen. Damit im Zusammenhang stehen seine gelegentlichen Bemerkungen über die rechte Instrumentierung zur Kennzeichnung einer Situation oder eines Charakters.
Unter den Künsten stellt Weber die Musik am höchsten: „Was die Liebe den Menschen, ist die Musik den Künsten und den Menschen, denn sie ist ja wahrlich die Liebe selbst" – dieser Ausspruch legt ein beredtes Zeugnis ab. Sie kann es für Weber nur sein, wenn sie verständlich ist, daher, so meint Weber, es den Komponisten (ein Gedanke, der uns fast wörtlich bei Telemann begegnet) bei den „abstrakten Arbeiten am nötigsten täte, das Gefühl als Leitstern zu haben, damit man nicht durch die Schulgelehrsamkeit und ihre Künste sich in den trockenen Sand der Langeweile leiten läßt".
Dank seiner Bindung an das Volkslied, wozu schon den jungen Weber das Vorbild seines Lehrers, Abbé Vogler, ermunterte, ist Weber davor bewahrt geblieben, unverständlich, trocken und langweilig zu werden.
Als Schriftsteller ging es ihm darum, die Menschen zum richtigen Hören, zum Verstehen der in der Musik ausgedrückten Gefühle zu erziehen. Er war überzeugt davon und gab dem Gedanken mehrfach Ausdruck, daß Gemälde gemalt und Musikwerke komponiert werden, weil im Menschen der Trieb lebe, „auf andere zu wirken". Um es modern zu sagen: Für Weber war die Musik nicht „Kunst um der Kunst willen", sondern Kunst für den Menschen, an den er sich ja auch immer und immer wieder erklärend, erziehend, begeisternd wandte. Adressat war manchmal ein einzelner, meist aber das Publikum, das er im Dresdner Vorwort zu den „Dramatisch-musikalischen Notizen" zum Richter aufrief.
Greifen wir noch als weitere Beiträge zu ästhetischen Fragen heraus, was Carl Maria von Weber über die Charakteristik der Tonarten, über das Wort-Ton-Verhältnis gesagt hat, so ist damit ein Hinweis gegeben (und mehr kann es in diesem Rahmen nicht sein), daß es eine Webersche Musikästhetik gibt, deren (heute noch fehlende) systematische Zusammenstellung sehr aufschlußreich wäre. Weber war sich dessen wohl bewußt. Hat er sich doch einmal selbst in einem Brief an seinen Freund Gottfried Weber als einen „künftigen Schreiber einer Ästhetik" bezeichnet. Auch hier hat der frühe Tod die Ausführung verhindert.

Die immer wieder zutage getretene schriftstellerische Begabung Webers hätte beinahe dazu geführt, daß er sozusagen „hauptamtlich" Schriftsteller geworden wäre. Die Verlage warteten darauf.

So teilte Weber seinem Freund Gänsbacher mit, daß er sich wegen des Romans mit dem Verleger Cotta in Verbindung gesetzt habe, und er konnte am 24. September 1810 berichten: „Er nahm es zu meiner großen Freude an, und es soll künftiger Ostermesse mit einigen Kupfern erscheinen. Sein Verlag hat einen so ausgezeichneten literarischen Ruf, daß dadurch allein schon das Glück und der Wert meiner Arbeit in den Augen der Welt halb entschieden ist." Und als Weber im Januar 1812 mit seinem Freund Bärmann in Leipzig konzertierte, hätte er sich, angesteckt von der Atmosphäre der Verlegerstadt, beinahe verleiten lassen, zu bleiben, um musikliterarische Pläne auszuführen.

Gewiß sind Webers Schriften trotz allen Umfangs nur ein Nebenprodukt seines Schaffens und Wirkens. Dennoch gehören sie, wie auch die noch nicht gesammelten Briefe, zum Gesamtbild des Meisters. Wer sie nicht kennt, kennt den Komponisten des *„Freischütz"*, der *„Euryanthe"* und des *„Oberon"* nur oberflächlich. Das hat den Verlag Philipp Reclam jun. schon 1892 bewogen, einen Auswahlband der Weberschen Schriften herauszubringen. Herausgeber war Rudolf Kleinecke. Wie dieser Band ist auch die kritische Gesamtausgabe der Schriften durch Georg Kaiser, an deren Text sich die vorliegende Ausgabe hält, vergriffen und nur noch in wenigen Exemplaren in Bibliotheken einzusehen. Darum ist es zu begrüßen, daß der Verlag Philipp Reclam jun. Leipzig nun die wichtigsten Schriften Webers (es fehlen nur wenige, heute nicht mehr interessierende) in seine Reihe „Musik und Musiktheater" aufnimmt. Auf diese Weise haben die vielen Freunde Carl Maria von Webers, die in der ganzen Welt zu finden sind, wieder die Möglichkeit, sich ein umfassendes Bild von dem großen Meister zu machen, der sich auch als Schriftsteller in das Buch der Geschichte eingetragen hat.

Möge von dieser Auswahl der Schriften Carl Maria von Webers gelten, was der erste Herausgeber seiner Aufsätze, Theodor Hell, am Schluß seines Vorwortes formuliert hat: „Sie werden für sich selbst sprechen, diese Zeugen von Webers Geist und Gemüt, werden ein Denkmal für ihn bleiben, wie Wohlwollen und Aufrichtigkeit, Bescheidenheit und ziemendes Bewußtsein, Achtung des Publikums und unparteiliche Liebe für die Kunst stets seine Hand führten, und daß wie er in seinem Leben war, einfach und wahr, herzlich und geistvoll, kindlich-heiter und männlich-ernst, er sich auch in seinen Schriften zeigte."

Dresden, Juni 1967 *Karl Laux*

IN EIGENER SACHE

Autobiographische Skizze[1]

Ich bin den 18. Dezember 1786 zu Eutin im Holsteinischen geboren.[2] Ich genoß der sorgfältigsten Erziehung[3] mit besonderer Vorliebe für die schönen Künste, da mein Vater selbst ausgezeichnet Violine spielte. Die eingezogene Weise, in der meine Familie lebte, der stete Umgang mit erwachsenen gebildeten Menschen, die ängstliche Vorsicht, mir keine andere verwildernde Jugendgesellschaft zuzulassen, lehrten mich früh, mehr in mir selbst und der Phantasiewelt zu leben und in ihr meine Beschäftigung und mein Glück zu suchen. Malerei und Musik teilten sich hauptsächlich in meine Zeit. Von ersterer versuchte ich mit Glück mehrere Zweige zu pflegen, ich malte in Öl, Miniatur, Pastell und wußte auch die Radiernadel zu führen. Doch unwillkürlich entschlummerte diese Beschäftigung, und die Musik verdrängte, meiner selbst unbewußt, die Schwester endlich gänzlich. Eigentümliche Neigung bestimmte meinen Vater zuweilen, seinen Aufenthaltsort zu wechseln. Der Nachteil, den das Wechseln der Lehrer hervorbrachte, ersetzte sich später desto wirksamer durch das Erwecken der eigenen Kraft und der Notwendigkeit, aus eigenem Nachdenken und Fleiße zu schöpfen. Den wahren, besten Grund zur kräftigen, deutlichen und charaktervollen Spielart auf dem Klavier und gleicher Ausbildung beider Hände habe ich dem braven, strengen und eifrigen Heuschkel in Hildburghausen (1796/97) zu verdanken. Sowie mein Vater die allmähliche Entwickelung meines Talentes sah, sorgte er mit der liebevollsten Aufopferung für dessen Ausbildung. Er brachte mich nach Salzburg zu Michael Haydn. Der ernste Mann stand dem Kinde noch zu fern, ich lernte wenig bei ihm und mit großer Anstrengung. Hier ließ mein Vater zu meiner Aufmunterung 1798 mein erstes Werk, „*Sechs Fughetten*", drucken, die freundlich in der musikalischen Zeitung[4] angezeigt wurden. Ende 1798 kam ich nach München, erhielt Singunterricht bei Valesi, und in der Komposition bei dem jetzigen Hoforganisten Kalcher. Dem klaren, stufenweise fortschreitenden, sorgfältigen Unterrichte des letzteren danke ich größtenteils die Herrschaft und Gewandtheit im Gebrauch der Kunstmittel, vorzüglich in bezug auf den reinen vierstimmigen Satz, die dem Tondichter so natürlich werden müssen, soll er rein sich und seine Ideen auch dem Hörer wiedergeben können wie dem Dichter Rechtschreibekunst und Silbenmaß. Mit unermüdetem Fleiße arbeitete ich meine Studien aus.

Die Vorliebe zum Dramatischen fing an, sich bestimmt auszusprechen. Ich schrieb unter den Augen des Lehrers eine Oper: „*Die Macht der Liebe und des Weins*“, eine große Messe, mehrere Klaviersonaten, Variationen, Violintrios, Lieder usw., die später alle ein Raub der Flammen wurden. Der rege jugendliche Geist, der alles Neue und Aufsehenerregende mit Hast sich anzueignen suchte, erregte auch in mir die Idee, dem damals von Sennefelder neu erfundenen Steindrucke den Rang abzulaufen. Ich glaubte endlich die Erfindung auch gemacht zu haben, und zwar mit einer zweckmäßigeren Maschine versehen. Der Wille, diese Sache ins Große zu treiben, bewog uns, nach Freiberg zu ziehen wo alles Material am bequemsten zur Hand schien. Die Weitläufigkeit und das Mechanische, Geisttötende des Geschäfts ließen mich aber bald die Sache aufgeben und mit verdoppelter Lust die Komposition fortsetzen. Ich schrieb die vom Ritter von Steinsberg gedichtete Oper: „*Das Waldmädchen*“, welche im November 1800 auch da gegeben wurde und sich dann später weiter verbreitete, als mir lieb sein konnte (in Wien vierzehnmal gegeben, in Prag ins Böhmische übersetzt und in Petersburg mit Beifall gesehen),[5] da es ein höchst unreifes, nur vielleicht hin und wieder nicht ganz von Erfindung leeres Produkt war, von dem ich namentlich den zweiten Akt in zehn Tagen geschrieben hatte; eine der vielen unseligen Folgen der auf ein so junges Gemüt so lebhaft einwirkenden Wunderanekdoten von hochverehrten Meistern, denen man nachstrebt. Auf ebendiese Art weckte ein Artikel der Musikzeitung die Idee in mir, auf ganz andere Weise zu schreiben, ältere, vergessene Instrumente wieder in Gebrauch zu bringen usw. – In Familiengeschäften nach Salzburg gereist, schrieb ich da, meinen neuen Plänen gemäß, die Oper: *„Peter Schmoll und seine Nachbarn"* (1801), die meinen alten, durch manches Neue darin höchlich erfreuten Lehrer, Michael Haydn, bewog, mir ein ungemein gütiges Zeugnis darüber zu erteilen (abgedruckt in Gerbers Tonk.-Lexikon). Sie wurde in Augsburg aufgeführt, ohne sonderlichen Erfolg, wie natürlich. Die Ouvertüre habe ich später umgearbeitet und stechen lassen bei Gombart. 1802 machte mein Vater eine musikalische Reise mit mir nach Leipzig, Hamburg, Holstein, wo ich mit dem größten Eifer theoretische Werke sammelte und studierte. Unglücklicherweise stieß ein Doctor medicinae[6] alle meine schönen Lehrgebäude mit den oft wiederkehrenden Fragen: warum usw. über den Haufen und stürzte mich in ein Meer von Zweifeln, aus dem mich nur nach und nach das Schaffen eines eigenen, auf natürliche und philosophische Gründe gestützten Systems rettete, so daß ich das viele Herrliche, das die alten Meister befohlen und festgestellt hatten, nun auch in seinen Grundursachen zu erforschen und in mir zu einem abgeschlossenen Ganzen zu formen suchte. Es drängte mich nach der Tonwelt Wiens, und zum ersten Male trat ich hinaus in diese Welt. Hier lernte ich nebst dem Umgange der bedeutendsten Künstler, des unvergeßlichen Vater Haydn usw., den Abt Vogler kennen, der mit der Liebe, die jedem wirklich großen Geiste eigen ist, dem wahrhaft ernstgemeinten Streben freudig zu helfen, und mit der reinsten Hingebung den Schatz seines Wissens vor mir aufschloß.

Wahrlich, nur wer so wie ich und einige wenige noch Gelegenheit hatte, diesen tieffühlenden starken Geist, diesen unerschöpflichen Reichtum an Kenntnissen und die feurige Anerkennung alles Guten, aber auch die strenge Wägung desselben zu beobachten, dem mußte er ehrwürdig und unvergeßlich sein, und er mußte die durch Erziehung, Stand, Anfeindungen aller Art und Mißver-

stehen dem großen Ganzen eingeschobenen, es umgebenden und scheinbar verwirrenden Schlacken und seltsamen Eigenheiten als an sich minder merkwürdige Erscheinungen hinnehmen, übersehen und natürlich finden.
Möge es mir einst gelingen, diese seltene psychologische Kunsterscheinung der Welt klar vor die Augen zu stellen [7], seiner würdig und zur Belehrung der Kunstjünger.
Auf Voglers Rat gab ich, nicht ohne schwere Entsagung, das Ausarbeiten größerer Dinge auf und widmete beinahe zwei Jahre [8] dem emsigsten Studium der verschiedenartigsten Werke großer Meister, deren Bau, Ideenführung und Mittelbenutzung wir gemeinschaftlich zergliederten und ich in einzelnen Studien zu erreichen und in mir klarzumachen suchte. Öffentlich erschien in dieser Zeit nichts von mir als ein paar Werkchen „Variationen" und der Klavierauszug der Voglerschen Oper „*Samori*".
Ein Ruf zur Musikdirektorstelle nach Breslau eröffnete mir ein neues Feld zur Erweiterung der Effektkenntnisse. Ich schuf da ein neues Orchester und Chor, überarbeitete manche frühere Arbeiten und komponierte die Oper „*Rübezahl*" von Prof. Rhode größtenteils. Die vielen Dienstgeschäfte ließen mich nicht viel zu eigenen Arbeiten kommen, desto besser konnte ich aber die so vielfach gestalteten und mit übergroßer Begierde in mich gesogenen verschiedenartigen Kunstprinzipe abgären und nach und nach das Selbständige, vom Schöpfer verliehene, hervortreten lassen.
1806 zog mich der kunstliebende Prinz Eugen von Württemberg an seinen Hof in Carlsruhe in Schlesien. Hier schrieb ich zwei Sinfonien, mehrere Konzerte und Harmoniestücke. Der Krieg zerstörte das niedliche Theater und die brave Kapelle. Ich trat eine Kunstreise an, von den ungünstigsten Verhältnissen der damaligen Zeit begleitet. Ich entsagte also eine Zeitlang der Kunst als ihr unmittelbarer Diener und lebte im Hause des Herzogs Louis von Württemberg in Stuttgart. Hier, von der freundlichen Teilnahme des trefflichen Danzi ermuntert und angeregt, schrieb ich eine Oper: „*Silvana*", nach dem

Sujet des früheren „Waldmädchens“ von Hiemer neu bearbeitet, den *„Ersten Ton“* [9], Ouvertüre, umgearbeitete Singchöre, wieder Klaviersachen usw., bis ich 1810 mich wieder ganz der Kunst weihte und abermals eine Kunstreise antrat. Von dieser Zeit an kann ich ziemlich rechnen mit mir abgeschlossen gewesen zu sein, und alles, was die Folgezeit getan hat und tun wird, kann nur Abschleifen der scharfen Ecken und das dem feststehenden Grunde notwendige Verleihen von Klarheit und Faßlichkeit sein.
Ich durchzog Deutschland nach verschiedenen Richtungen und die Liebe, mit der ich im ganzen meine Leistungen als ausübender und dichtender Künstler aufgenommen sah, der Ernst, der ihnen bei oft heftigem Widerspruche und Anfällen doch stets geweiht wurde, ließ auch mich alle die Kraft und alle die Reinheit des festen Willens aufbieten, die allein den Menschen zum wahren Priester seiner Kunst heiligt. In Frankfurt, München, Berlin, Wien usw. wurden meine Opern gegeben, meine Konzerte besucht. Noch einmal sah ich den trefflichen Abt Vogler, wenige Zeitspannen vor seinem Hingehen, wie er sich hingab zweien mit herrlichen Gottesgaben beschenkten Kunstjüngern, Meyerbeer und Gänsbacher. Im Vereine mit diesen genoß ich, gereifter und selbst zum Sichten fähiger, noch seine tiefen Erfahrungen und schrieb eine Oper: *„Abu Hassan“* (Darmstadt 1810). Nur später noch einmal in Wien sah ich ihn, im freudigsten Anteile an meinem Streben. Friede seiner Asche!
Von 1813 bis 1816 leitete ich die Oper in Prag, nachdem ich sie ganz neu organisiert hatte. Ganz nur meiner Kunst lebend, in der Überzeugung, nur zu ihrer Beförderung und Pflege geschaffen zu sein, legte ich die Direktion in Prag nieder [10], da mein Zweck erreicht und das, was bei dem beschränkenden Verhältnisse einer Privatdirektion geschehen konnte, aufgebaut war und nur eines rechtlichen Wärters zum Weiterbestehen bedurfte.
Frei zog ich abermals in die Welt, ruhig den Wirkungskreis erwartend, den mir das Schicksal zuführen würde. Viele und schöne Erbietungen kamen mir von allen Seiten

entgegen; der Ruf zur Gründung einer deutschen Oper in Dresden konnte allein mich aufs neue festhalten. Und so bin ich denn mit Fleiß und Sorgsamkeit an dem mir übertragenen Werke – und wenn sie einmal einen Stein über meine Hülle legen, so werden sie mit Wahrheit darauf schreiben können: „Hier liegt einer, der es wahrhaft redlich und rein mit Menschen und Kunst meinte." 1818

Tonkünstlers Leben

Fragmente eines Kunstromans[11]

Erster Plan

Erstes Kapitel

Ich reise. Aufnahme in Klubstädt bei Herrn von X.

Zweites Kapitel

Stadtmusikant. Examinieren der Magd. Anzuhörendes Gespräch zwischen ihm und derselben. Endliche Audienz. Schwierigkeiten. Erlaubnis. Abgefordertes Attestat von der Polizei. Vorschlag zum Konzert *mit Ball:* am einträglichsten. Aufsuchen mehrerer Musiker. Der Oboist will nicht kommen, wenn der Klarinettist nicht kommt, wegen seiner Frau usw. Skrupel wegen Besetzung, am Ende sechs Flöten usw. Der Wirt im Hause: „Sie wollen Konzert geben; die Magd, die ein Maß Bier holte, hat mir's schon gesagt." Guter Rat. Einführen in den Klub. Dilettant, der ehemals Flöte geblasen.

Drittes Kapitel

Brief an Ernsthof. Berührung der früheren Jugendgeschichte; seine erste Reise mit dem Vater; sein Fixieren an einem Orte. Existenz durch Lektionen und fleißiges Studium. Tod des Vaters. Drang in die Welt. Jugendliche

Kraft und Mut zur Ausdauer. Ursache, warum er diesen kleinen Ort besuche. Erzählt, daß er ein höchst interessantes Mädchen in einen Wagen steigen sehen. Die Abschiednehmende hießen sie Emilie. Scheu, weiter zu fragen. Spätere Reue darüber.

Viertes Kapitel

Konzert – leer: Tanzende Hunde usw. Abreise. Postwagen.

Fünftes Kapitel

Ankunft in einer großen Stadt. Gefühl der Einsamkeit und Verlassenheit, so allein unter fremden Menschen. Bekanntschaft Diehls.

Sechstes Kapitel

Data zum musikalischen Arbeitshause.

Zweiter Plan

Erstes Kapitel

Ich reise. Entschluß zu reisen. Aufnahme in dem v. X.schen Hause.

Zweites Kapitel

Der Stadtmusikant. Streit über Unterrichtsmethoden. Ansichten der übrigen Musiker usw. – ganz ermattet abends zu Hause und schreibt an seinen Freund, der schon mehrere Jahre von ihm entfernt und gegenwärtig in Paris ist über das unangenehme Konzertgeben usw.

Drittes Kapitel

Das Konzert. Lernt im Vorübergehen ein sehr liebenswürdiges Mädchen kennen, das eben abreisen will. Abends das Konzert leer, weil eben tanzende Hunde angekommen waren, wo auch mehrere Musiker, die 24 Kr. dort mehr bekamen, hingegangen waren. Der Gedanke an Emilien läßt ihn gut spielen. [Am Rande ist bemerkt:]

Bekanntschaft Diehls. Türe zuschlagen: es fällt jemand die Treppe herunter und auf ihn, rafft sich schnell auf, umarmt ihn aufs feurigste, dankt für das Glück, das er gehabt, auf Felix zu fallen. Mein Herr, sind Sie toll oder halten Sie mich für einen Narren? Wer sind Sie? – Ich, ich bin mir gar nichts; aber darf ich fragen, wer Sie sind? – Ich, seufzend, auch eigentlich nichts, doch nennt man gewöhnlich Leute meinesgleichen Künstler. Ich mache auch Kunststücke, z. B. einen Verleger zum Bezahlen zu bringen und dergleichen. Wenn es Ihnen gefällig ist, so fangen wir gleich bei dem zweiten Jahre unserer Bekanntschaft an, usw.

Siebentes Kapitel

Opernauszug. Ball. – A. wird für einen Prinzen gehalten, der Emilien liebt, rettet sie, verwechselt sie mit einem andern Mädchen.

Achtes Kapitel

Schlaflose Nacht.

Neuntes Kapitel

A. bringt ein paar lange unangenehme Tage zu in der höchsten leidenschaftlichen Stimmung, kann nun nicht komponieren – er wird etwas ruhiger, blickt von ungefähr auf seinen Maskenanzug, kleidet sich in denselben Rock, fährt mechanisch in die Tasche und findet das Gedicht von dem Teufel an Emilien darin, komponiert es gleich; der Dichter kommt dazu: Gespräch über die Tendenz des Liedes.

Zehntes Kapitel

Es vergeht einige Zeit, ohne daß er Emilien wiedersieht, die von dem Schreck krank geworden ist. Diehl erzählt ihm, daß er bei der Pseudo-Emilie gewesen und erfahren, daß der Prinz bei der Entdeckung wütend gewesen, seine Helfer beschimpft usw. habe.

Elftes Kapitel

Macht verschiedene Bekanntschaften in einem Zirkel, trifft einen reisenden Deklamator, der deklamiert, X. akkompagniert ihn; schiefe Ansichten des Deklamators, echter reisender Vagabund; wird von einem der Anwesenden, einem liebenswürdigen alten Manne, gebeten, seiner Tochter Unterricht zu geben.

Zwölftes Kapitel

Diehl entwirft den Plan zu einem musikalischen Zucht- und Arbeitshause.
[Randbemerkung: drei Epigramme und die Übersetzung des Liedes „non far la smorfiosa".]

Dreizehntes Kapitel

Geht in das Haus, findet das Zimmer leer, setzt sich ans Klavier, phantasiert; unterdessen kommt die Tochter unbemerkt herein, stellt sich hinter seinen Stuhl und ruft am Schlusse; wie aus innerer Seele erschreckt, sieht er sich um und erblickt Emilien. Verlegenheit von beiden Seiten. Vater und Mutter kommen endlich dazu, ein herrlicher musikalischer Abend wird vollbracht, voll Herzlichkeit. Emilie legt ihm die Kompositionen ihres Lieblingskomponisten vor, den sie über alles liebt und achtet; es sind seine eigenen, die er unter fremdem Namen herausgab, und er spielt sie begeistert, vortrefflich. Emilie ist entzückt davon. Kaum kann er an sich halten, sich nicht als Verfasser anzugeben. Er sieht den Prinzen auf der Parade, ein schöner Mann. Glaubt, von ihm fixiert worden zu sein. Über die Einbildung. Leichtgläubigkeit.

Vierzehntes Kapitel

Kommt täglich ins Haus. Phantasiert; bringt einige Lieblingswendungen öfters an, und Emilie erkennt ihn daraus als ihren Komponisten, neue Freude und Bewunderung seiner Bescheidenheit. Bemerkungen über gewisse eigne Formen jedes Komponisten.

Fünfzehntes Kapitel

Kommt eines Tags nach Hause und findet eine Einladungskarte des Prinzen. Angenehmer Zirkel. Der Prinz kommt ihm mit Herzlichkeit entgegen. Mißtrauen von ihm. Schöne Bemerkungen des Prinzen über die Behandlung der Künstler.

Sechzehntes Kapitel

Wird unwillkürlich vom Prinzen angezogen, teilt seine Zeit zwischen Emilien und Prinz. Er und Emilie werden täglich inniger, doch hat er es noch nie gewagt, von der Redoutenszene zu sprechen. Noch trägt er seine Lilaschleife auf der Brust. Durch Zufall bekommt Emilie diese zu sehen, erkennt in ihm ihren Retter, ist überwunden von Liebe. Erklärung usw. Langweilige Liebesszene.

Siebzehntes Kapitel

Vater und Mutter bemerken und freuen sich darüber; nur wünschen beide, daß er das unstete Künstlerleben verlassen und einen Zivildienst nachsuchen solle. Unschlüssigkeit von ihm. Bestürmung der andern, selbst Diehls, der ihm alles Unangenehme vorrechnet. Unerwartet erhält er einen Antrag des Prinzen, als Gesellschafter bei ihm zu bleiben.

Achtzehntes Kapitel

Er entdeckt dieses Emilien, und da sie in ihn dringt, es anzunehmen, sagt er ihr die Redoutengeschichte. Selbst diese macht Mutter und Vater nicht abwendig. – Eitelkeit der Weiber, selbst der besten, im vollen Glanze. Entschluß, es anzunehmen.

Neunzehntes Kapitel

Neue Verhältnisse. Hofleben. Umgekehrtes Verhältnis zwischen Felix und den Künstlern. Seltsame Urteile der letzteren über ihn qua Dilettant.

Zwanzigstes Kapitel

Je mehr seine Anhänglichkeit an Emilien wächst, die eine Seele, ein Gedanke mit ihm zu sein scheint in künstlerischer Hinsicht, je sehr verschiedenen Weg gehen ihre Lebensansichten. Sie, die voll Trugschlüsse, Halbwahrheiten sich selbst frönend zu täuschen sucht. Er voll Reinheit und heftiger Rechtlichkeit. Seltsames unheimliches Gefühl, das sich zwischen beide stellt.

Einundzwanzigstes Kapitel

Der Prinz hält sich fern. Dario ist kalt und trocken, aus italienischer Familie, Mathematiker, Verächter der Musik; Atheist, unter der Maske des strengsten Ernstes, in dem zuweilen eine teuflische Glätte und Gewandtheit anzieht. Wie die Klapperschlange, zieht er selbst Felix an sich, der ihn gegen Diehl, welcher ihn durchaus nicht leiden kann, immer verteidigt.

Zweiundzwanzigstes Kapitel

Unbehagliches Gefühl, das sich endlich in Felix erzeugt. Er fühlt sich nicht an seinem Platze. Launische unglückliche Stimmung, bald ausgelassen toll, bald in tiefste schwärzeste Melancholie versunken; gänzlich unfähig zu arbeiten. In diese Epoche fällt der Traum.

Dreiundzwanzigstes Kapitel

Angesponnenes Verhältnis indessen zwischen Emilie und dem Prinzen. Die schwache Mutter begünstigt es, der Vater, ein heiterer Lebemann, bemerkt es nicht genug und zu leicht. Endlicher Entschluß Felix', diese Bahn und alles zu verlassen und wieder der Kunst sich zu weihen.

Schluß. Letzter Wille des Künstlers.

Erstes Kapitel

(Nach der zweiten Ausarbeitung) [12]

– – Und der Hammer flog aus seiner Gabel – und einige Saiten gaben kreischend ihr Leben auf – so hatte der heftig mich übermannende Unwille die Hand auf die Tasten, das leere Notenpapier auf die Erde, den Stuhl umgeworfen und mich selbst emporgerissen, daß ich in langen Schritten mein enges Stübchen durchreiste, obwohl selbst im Unwillen künstlich um alle Kasten- und sonstige Mobiliarecken mich windend.
Was seit Monden in mir Unheimliches mich geängstigt, verstört und gepeinigt hatte, wuchs seit den letzten Wochen zum Unerträglichen heran. Jenes unbestimmte Sehnen in die dunkle Ferne, von der man Linderung hofft, ohne sich von dem Wie? bestimmte Rechenschaft geben zu können; jenes schmerzliche Regen innerer Kraft, dem das Bewußtsein des hohen Ideals drückende Fesseln anlegt, an deren Lösung zuweilen alle Hoffnung unterzugehen glaubt; jenes unwiderstehlich gewaltsame Drängen zur Arbeit, in Riesenbildern des Leistenwollens, das eben dann in reine Gedankenlosigkeit sich auflöst und alles Erzeugen wieder innerlich untergehen heißt, dieses Chaos von wogenden, ängstigenden Gefühlen, das so oft das Wesen des Künstlers beherrscht, hatte sich auch meiner jetzt gänzlich bemeistert.
Hatte es schon früher oft in kürzeren Anfällen Wünsche, Träume und Vorsätze, durch Kunst- und Lebensverhältnisse geschlungen, in mir erzeugt, so geschah dies heute mit Wahnsinns Gewalt.
Des Lebens Lasten ruhten schwer auf mir; gern flüchtete ich von ihnen zur Kunst, aber so wie Kunst nur im Leben, Leben nur in der Kunst lebt, halfen beide dann auch vereint sich und mich aufreiben.
Schon der Platz *am Klavier,* den ich, um zu schaffen, ein-

genommen hatte, war als mein letztes Hilfsmittel ein übler Vorbote gewesen.

Der Tondichter, der von da seinen Arbeitsstoff holt, ist beinahe stets arm geboren oder auf dem Wege, seinen Geist dem Gemeinen und Gewöhnlichen selbst in die Hände zu geben. Denn ebendiese Hände, diese verdammten Klavierfinger, die über dem ewigen Üben und Meistern an ihnen endlich eine Art von Selbständigkeit und eigenwilligen Verstand erhalten, sind bewußtlose Tyrannen und Zwingherren der Schöpfungskraft. *Sie* erfinden nichts Neues, ja alles Neue ist ihnen unbequem. Heimlich und spitzbübisch, wie es echten Handwerksleuten gebührt, kitten sie aus alten, ihnen längst gelenkrechten Tongliederchen ganze Körper zusammen, die fast wie neue Figuren aussehen, und weil sie sogleich auch gar nett und rund klingen, von dem bestochenen Ohr, als erste Richtinstanz, beifällig auf- und angenommen werden.

Wie ganz anders schafft jener, dessen *inneres Ohr* der Richter der zugleich erfundenen und beurteilten Dinge ist. Dieses geistige Ohr um- und erfaßt mit wunderbarem Vermögen die Tongestalten und ist ein göttliches Geheimnis, das auf diese Art und Weise, nur der Musik rein angehörig, dem Laien unbegreiflich bleibt: denn – es hört ganze Perioden, ja ganze Stücke auf einmal und macht sich aus den kleinen Lücken und Unebenheiten hin und wieder nichts, indem es diese auszufüllen und zu glätten dem spätern besonnenen Momente überläßt, der das Ganze auch in seinen Teilen bei Gelegenheit besehen und allenfalls noch hier und da stutzen wird.

Es will etwas *Ganzes sehen,* dieses Ohr, eine Tongestalt mit einem Gesicht, daß es einst auch der Fremde wiedererkenne und unter dem Gewühle finde, hat er es einmal gesehen. *Das* will es und nicht einen zusammengeflickten Lumpenkönig!

Hat nun aber der Sinn so ein Bild erfaßt und möchte es ausbilden und ehrlich austragen im geistigen Mutterleibe – denn gut Ding will seine Weile haben und reifen –, möchte es hüten vor schädlichen Speisen und anderen das

Leben des teueren Zeuglings bedrohenden Dingen, und die elenden Hausknechts- und Ministers-Blei- und Golddinge des täglichen Treibens fahren dann so pöbelhaft und lustig grausam dazwischen, der schon im Entwickeln begriffenen Gestalt beim Kopfe durch den Hals, wischen ein Auge aus, trennen einen Fuß vom Leibe, und dergleichen: da bricht die Ungeduld und die Liebe aus, tobend den armen Schöpfer zum Halbnarren, wenn alles kreuzend sich selbst so durcheinander wirft.
Da muß es endlich aufschreien, wie es jetzt in mir tat. Fort! Du mußt hinaus, fort ins Weite! Des Künstlers Wirkungskreis ist die Welt!
Was nützt dir hier im engbrüstigen Verhältniszirkel der gnädige Beifall eines hochgeborenen reimschmiedenden Kunstmäzens für eine dir abgerungene Melodie zu seinem geist- und herzlosen Wortgepolter? Was der freundliche Händedruck der niedlichen Nachbarin für ein paar hebende Walzer oder der Beifallruf der Menge auf der Parade wegen eines gelungenen Marsches!? Fort! Der Geist suche sich in andern; und hast du fühlende Menschen durch deinen Genius erfreut, hast du dir ihr Wissen angeeignet – dann kehre zur friedlichen Heimat und zehre von dem Erbeuteten!
Flugs packte ich meine vielen Tonkinder und wenigen Habseligkeiten zusammen, umarmte einige Bekannte, die mich Freund nannten, und fort ging es in das nächste Städtchen, auf dem bescheidenen Postwagen, den mir mein Geldbeutel sehr dringend empfohlen hatte. Es war spätabends; wie stumme Schatten umsaßen mich meine Reisegefährten, und Jugend und froher Mut verhalfen mir bald zu einem ruhigen Schlafe, dessen festen Schleier nicht einmal der Traumgott zu lüften imstande war.
Dies gelang im Morgengrau besser der Hand des begehrlichen Postillions, die sich als lebender Klingelbeutel von einem zum andern bewegte.
In herrlich ruhiger Größe entfaltete sich die kommende Pracht des Tages. Das heilige Crescendo der Natur im lichtbringenden Äther erhob mein still ergebenes Gemüt

zu fromm heiterer Ahndungsregung. Mit froher Zuversicht wendete sich mein Innerstes zu dem, der das Kunsttalent väterlich in dasselbe gesenkt, das nun mein Leben stempeln sollte und laut zeugen für ihn, der alle Kraft allein schenkt und schafft. Er, der mir dies Pfand seiner Huld anvertraute, konnte mir wohl nicht versagen, es auch zu lösen, denn ich durfte ja auf meinen reinen Willen mit ehrlicher Selbstzufriedenheit, fast mit ein wenig menschlichem Übermute pochen, konnte mir Zeugnis geben, kein Mittel unversucht, keine rauhe Bahn unbetreten und keine Mühen unangewendet gelassen zu haben, um einst zur Freude meiner Mitbrüder das Walten und Streben meines Herzens entfalten zu können.

Wunderbar wirkt stets auf mich die freie Natur, und gewiß ganz verschieden von andern Gemütern.

Das, wozu sich alle Kräfte vereint hinneigen – nennt es Talent, Beruf, Genius, wie ihr wollt –, umfängt mit einem magischen Kreise dein Anschauungsvermögen. Deinem körperlichen Auge nicht allein ist ein Gesichtskreis vorgeschrieben, auch deinem geistigen. Beide kannst du freilich durch Wechsel deines Standpunktes verändern; wohl dir, wenn du vorwärtsgehend sie erweiterst! Aber heraus kannst du nicht. Ja, nicht genug; auch eine, nur dir eigene Farbengebung erhalten alle Gegenstände, die sie sich unwillkürlich dem Grundtone deines Lebens und Gefühles abborgen; und da ich denn einmal vom Tone spreche, so will ich auch gar nicht leugnen, daß alles sich bei mir zu musikalischer Form bequemen muß.

Das Anschauen einer Gegend ist mir die Aufführung eines Musikstückes. Ich erfühle das Ganze, ohne mich bei den es hervorbringenden Einzelheiten aufzuhalten; mit einem Worte, die Gegend bewegt sich mir, seltsam genug, in der Zeit. Sie ist mir ein sukzessiver Genuß.

Das hat aber seine großen Freuden und seinen großen Jammer. Freude, weil ich nie genau weiß, wo der Berg, der Baum, das Haus steht oder etwa gar wie das Ding heißt und daher bei jedesmaligem Anschauen eine neue Aufführung erlebe. Aber großen Jammer, wenn ich *fahre.*

Da fängt eine gute Konfusion an in meiner Seele, dann gaukelt und wirbelt alles durcheinander. Wie jagen, durchkreuzen und rädern sich alle Begriffe und Vorstellungen in mir! Sehe ich stillstehend so recht festen Blickes in die Ferne, so beschwört dies Bild fast immer ein ihm ähnliches Tonbild aus der verwandten Geisterwelt meiner Phantasie herauf, was ich dann vielleicht liebgewinne, festhalte und ausbilde. Aber, gerechter Himmel, mit welchen Purzelbäumen stürzen die Trauermärsche, Rondos, Furiosos und Pastorales durcheinander, wenn die Natur so meinen Augen vorbeigerollt wird! Da werde ich denn immer stiller und stiller und wehre dem allzu lebendigen Drang in der Brust. Kann ich dann auch nicht den Blick abziehen von dem schönen Glanzspiele der Natur, so wird es mir bald doch nichts mehr als ein buntes Farbenspiel, meine Ideen entfernen sich durchaus von allem Tonverwandten, das bloße Leben mit seinen Verhältnissen tritt herrschend vor, ich gedenke vergangener Zeit, ich träume für die Zukunft. Und somit wehe dem, der, besonders in der ersten Zeit der Reise, auf einen geselligen Nachbar in mir hofft; er ist übel betrogen, und ich am Ende auch: denn mein Geist gebiert nichts als aufsteigende und gleich wieder platzende Seifenblasen, die nicht einmal der Erinnerung wert sind.

Zweites Kapitel

Nachdem ich die Scala descendendo mit den Füßen abgesungen hatte, begegnete ich auf der Straße einem Haufen Chorschüler, die eben sich anschickten, ein Lied abzusingen. – Oh, du erstes, vom Schöpfer uns verliehenes Instrument! göttliche Kehle, du, nach dem sich alle andern bilden, du, allein der größten und wahrsten Rührung fähig, wie ehrwürdig erscheinst du mir im Chorgesange, und selbst mittelmäßig benutzt, ergreifst und durchglühst du mich! Ich gebot also meinen Füßen Halt und erwartete einen sich der Volksnatur innig anschließenden, erhebenden Choral. Aber verdammt, heute gefoltert zu werden, stimmten die Herren zu meinem größten Erstaunen eine der neuesten, vortrefflichsten Opernarien aus der „*Fanchon*“ [13] an, die sie so falsch und undeutlich wie möglich hervorquiekten, daß ich mir gar kein Gewissen daraus machte, einen mir zunächst stehenden himmellangen Bassisten, der die vorkommenden Pausen vortrefflich durch ein Milchbrot zu benutzen wußte und mir daher am ersten störbar schien, um die Wohnung des Herrn Stadtmusikus zu fragen. „Der Herr Prinzipal wohnen dort rechts, Sie können nicht fehlen, hören gleich Musik, probiert eben die russische Hörnermusik, aber es ist jetzt keine Kondition offen.“ Ich versicherte ihn, daß ich selbst sehr wohl konditioniert sei und steuerte auf das Haus los. Welch ein höllischer Spektakel brauste mir schon an der Treppe entgegen, und wieviel mehr war ich für mein Trommelfell besorgt, als ich in sein Zimmer trat. In einem Kreise von acht bis zehn Jungen, die alle Horn bliesen oder wenigstens sie so hielten, als wollten sie blasen, stand der Herr Stadtmusikus, beide Hände mit einem mächtigen Taktprügel bewaffnet, stampfte mit den Füßen und schlug den Takt mit beiden Händen auf einem vor ihm stehenden Flügel und auch wohl mitunter auf die Köpfe seiner Schüler, die durchaus eine von ihm komponierte Ouvertüre auf die Art der russischen Hornmusik, wo immer ein Horn einen Ton hat, exekutieren sollten. Links und rechts spielten andere Violine, Klarinett, Fagott usw., alles untereinander, jeder sein Stückchen und Fortissimo, welches alles mit einzelnen Exklamationen des Direktors vermischt war, als: „Falsch, du Himmelhund! Zu hoch! Zu tief! Zu schnell! Gib acht!“ usw.

Die Jungen, die mich zuerst bemerkten, ermangelten nicht, mich mehr als ihre Noten anzusehen, und der Direktor schlug, nicht meiner achtend, in der Hitze der Direktion, um das Ganze ins Gleis zu bringen, auf einmal so stark er konnte, und welche Taste er erwischte, auf den Kielflügel, daß die vor ihm liegende Partitur, die auf dem Brettchen über den Docken [14] lag, welches durch die entsetzliche Erschütterung losgegangen war, herunterfiel und alle Docken des Kielflügels wie Raketen in die Luft segelten und ein so allgemeines Lachen unisono einfiel, daß an keine Musik mehr zu denken war. Erst nach einiger Zeit konnte ich meine werte Person bemerkbar machen und des Herrn Stadtmusici habhaft werden. 1819

Drittes Kapitel

Brief an – – –

Leipzig, Januar 1812.

Ich habe mein friedliches A. verlassen und mich wieder dem Strudel der Welt preisgegeben, ich kann aber eher die Stürme und Schläge des Schicksals als sein heimliches Nagen dulden. Übt sich ja der Krieger in gefahrvollen Spielen, dem Tode trotzen zu lernen, so will ich wieder meine Kraft versuchen, um in noch drohenderen Ereignissen feststehen zu können.

Nie habe ich die meist gepriesenen Helden, die hocherhabenen Märtyrer irgendeines Wahns, den sie durch einen Selbstmord oder sonstigen glänzenden Schlußakkord ihres Lebens besiegelten, hoch bewundern können. Einmal lodert auch das kleinste Flämmchen auf, und ein Moment (ich möchte ihn den Fokus im Brennspiegel des Daseins nennen) ist im Leben jedes Menschen, wo er sich zu einer großen Tat entzündet oder befähigt fühlt. Aber die kleinen, täglich wiederkehrenden Unfälle des Lebens, diese sind der echte, harte Probierstein, an dem so häufig das glänzende Gold unserer Philosophen zum gemeinen Metalle herabsinkt.

Wie oft habe ich Gelegenheit gehabt, große Geister, die mir aus der Ferne so achtungswert schienen, in ihrem engen häuslichen Zirkel zu beobachten, und wie klein wurden sie mir da! Sonst stets gelassen und ruhig, doch zu Hause das liebende Weib mürrisch anfahrend wegen einer auf einem anderen Platze liegenden Kleinigkeit! Groß und gefaßt auf den Trümmern des Staats, ängstlich und verwirrt bei dem Kränkeln einer Lieblingsblume!

So gut ich dies alles fühle und weiß, so wenig war ich

doch bis jetzt noch imstande, mich zu jener einfach-ruhigen Größe zu erheben. Welches Leben ist wohl erfüllter mit widerlich kleinen Zufällen und Erbärmlichkeiten als das eines Künstlers? Frei, wie [ein] Gott sollte er dastehen, im Gefühle seiner Kraft und gestählt durch die Kunst. Sein dünkt ihm die Welt, solange er sie nicht wirklich betritt. Hin und verschwunden sind alle diese Träume und Kräfte, befindet er sich im schalen Wirkungskreise der Alltagsmenschen.

Kaum habe ich den Fuß über meine Schwelle gesetzt, so stürmen schon eine solche Menge Erbärmlichkeiten auf mich ein, daß ich, trotz meiner schon gemachten Erfahrungen in diesem Punkte, trotz meines Willens zur Ausdauer beinahe wieder versucht bin umzukehren. Wären nicht einzelne Augenblicke imstande, jahrelange Leiden zu versüßen, wäre nicht das Bewußtsein, einen Freund zu haben, der mich auch mit halben Worten versteht und fühlt: was sollte aus diesem Drängen und Wirbeln werden, das ewig gebärend in mir kämpft?

Kaum kenne ich dich, deine Gestalt schwebt in verklärten Umrissen, von Feuerflammen umgeben, wie eine schützende Gottheit vor meiner Phantasie. Ewig unvergeßlich bleibt mir der Augenblick, in dem wir uns fanden. Im Kampfe mit den Elementen schloß das Schicksal unsern Bund, den elende Menschen hindern wollten. Oh, laß mich ihn wieder erneuen, diesen Tag, an dem ich alles verlor, alles fand – laß mich dabei in die Zeiten zurückträumen, wo ich von der Hand einer guten Mutter [15], ach, leider so wenige Jahre geleitet wurde. Erzogen mit allem Aufwande eines wohlhabenden Vaters, sein Abgott, ward mir in früher Jugend die Liebe zu allen Künsten in die empfängliche Seele geprägt; die mir verliehenen Talente entwickelten sich und waren auf dem Punkte mich zu verderben; denn mein Vater kannte nur die Seligkeit, mit mir zu glänzen, fand alles vortrefflich, was ich schuf, erhob mich in Gegenwart fremder Menschen an die Seite unserer ersten Künstler und hätte so das in jedem Gemüte liegende Bescheidenheitsgefühl schonungslos unter-

drückt, wenn nicht der Himmel mir in meiner Mutter einen Engel beigesellt, der mich von meiner Nichtigkeit zwar überzeugte, aber doch den glimmenden Funken, dem *einst* ein schönes Ziel nach hohen Anstrengungen verheißen sei, nicht unterdrückte, sondern nur auf die rechte Bahn leitete. Ich las Romane und überspannte meine Begriffe. Ich reifte früh in einer gefährlichen Ideenwelt, sog aber doch den großen Nutzen daraus, aus der zahllosen Menge Helden mir ein Ideal von Männlichkeit zu erschaffen. Mein Vater reiste mit mir; ich sah einen großen Teil Europas, aber nur wie im Spiegel, wie im Traume, denn ich sah durch fremde Augen. Ich bereicherte mein Wissen und geriet, vorher ein bloßer Empiriker, auf theoretische Werke. Eine neue Welt öffnete sich mir; hier glaubte ich den Schatz alles Wissens erschöpfen zu können. Ich verschlang alle Systeme, vertraute blindlings der Autorität großer Namen, unter deren Beglaubigung sie in der Welt standen, wußte sie alle auswendig – und *wußte nichts.*
Nun starb meine gute Mutter; ohne einen Erziehungsplan gemacht zu haben, hatte ihr zartsinniges Rechtsgefühl sie den Weg gelehrt, mir Grundsätze einzuprägen, die ewig die Stütze meines Seins ausmachen werden.
Ich lebte mit Dir an einem Orte und haßte Dich zwar nicht, aber ich verachtete Dich, denn immer nur mußte ich von Dir hören, daß Du, Künstler wie ich, auf demselben Instrumente, *einen* Weg mit mir wandelnd, mich bitter getadelt, daß Neid Dich erfülle, daß Du hinterlistig gegen mich gehandelt. Daß alles dies aus dem Munde unserer Tischfreunde und eines aus Liebe für mich blinden Vaters kam, erwog ich Schwacher nicht, und eine herbe Bitterkeit gegen Dich hatte sich meiner bemeistert.
Da brach des Krieges Greuel auch unsere friedliche Ruhe. Du warst kurz vorher von einer Reise mit Ruhm zurückgekehrt und im Begriffe, sie weiter fortzusetzen, indes ich, angeschmiedet durch die Liebe eines Vaters, der den Gedanken, ohne mich zu leben, nicht ertragen konnte, verbrütete: als räuberische Horden das Städtchen überfielen und meine Habe ein Raub der Flammen wurde. Ich hatte

mich verspätet; um meine Lieblinge, meine Bücher zu retten, vergaß ich alles, mich selbst. Man gab mich für verloren, als es mir schon gelungen war, mich von der anderen Seite des Hauses zu retten. Doch kaum war ich in Sicherheit auf der Straße angelangt und hörte, daß Du mit der augenscheinlichsten Lebensgefahr, um mich zu retten, in den Flammen seiest, da tat es einen mächtigen Riß in meiner Brust, als ob das Welttor der Liebe sich auftäte; das Flehen des Vaters, das Drängen der Menge, der offenbare Tod konnte mich nicht abhalten, alles das für Dich zu wagen, was Du schon für mich tatest. Durch Feuerwogen, stürzende Balken und betäubenden Dampf drang ich zu Dir, der *mich* suchte, und im Hochgefühle der gegenseitigen Liebesschuld sanken wir uns in die Arme und schlossen unter dem Toben des Elements und der Gefahr, jeden Augenblick sein Opfer zu werden, den Bund, der sich nie wieder trennen soll. 1820

Wie Du von da an für mich gesorgt, für mich entsagt, Aussichten eröffnet, Wege gebahnt, wie Du liebend Dein Wissen und Deine Erfahrungen ohne Rückhalt selbst schwer errungener Kunstvorteile vor mir ausgebreitet, wie Du mir die Welt gezeigt hast, wie sie ist, nicht, wie sie in meinen Träumen lebte; wie Du mir bewiesest, daß der Mensch doch noch vor dem Künstler komme und somit mich auch das bürgerliche Leben, seine Verhältnisse und die aus ihm hervorgehenden Begriffe ehren lehrtest – wie soll ich das alles wiederholen und herzählen können. Möge es mir einst nur deshalb vergönnt sein, mich zu einer beachteten Höhe zu schwingen, um für Dich zeugen und Dir das beseligende Gefühl geben zu können, daß Du einen *dankbaren Künstler*, in der höchsten Ehrenbedeutung, die ich dem Worte beigeselle, durch Deine Reinheit und Wahrheit der Welt gegeben.

So recht aus tiefem Herzwehe preßt sich mir die Träne ins Auge, wenn ich bedenke, daß eben das, was Du für mich tun zu müssen glaubtest, auch der Grund unseres schnellen Scheidens sein mußte. Verarmt und hilflos, wie ich dastand, ließest Du mich ernten, was Du gesät und

vorbereitet. Den Teil Deutschlands, durch den Du eine Kunstreise machen wolltest, wo Du überall erwartet, gemeldet und empfohlen warst, gabst Du *mir* hin, versahst mich mit den dringendsten Empfehlungen, die Dir zugedachte Gunst auf mich zu übertragen, und wenn die ungewöhnliche Weise, daß ein Künstler einen andern als Stellvertreter sendet, die Neugierde einesteils zu meinen Gunsten spannte und der Sporn, Dir Ehre zu machen, mich andernteils befeuerte; sprich, wem danke ich das alles als Dir? Dir, den ich verkannte, Dir, der Du aber mit wahrem Künstlerherzen für mich sorgtest, weil Du in mir auch den echten Beruf zu erkennen glaubtest?
Nur wer eingeweiht ist in die tausend Verzweigungen, die zu einer Kunstreise vonnöten sind, wie der Ruf des Künstlers in ganz eigentümlicher Richtung die Welt durchzieht und der von ihm ausgehende Funke da und dort lebhafte Flamme weckt, indes er von andern unerkannt und unbeachtet vorüberzieht – weiß die Größe der Aufopferung zu beurteilen, die Du mir weihtest. Aber wahrlich, *ich* könnte es auch; und wenn ich dies in freudigem Trotze und Stolze sage, so weiß ich es eben deshalb vielleicht erst recht auch zu verdanken.
Siehe, lieber Bruder, da ertappe ich mich wieder einmal auf dem seltsamen, demütigen Stolze und der stolzen Demut, die so wunderbar mich oft erhebt, auch verletzt. Bin *ich* nur so? Oder darf ich sie mit zur Künstlernatur überhaupt rechnen? Das letztere wäre mir lieb, denn ich bin mir damit nicht klar genug und mag lieber jener dunkeln Gewalt, die ich einmal als in mir herrschend anerkenne, zur Last legen, was mir nicht so ganz recht an mir ist.
Du lachst und wirst sagen, das sei die bequemste Art, sich immer rein zu glauben, oder vielleicht sagst Du gar, daß ich das mit den Weibern gemein habe? Je nun, sind die nicht eigentlich durchaus geborene Künstlernaturen? Doch wohin gerate ich? Wahrlich nicht dahin, wo ich heute hin wollte in meinem Briefe; also zur Sache!
Wenn ich früher viel Prakrisches geübt, viel Theoretisches erlernt, manche Bemerkung durchdacht und namentlich in

unserm brieflichen Ideenwechsel manchen einzelnen Gegenstand besprochen und durch Dich berichtigt habe, so fällt es mir doch oft schwer auf, daß alles, was ich weiß, nur so eigentlich zufällig entstanden ist [sich ebenso zufällig eins zum andern gefügt habe, ich den Lehren aller großen Meister fast immer nur bedingt beistimmen könne], und meine Bildung aller planmäßigen Folge durchaus entbehrt hat.

Da hat mich denn kürzlich ein verdammter, kluger Doctor medicinae schiefrig gemacht, dem ich Unterricht im Generalbasse gebe, wodurch er sich zu seiner Laute hin und wieder eine Melodei zu ordnen lernen will.

Der bringt der Warums so viele, hat so wenig Respekt vor irgendeines Namens Autorität, will immer die Sache so in sich selbst beursacht wissen, daß ich manchmal mit all meiner Vielwisserei sehr ins Gedränge komme. Ich fühle es täglich mehr, daß wir nur *ver*bieten und *ge*bieten, ohne zu sagen *warum?* und ohne anzuleiten zum *Wie.*

Es heißt, ja, Bach hat das gemacht! Händel schrieb dieses nicht! Mozart erlaubte sich jenes! Wenn einem nun aber glücklicherweise etwas einfällt, was die [noch] nicht gemacht haben, so täte es not, man strich es gleich wieder weg, weil man mit nichts beweisen kann, daß es auch *so* sein darf. Welch ein Mangel an festem Halt und Stützpunkte von Haus aus in der Musik! Gefühl und wieder Gefühl – – [wer kann aber sagen – bei mir sitzt das rechte?] Ich habe mir also fest vorgenommen, die Kunst einmal so recht schulgerecht wie eine andere Wissenschaft zu behandeln, denn man kann doch jedem Jünger andre Dinge sagen:

Erst lernst du das, dann jenes; aus diesem folgt das und so weiter, bis du fertig bist. Fertig? Nun ja, natürlich bis auf einen gewissen Grad. 1812

Viertes Kapitel

Fragment aus einer musikalischen Reise, die vielleicht erscheinen wird

Voll Zufriedenheit über eine vormittags glücklich geendete Sinfonie und ein vortreffliches Mittagsmahl entschlummerte ich sanft und sah mich im Traume plötzlich in den Konzertsaal versetzt, wo alle Instrumente, belebt, große Assemblée unter dem Vorsitze der gefühlvollen und mit naiver Naseweisheit erfüllten Oboe hielten. Rechts hatte sich eine Partie aus einer Viole d'amour, Bassethorn, Viola da Gamba und Flûte douce arrangiert, die über die verflossenen guten alten Zeiten klagetönten; links hielt die Dame Hoboe Zirkel mit jungen und alten Klarinetten und Flöten, mit und ohne unzähligen Modeklappen, und in der Mitte war das galante Klavier, von einigen süßen Violinen, die sich nach Pleyel und Gyrowetz gebildet hatten, umgeben. Die Trompeten und Hörner zechten in einer Ecke, und die Pikkoloflöten und Flageolettchen durchschrien den Saal mit ihren naiven kindlichen Einfällen, wovon Madame Hoboe durchaus behauptet, es sei echt Jean Paulsche Anlage, durch Pestalozzi zur höchsten Natürlichkeit erhoben, in ihren Tönen. Alles war seelenvergnügt, als auf einmal der grämliche Kontrabaß, von einem Paare verwandter Violoncelle begleitet, zur Türe hereinstürmte und sich so voll Unmut auf den dastehenden Direktionsstuhl warf, daß das Klavier und alle anwesenden Geiginstrumente vor Schrecken unwillkürlich miterklangen. „Nein", rief er aus, „da sollte einen ja der Teufel holen, wenn täglich solche Kompositionen vorkämen; da komme ich eben aus der Probe einer Sinfonie eines unserer neuesten Komponisten; und obwohl ich, wie bekannt, eine ziemlich starke und kräftige Natur habe, so konnte ich es doch kaum mehr aushalten, und binnen fünf Minuten wäre mir unausbleiblich der Stimmstock gefallen und die Saiten meines Lebens gerissen. Hat man mich nicht wie einen Geisbock springen und wüten lassen, habe ich mich nicht zur Violine umwandeln sollen, um die Nicht-

ideen des Herrn Komponisten zu exekutieren, so will ich zur Tanzgeige werden und mein Brot mit Müllerschen und Kauerschen Tanzdarstellungen verdienen."
Erstes Violoncell (sich den Schweiß abwischend): „Allerdings haben cher père recht, ich bin auch so fatiguiert, daß ich seit den Cherubinischen Opern mich keines solchen Echauffements erinnere." –
Alle Instrumente: „Erzählen Sie, erzählen Sie!"
Zweites Violoncell: „Erzählen läßt sich so etwas kaum und eigentlich wohl noch weniger hören, denn nach den Begriffen, die mir mein göttlicher Meister Romberg eingeflößt hat, ist freilich die von uns eben exekutierte Sinfonie ein musikalisches Ungeheuer, wo weder auf die Natur irgendeines Instrumentes noch auf Ausführung eines Gedankens, noch auf irgendeinen anderen Zweck, als den des neu und originell Scheinenwollens hingearbeitet wäre. Man läßt uns gleich der Violine in die Höhe klettern ..."
Erstes Violoncell (ihn unterbrechend): „Als ob wir das auch nicht ebensogut könnten."
Eine zweite Violine: „Ein jeder bleibe in seinen Schranken."
Bratsche: „Ja, denn ich stehe ja auch noch zwischen Ihnen, und was bliebe denn mir übrig?" –
Erstes Violoncell: „Ach, von Ihnen ist ja gar nicht mehr die Rede. Sie fluten nur noch mit uns im Unisono oder sind des Schauder- und Spannungerregens wegen, wie zum Beispiel im Wasserträger, da; aber was den schönen Gesang betrifft –"
Erste Oboe: „Da kann sich doch wohl mit mir nichts messen."
Erste Klarinette: „Erlauben Madame, daß wir auch unsere Talente bemerken."
Erste Flöte: „Ja, für Märsche und auf Hochzeiten."
Erstes Fagott: „Wer kommt dem göttlichen Tenore näher als ich?"
Erstes Horn: „Sie werden sich doch nicht einbilden, so viel Zartheit und Kraft verbinden zu wollen als ich?"
Klavier: „Und was ist alles dieses gegen die Fülle der

Harmonie, die ich umfasse? Wo ihr alle nur Teile eines Ganzen seid, bin ich selbständig, und –"
Alle Instrumente (schreien zugleich): „Ach, schweigen Sie, Sie können ja nicht einmal einen Ton aushalten!"
Erste Oboe: „Kein Portamento."
Zwei Flageolettchen: „Da hat Mama recht."
Zweites Violoncell: „Da kann kein ordentlicher Ton zum Tönen kommen in diesem Lärme!"
Trompeten und Pauken (fallen fortissimo ein): „Stille! Wir wollen auch reden. Was wäre die ganze Komposition ohne unsern Effekt? Wenn wir nicht knallen, applaudiert kein Mensch."
Flöte: „Gemeine Seelen reißt der Lärm dahin, das Hohe wohnt im Lispeln."
Erste Violine: „Und wenn ich euch nicht führte, was würde aus euch allen?"
Kontrabaß (aufspringend): „Meine doch, *ich* halte das Ganze, und ohne mich ist nichts."
Alle Instrumente (zugleich schreiend): „Ich allein bin die Seele, ohne mich nichts!"
Auf einmal trat der Kalkant in den Saal, und erschrocken fuhren die Instrumente auseinander, denn sie kannten seine gewaltige Hand, die sie zusammenpackte und den Proben entgegentrug. „Wartet", rief er, „rebelliert ihr schon wieder? Wartet! Gleich wird die ‚*Sinfonia Eroica*' von Beethoven aufgelegt werden, und wer dann noch ein Glied oder eine Klappe rühren kann, der melde sich."
„Ach, nur das nicht!" baten alle. „Lieber eine italienische Oper, da kann man doch noch zuweilen dabei nicken", meinte die Bratsche.
„Larifari!" rief der Kalkant. „Man wird euch schon lehren! Glaubt ihr, daß in unseren aufgeklärten Zeiten, wo man über alle Verhältnisse wegvoltigiert, euretwegen ein Komponist seinem göttlichen riesenhaften Ideenschwunge entsagen wird? Gott bewahre! Es ist nicht mehr von Klarheit und Deutlichkeit, Haltung der Leidenschaft, wie die alten Künstler Gluck, Händel und Mozart wähnten, die Rede. Nein, hört das Rezept der neuesten Sinfonie, das

ich soeben von Wien erhalte, und urteilt darnach: Erstens, ein langsames Tempo, voll kurzer abgerissener Ideen, wo ja keine mit der andern Zusammenhang haben darf, alle Viertelstunden drei oder vier Noten – das spannt! Dann ein dumpfer Paukenwirbel und mysteriöse Bratschensätze, alles mit der gehörigen Portion Generalpausen und Halte geschmückt; endlich, nachdem der Zuhörer vor lauter Spannung schon auf das Allegro Verzicht getan, ein wütendes Tempo, in welchem aber hauptsächlich dafür gesorgt sein muß, daß kein Hauptgedanke hervortritt und dem Zuhörer desto mehr selbst zu suchen übrigbleibt; Übergänge von einem Tone in den andern dürfen nicht fehlen; man braucht sich aber deswegen gar nicht zu genieren, man braucht zum Beispiel wie Paer in der Leonore nur einen Lauf durch die halben Töne zu machen und auf dem Tone, in den man gern will, stehenzubleiben, so ist die Modulation fertig. Überhaupt vermeide man alles Geregelte, denn die Regel fesselt nur das Genie."

Da riß plötzlich eine Saite an der über mir hängenden Gitarre, und ich erwachte voll Schrecken, indem ich durch meinen Traum auf dem Wege war, ein großer Komponist im neuesten Genre, oder – ein Narr zu werden.

Dank dir, freundliche Begleiterin meines Gesanges, für deine Aufmerksamkeit; ich eilte schnell zu meiner eben vollendeten Arbeit, fand sie nicht nach dem Rezepte des gelehrten Kalkanten und ging, beruhigt und den Himmel im Busen vor Erwartung, in die Aufführung des Don Juan.

Fünftes Kapitel

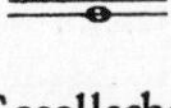

Die Gesellschaft hatte sich frühzeitig versammelt, und Kunst und Wissenschaft wurden wie immer mit großer Lust und Lebendigkeit umgetrieben, als Diehl mit wonneverklärtem Gesicht hereinstürmte: „Stellt euch vor", rief er, „man gibt nächstens den *‚Wallenstein'*, aber *ganz, sage ganz!*" Welche Freude für mich, der ich ihn immer nur mit beschnittenen Flügeln schweben sah, wie wird er sich jetzt erheben, der königliche Aar!

„Aber sage mir", wandte er sich zu Felix, „wie kann eine Direktion [so dumm sein], das nicht gleich von jeher getan [zu] haben?"

Felix: „Schauspieler und Direktion wollen den Effekt, das Publikum will das Ganze. Aber nur erst durch das Hervorbringen des ersteren wird es erst zum Verlangen nach letzterem geleitet. So ging es mit Schillers Werken, so wird es mit Shakespeare, Calderon usw. ergehen!"

Diehl: „Das ist ja eine verkehrte Prozedur, und ich sollte meinen, daß erst aus dem Ganzen der Haupt- und Totaleffekt hervorträte."

Felix: „Allerdings, sobald du die vollkommen erfüllte Intention des Dichters die Haupt- und Totalwirkung nennst! Erst schafft der Dichter sein Werk; er verknüpft es mit all den unsichtbaren Fäden, deren Enden an die tiefliegenden Grundursachen gefesselt sind. So erhält sein Gedicht oft eine Ausdehnung, die die durch Gewohnheit zur Norm gewordene Zeitdauer einer dramatischen Vorstellung bei weitem überschreitet. Ein mit gesundem Überblicke ausgerüsteter Direktor nimmt das Buch zur Hand und fängt an, den Wald zu [sichten und zu] lichten. Er vertilgt dabei gewiß viel Treffliches und nach der Überzeugung des *Dichters Notwendiges*; was es aber dessenungeachtet keineswegs ist, nämlich insofern das Ganze noch anschaulich und zusammenhängend in seinen Teilen bleibt und es nun dem Gefühle des Zuschauers überlassen ist, nur die vom Dichter ausgesprochenen und ausgeführten feinsten inneren organischen und motivierenden Teilchen zu ergänzen. Es ergreift den Zuschauer. Er will mit sich allein den Genuß wiederholen. Er will festhalten in den einzelnen Momenten, zurückrufen, was ihn im Anschauen ergriffen hat. Er liest das Werk ungekürzt. Er ist entzuckt, das, was er – es sich im Geiste wiederholend – dazugefühlt hatte, hier nun auch deutlich ausgesprochen

zu finden, um wieviel herrlicher, als er sich es denken konnte; in welcher vollendeten wohltuenden Form! Nun besitzt er den Dichter. Nun will er ihn auch ganz so dargestellt haben. Nun ist ihm das Lücke, was es vorher nicht war. Nun erscheint ihm das als Verstümmelung, was nur notwendiges Zusammendrängen war. Nun hält er es aber auch länger aus, als es ihm in der sonst gewohnten Zeit möglich schien. Er hat einen bekannten Garten vor sich, es erwartet ihn bei jedem Schritte ein liebliches Blümlein, er freut sich im voraus auf die schöne Aussicht, die sich jetzt urplötzlich eröffnen wird. Er kennt sie schon, und doch überrascht sie ihn jedesmal, weil er wohl weiß, wie überraschend sie herbeigeführt ist. Das *erste* Mal wollte er wissen, wo er sei, ob in einem Garten oder Labyrinthe; und erst nachdem er das Ganze durchlaufen hatte, übersieht er es und weiß, was man ihm bot.
Diehl: „Ja, aber wer heißt ihn *laufen?* Warum geht er nicht gleich anfangs ruhig und besieht sich alles ordentlich? Das ist ja eben das Unglück, daß die Leute so mit den Siebenmeilenstiefeln auf Reisen, in die Kunst und ins Theater gehen!"
Felix: „Alle Gleichnisse hinken. Aber kannst du mir leugnen, daß die gewöhnlich angenommene Zeitdauer und Länge eines Stückes nicht sehr tief in der Natur des Zuschauers begründet sei? Wie denn überhaupt alle Maße und Grenzpunkte, die sich endlich durch unwillkürlich, unbewußt und still einwirkende Gewalt zum Gesetze erhoben haben. Sage mir, ob du länger als drei Stunden imstande bist, mit angestrengter Aufmerksamkeit dem Gange und der Entwicklung eines dramatischen Werkes zu folgen? Ob dich nicht die Ungeduld, den Gang der Handlung zu erspähen, der ruhigen Teilnahme zur Auffassung der einzelnen, sie leitenden und herbeiführenden Schönheiten beraubt? Unterbrich mich nicht und wende mir etwa ein, daß, wenn dieses allein der Hauptzweck wäre, man ja jedes Stück nur einmal zu sehen brauche und es nach dem Ende der ersten Vorstellung sein Interesse verloren habe, da man ja nun einmal wisse, wie die Sache

gehe. – Allerdings ist dies keineswegs der Hauptzweck, aber auch wehe dem dramatischen Produkte, dem dieses Interesse an der Handlung selbst fehlt. Dabei braucht freilich das trockene Faktum nicht von so schrecklicher Wichtigkeit zu sein, daß man zum Beispiel darüber erschrecken und erstaunen würde, wenn man es auch bloß als einen dreizeiligen Zeitungsartikel läse. Nein, nur durch Angabe dessen, *wie* und durch welche Art und Mittel es so und nicht anders auf das innere Leben und die daraus entspringenden Handlungen der uns vors Auge geführten Charaktere und Gemütsbildungen einwirke und so die Handlung des Lebens, mit einem Worte: das Leben selbst sich uns vorspiele, dadurch erfüllt das Werk und der Dichter die Forderungen des Zuschauers an seine dramatische Kunst. Und wenn sein Werk bei jeder Wiederholung, wo wir doch schon genau wissen, was geschieht, uns nicht ebenso wieder spannt und nach und nach erregt als das erstemal, dann haben die Mittel ihren Zweck verfehlt, dann ist es vielleicht ein Knall- und Effektstück, aber ohne innere Wahrheit und darum ohne dauerndes Leben.“

Diehl: „Nun bin ich neugierig, wie du das auf dramatische Musik anwenden willst und wer da recht haben soll, das Handelnde oder der Stillstand der Leidenschaft als eigentlicher Vorwurf der Musik? Stillstand nenne ich nämlich – vielleicht uneigentlich, aber nur als Gegensatz zu dem Fortschreiten im Handeln – das Festhalten eines leidenschaftlichen Momentes.“ 1809

Felix: „Du hast sie ausgesprochen, die große Klippe aller Opern und deren Erzeuger. Wie schwer wird es letzterem, zu beweisen, ob er imstande war, ein großes Gebilde, das wir bleibend ins Herz aufnehmen, zu erschaffen, oder ob er nur, von unstet wandelnden Geistesblitzen zusammengesetzt, uns einzelnes liebgewinnen und das Ganze darüber vergessen ließ? In keiner Art von Kunstwerken ist dieses schwieriger zu vermeiden und daher auch häufiger vorhanden als in der Oper. Hier ist der Wendepunkt zwischen dem Drama und ihr. Es versteht sich von selbst, daß ich von *der* Oper spreche, die der Deutsche und Franzose will, einem in sich abgeschlossenen Kunstwerke, wo alle Teile und Beiträge der verwandten und benutzten Künste ineinanderschmelzend verschwinden und auf gewisse Weise untergehend eine neue Welt bilden. Meistens entscheiden einzelne liebgewonnene Musikstücke den Beifall fürs Ganze. Selten verschwinden die im Augenblicke des Hörens freundlich anregenden Teile im großen Allgefühle am Schlusse, wie es eigentlich sein sollte; denn erst muß man die ganze Gestalt liebgewinnen, dann, bei näherer Vertraulichkeit, erfreue man sich der Schönheit der einzelnen Stücke, aus denen sie besteht. Die Natur und das innere Wesen der Oper, aus *Ganzen im Ganzen* bestehend, gebiert diese große Schwierigkeit, die nur den Heroen der Kunst zu überwinden gelang. Jedes Musikstück erscheint durch den ihm zukommenden Bau als ein selbständig organisch in sich abgeschlossenes Wesen, und doch soll es als Teil des Gebäudes verschwinden in der Anschauung desselben; dabei kann und soll es (das Ensemblestück vornehmlich), verschiedene Außenseiten zugleich zeigend, ein vielfältiger, auf einen Blick zu übersehender Januskopf sein. Hierin liegt das große, tiefe Geheimnis der Musik, das sich wohl fühlen, aber nicht aussprechen läßt. Das Wogen und die widerstrebenden Naturen des Zornes, der Liebe, des wonnigen Schmerzes, wo Salamander und Undinen sich umarmend ineinanderfließen, sind hier vereint. Mit einem Worte: was die Liebe den Menschen, ist die Musik den Künsten und den Menschen, denn sie ist ja wahrlich die Liebe selbst; die reinste ätherische Sprache der Leidenschaft, tausendseitig allen Farbenwechsel derselben in allen Gefühlsarten enthaltend und doch nur *einmal wahr*, doch von tausend verschieden fühlenden Menschen gleichzeitig zu verstehen.

Diese Wahrheit der musikalischen Rede, erscheine sie unter welcher neuen ungewöhnlichen Form sie wolle, behauptet doch endlich siegend ihr Recht.

Die Schicksale aller Epochen schaffender oder bezeichnender Kunstwerke beweisen dieses hinlänglich und häu-

fig. Es konnte wohl zum Beispiel nichts fremdartiger scheinen als *Glucks Schöpfungen* in jener Zeit, wo die italischen wollüstigen Tonmeere alle Gemüter überschwemmt und verweichlicht hatten.
Wir sind jetzt auf zwar ganz andere Weise, aber vielleicht noch gefährlicher daran, in gewissen Kunstirrtümern unterzugehen. Die allwirkenden Zeitumstände haben nur die Extreme *Tod und Lust* als Herrscher aufgeworfen. Niedergedrückt von den Greueln des Krieges, vertraut geworden mit allem Elende, suchte man nur Erheiterung in den gröblichst aufreizenden Kunstlüsten. Das Theater ward zum Guckkasten, in dem man gemächlich – die schöne, beglückende Gemütsunruhe beim wahren Genusse eines Kunstwerkes ängstlich vermeidend – eine Szenenreihe vor sich abhaspeln ließ, zufrieden, durch triviale Späße und Melodien gekitzelt zu werden oder geblendet durch Maschinenunfug ohne Zweck und Sinn. Gewohnt, im Leben täglich frappiert zu werden, tat auch hier nur das Frappante Wirkung. Einer stufenweisen Entwickelung der Leidenschaft, einer geistreich herbeigeführten Steigerung aller Interessen zu folgen, heißt anspannend, langweilig und, infolge der Unaufmerksamkeit, unverständlich. Wie selten bringt der Hörer jene ruhige, unbefangene Stimmung mit, die, jeder Art des Eindrucks empfänglich, die Seele wohl dem behandelten Stoffe erschließen, aber doch sorgfältig vor bestimmter Meinung oder Richtung des Gefühles bewahrt sein soll!"
„Und", rief Diehl, „so wie die englische Nationalschuld steigt durch einzelne übermäßige Kraftanstrengung, ebenso steigen auch die musikalischen Anleihen und Forderungen an die Kräfte und Mittel der Kunst so unmäßig, daß sie (obwohl auch nur sich selbst schuldig) doch bald mit einem totalen Bankerotte endigen müssen!
Der musikalische Reichtum, den die neueste Kultur der Instrumentalmusik hervorbrachte, wird aufs sträflichste gemißbraucht. Der Luxus des Harmonienwechsels und die Überfülle der Instrumentation bei den geringfügigsten, anspruchslosesten Dingen ist aufs höchste gestiegen. Po-

saunen sind eine gewöhnliche Würze, ohne vier Hörner kann sich schon gar kein Mensch mehr behelfen, und so wie die Franzosen ihre Ragouts bis zur gaumenzerfleischenden Lust immer höher und höher potenzierten, so haben sie in gleichem Schwindel, die Ohren fürs Gefühl und das Gefühl für die Ohren nehmend, mit ihrer durch und durch revolutionären Sprudelnatur auch die Musik hinaufgewirbelt, Klarheit und Einfachheit der Harmonie schlachtend, wie sonst die Freiheit der Völker, und lustig hüpfenden Fußes über die blutrünstig gestachelten Verhältnisse des Schönen und Reinen hinwegrasend!!"
„Halt!" rief Felix. „Der Eifer führt dich zu weit, wenn du einmal anfängst mit deiner Flammenschrift zu zeichnen, und du vergißt, daß, wenn der berühmte Komponist, auf den du wohl hindeutest, von Mozarts Tiefe und romantischem Schwunge mehr betäubt als geleitet, von Glucks höchstmöglichst gestellter Deklamationstreue und Stärke *ver*leitet und von den abgestumpften Gefühlsnerven seiner Hörer zu stärkeren Reizmitteln *gezwungen,* um jedes Wort mit Harmoniengold und Instrumentalkraft unter*strich,* wenn er alle möglichen künstlichen Verwebungen bis zum Bizarren bunt mengte, er doch, vom großen Genius beseelt, aus einem *eigentümlichen Gusse* seine Werke schuf, und es etwas ist, das dasteht, das ihm gehört, wenngleich vielleicht nicht ewig lebend, da ihm der allein Dauer gebende Stempel der Klassizität fehlt, doch immer als die seltsamste Verkochung des Romantischen mit dem witzig-treuen Geregelten höchst merkwürdig in der Kunst bleiben wird.
Weit schädlicher augenblicklich einwirkend ist aber der aus Süden herüberwehende Rossinische Sirokkowind, dessen Glut aber bald ausbrennen wird; denn wenn auch der Tarantelstich die Leute zum Tanzen bringt, so sinken sie doch bald erschöpft und dann geheilt nieder."
In diesem Augenblick fiel der am Pianoforte sitzende und zuhörende Klaviermeister mit der Tarantella im rasenden Tempo ein, welcher er, geschickt und höchst witzig parodierend, di tanti palpiti[16] zur Ergötzlichkeit der ganzen

Gesellschaft zu verweben wußte. Mit taschenspielerischer Fertigkeit hatte Diehl seinen braunen Mantel umgeworfen, den Kragen zur Kapuze gestaltet und unterbrach nun den Jubel, von einem Stuhle auf die Versammelten herabdonnernd:

„Heisa, Juchheisa! Dudeldumdei!
Das geht ja toll her, bin nicht dabei.
Ist das eine Art Komponisten?
Seid ihr Türken, seid ihr noch Melodisten?
Treibt man so mit der Tonkunst Spott,
als hätte der alte Musengott
das Chiragra, könnte nicht dreinschlagen?
Ist jetzt die Zeit der Orchesterplagen,
mit Pickelflöten und Trommelschlagen?
Ihr steht nicht hier und legt die Hände in den Schoß,
die Kriegsfurie ist in den Tönen los.
Das Bollwerk des reinen Sangs ist gefallen,
Italien ist in des Feindes Krallen,
weil der Komponist liegt im Bequemen,
höhnt die Natur, läßt sich wenig grämen,
kümmert sich mehr um den *Knall* als den *Schall*,
pflegt lieber die *Narrheit* als *Wahrheit*,
hetzt die Hörer lieber toll im Gehirn,
hat das *Honorar* lieber als das *Honoriern*.
Die Kunstfreunde trauern in Sack und Asche,
der Direktor füllt sich nur die Tasche.
Der *Kontrapunkt* ist worden zu einem *Kunterbunt*,
die *Lernenden* sind ausgelassene *Lärmende*,
die *Melodien* sind verwandelt in *Maladien*,
und allen gesegneten klass'schen Genuß
verkehrt man uns in Knall-Fidibus.
Woher kommt das? Das will ich euch verkünden:
Das schreibt sich her von vielen Applaudiersünden,
von dem Geschrei und Bravogeben,
dem jetzt die Publikümer leben,
wenn freche Passag' macht den Magnetstein,
der den Applaus zieht in die Oper 'nein.

Auf den Laufer, gut oder übel,
folgt das Gepatsch, wie die Trän' auf die Zwiebel,
hinter dem Esel kommt gleich der Schwanz,
das ist 'ne alte Kunstobservanz.
Es ist ein Gebot: du sollst den alten
und reinen Satz nicht unnütz halten,
und wo hört man ihn mehr blasphemieren,
als jetzt in den allerneusten Tonquartieren?
Wenn man für jede Oktav und Quint,
die man in euren Partituren find't,
die Glocken müßt' läuten im Lande umher,
es wär' bald kein Glöckner zu finden mehr,
und wenn auch für jeden falschen Akzent,
der aus eurer ungewaschnen Feder rennt,
ein Härlein ausging aus eurem Schopf,
über Nacht wär' er geschoren glatt,
und wär' er so dick als Absalons Zopf.
Der Händel war doch wohl ein Kunstmagnat,
der Gluck schrieb doch wohl auch mit Effekt,
der Mozart hat auch, glaub' ich, Neues geheckt,
und wo steht denn geschrieben zu lesen,
daß sie so unwissende Kerle gewesen?
Braucht man der Tint' doch, ich sollte meinen,
nicht größern Aufwand zu reinen Sätzen
als zu unreinen Gemeinplätzen!
Aber wessen das Gefäß ist gefüllt,
davon es sprudelt und überquillt.
Wieder ein Gebot ist: du sollst nicht stehlen!
Ja, das befolgt ihr nach dem Wort,
denn ihr tragt alles *offen* fort.
Vor euren Klauen und Geiersgriffen,
vor euren Praktiken und bösen Kniffen
ist die Not' nicht sicher in der Zeil,
find't die Melodie und der Baß kein Heil,
ihr schießt mit deutschem und fränkischem Pfeil.
Was sagt der Prediger? Contenti estote![17]
Begnügt euch mit eurem Kletzerbrote!
Aber wie soll man die Schreiber fassen,

kommt doch das Ärgernis aus den Massen!
Wie das Publikum, so das Haupt,
weiß doch niemand, an was *das* glaubt."

Felix: „Halt, uns Komponisten mag der Herr schimpfen, das Publikum soll er uns nicht verunglimpfen!"
Diehl (vom Stuhle springend): „Und Ihr mir meinen Rossini nicht! Glaubt Ihr, weil ich seine zahllosen Schwächen kenne, ich liebte ihn darum weniger? Nein, ich lobe mir meinen liebenswürdigen ungezogenen Jungen, l'enfant chéri de la fortune! Seht, wie reizend er das Gemach durchstürmt, wie witzig glühende Funken aus seinen Augen sprühen, welche liebliche, herrliche, würzige Blümlein er jenen Damen in den Schoß wirft! Was schadet es denn, wenn er in der Eile einen alten Herrn auf die Zehen tritt, eine Tasse zerbricht oder gar den großen Spiegel zerschlägt, der die Natur so herrlich wiederstrahlt? Man verzeiht dem losen Jungen, nimmt ihn liebkosend auf den Arm, in welchen er wohl – gleich wieder lustig übermütig, einen Biß versucht, dann entlaufend, an der Schule vorbei und die armen Kameraden auslachend, die darin schwitzen und vom Publikum höchstens mit Kartoffeln gefüttert werden, indes er Marzipan knabbert.
Ich fürchte mich vor nichts als vor *der* Zeit, wo er anfangen wird, klug werden zu wollen, und der Himmel gebe der gaukelnden Libelle einen gnädigen Blumentod, ehe sie bei dem Versuche, zur Biene werden zu wollen, als [gehaßte] Wespe inkommodiert!" 1819

Sechstes Kapitel

Ich hatte eben die letzte Note geschrieben und ergötzte mich an den Schnörkeln des Schlußzeichens, die meine Hand geschäftig vervielfältigte, während mein Geist das ganze Stück noch einmal vor sich schweben ließ und eine Art zerstreuten Brütens, mit der zufriedenen Empfindung einer vollendeten Arbeit verbunden, sich in mir erzeugte. Da trat mein munterer Dichter in Domino und Larve zur

Türe herein und faßte mich mit freundschaftlichem Ungestüm beim Ärmel.
„Das ewige Arbeiten taugt [den Teufel] nicht. Fort! Auf! Heut ist Redoute, glänzende Redoute; die zweite; die erste besucht niemand. Heut gibt's schöne Mädchen, Punsch, Musik, zwar schlecht, aber doch lärmend; da kann man Grobheit für Witz ausgeben und unter der schützenden Maske sogar einmal den Weibern die Wahrheit sagen. – Frisch auf! Der Wagen steht vor der Tür, hier ist alles Nötige, und nun marsch!"
Ehe ich noch selbst recht wußte, ob ich wollte oder nicht, saß ich im Wagen, wurde von den geschäftigen Händen meines fröhlichen Freundes bemäntelt und verkappt, ebensoschnell wieder aus dem Wagen gehoben, und da stand ich nun in der wirbelnden Menge bunter Geschöpfe, die heute das Recht hatten, *öffentlich* nicht zu scheinen, was sie doch waren.
Die Rippenstöße einiger tanzender Paare weckten mich bald kräftigst aus meinen Träumen, und ich fing nun nach und nach an, mir in dem Gewirre zu gefallen.
Unter der Maske ist man ein anderes Geschöpf, *hier* zeigt sich deutlich, wie sehr in das Wesen und Treiben des Menschen die Anhänglichkeit an die Form verwebt ist. Alles Denken, alles Reden ist freier, sobald man das bißchen Wachspapier vor dem Gesichte weiß; der blöde Verliebte wagt es zuerst, seiner Schönen Liebe zu gestehen, das schüchterne Mädchen fürchtet sein Erröten nicht mehr, weil es dasselbe ungesehen glaubt, selbst der Freund zum Freunde spricht derber, und ein Feiger wagt es vielleicht sogar, an einem seiner Tisch-Mäzene Witz zu üben.
Mein lebenslustiger Führer ermangelte nicht, die vorbeistreifenden Bäuerinnen, Vestalinnen, Türkinnen und Nonnen zu beäugeln und mit beißenden Anmerkungen zu regalieren. Ich zog mich etwas zurück. Der Strom trennte uns, und ich sah mich einem Paar freundlicher Fledermäuse gegenüber, die mich anpiepten: „Lange nicht Klavier gespielt?" – „Nein!" – „O wir kennen dich!" – „Viel

Ehre!" – Ein Gärtnermädchen zupfte mich, bot mir eine Pomeranze: „Für dein schönes Spiel vor einigen Tagen!" Ein Teufel drängte sich zu mir und sagte: „Komponiere mir dies!" – Ich las: an Emilien, ergriff es mit Hast und sprach: „Selbst vom Teufel verehre ich, was ihren Namen trägt; auf der nächsten Redoute bekommst du es."
Eine Nonne hing sich an meinen Arm: „Die schlechte Musik muß dein Kennerohr recht beleidigen." – „Nein, Beste! Aber das beleidigt meine Ohren, daß die ganze Welt nichts anderes mit einem Künstler zu sprechen weiß, als wovon er nie gern *spricht,* was er nur [gern] *fühlt,* von seiner Kunst." Und ergrimmt, mich beinahe von jeder Maske erkannt zu sehen, zog ich mich in eine Loge zurück.
Doch bald lockte ein sonderbarer Aufzug mich wieder näher. Ein großer Schwarm von Masken kam zu den weitgeöffneten Türen herein, die sonderbarsten, barocksten Karikaturen und Phantome, klein und groß, in den verschiedensten Gestalten und Formen. Die Tanzmusik schwieg, ein Hanswurst bat das Publikum um Erlaubnis, eine große deklamatorische, dramatische, melopoetische, allegorische Darstellung in Versen geben zu dürfen, und hervor trat ein geregeltes, kaltes Wesen, welches auf der Stirn einen Schild mit dem Worte: *Unparteilichkeit,* am Munde die Phrase: *Eifer für die Kunst,* und am Herzen einen gespickten Musikkatalog hatte, in der Tasche ein Schnippchen schlug und das ich beim ersten Blicke als eine gewisse Zeitschrift erkannte, die sich jetzt anschickte, folgenden Prolog zu halten:

Prolog

Geehrtes, kunstliebendes Publikum,
es war uns zu allen Zeiten drum,
dir deutlich und glaubbar einzubeizen,
daß nie nach schnödem Gewinn wir geizen.
Ja, durch unparteiische Rezensionen
können wir beweisen in allen Zonen,
daß stets wir die Kunst nur aus Liebe gepflegt.

daß selbst oft mit Schaden wir Werke verlegt.
Auch werden wir niemals aufhören zu streben,
euch neue Beweise von Eifer zu geben.
Ein größeres Werk verlegen wir jährlich,
obwohl es in dieser Zeit wirklich gefährlich,
so mit Partituren sich abzugeben –
doch wollen die Herrn Komponisten auch leben!
Das Stück hier, wir wollen's nicht loben, nicht tadeln,
es wird sich, hat's wahren Wert, selber schon adeln;
bemerken nur können wir bei unsern Sachen,
daß wir sie gemeinnützig suchen zu machen,
wovon wohl unstreitig der klarste Beweis
dies schöne Papier und der niedrige Preis.

Hanswurst (springt hervor):

Erlauben's mir auch ein paar Worte zum Schluß:
Hier ist nicht vonnöten, daß alles *ein Guß;*
nur die große Oper tritt hier vor die Welt,
Effekte nur sind da zusammengestellt.
Die Sängerin will Sie durch Gurgeln verführen,
der Heldenspieler durch Wahnsinn rühren,
der Narr Sie durch Wahrheit bringen zum Lachen,
das Orchester wird schrecklich wüten und krachen,
die Tänzerin schöne Waden zeigen,
die Prim' Violino Solo geigen,
der Theatermeister donnern und blitzen,
um auch etwas Ihre Gunst zu besitzen.
Ja, wird Sie dies alles nicht packen, nicht schütteln,
so greifen wir noch zu den letzten Mitteln,
werden Sie mit Pferden, Kamel'n regalieren,
kein Tier soll unsern Kunstdrang genieren.
Kurz, durch alles, was das Genie je ausheckte,
durch all diese goldenen, großen Effekte
wollen wir bloß effektuieren,
daß Sie sich sollen amusieren. –
Die große Tendenz unserer Zeiten –
auch ohne zu wissen, ob's was zu bedeuten,
wenn nur nach dem Theater, am Table d'hote,

im Munde die Kunst und das Abendbrot,
Sie finden, daß *die* und *die* schön angezogen,
der Larifari [18] heut vortrefflich geflogen,
daß eigentlich 's Ganze Sie nicht recht verstehn,
und deswegen 's nächste Mal wieder hingehn.

Er entfernte sich unter einer Verbeugung, und die große italienische Oper trat auf [19] – eine lange, hagere, durchsichtige Figur, charakterloses Gesicht, das als Held, Seladon und Barbar sich immer gleichblieb und nur eine ungemeine Süßlichkeit über sich verbreitet hatte. Sie trug ein dünnes Schleppkleid, dessen Farbe eigentlich keine Farbe zu nennen war und auf dem hin und wieder kleine blitzende Steinchen saßen, die die Augen des Publikums auf sich zogen. Bei ihrem Auftritte ward im Orchester ein Geräusch gemacht, um die Zuhörer zur Stille zu bewegen, und das in Italien Ouverture genannt wird.

Sie fing an zu singen:

Scena

Rezit.: Oh Dio – – – addio – –
– – – – – – – – – – –
Arioso: Oh non pianger mio bene
– – – – – –
Ti lascio – Idol mio –
– – – oime – –
Allegro: Già la Tromba suona – –
– – – – – – – – – – –
Colla parte: Per te morir io voglio –
– – – – – – – – – – –
Piu stretto: – O Felicita – –
(Auf Ta ein Triller von zehn Takten; das Publikum applaudierte unmenschlich.)

Duetto

– Caro – –!
– Cara – –!

a Due: Sorte amara – –
(Auf amara, wegen des a, die süßesten Terzienpassagen.)
Allegro: – oh barbaro tormento –
(Es hatte kein Mensch zugehört, aber ein Kenner rief Bravo! Bravo! [applaudierte] und das ganze Publikum fiel fortissimo ein.)

Hanswurst (tritt gerührt und entzückt hervor):
Nein, es geht doch nichts über Melodie!
Durch sie allein beweist sich das Genie,
das ist das wahrhaft Reine,
das Hohe, Allgemeine,
wenn der Gesang so ungezwungen fließt,
daß jeder Schneider, Koch, verstehend ihn genießt;
wo man bei Arien, Duetten aller Sorten
fest glaubt, man habe sie gehört an tausend Orten;
wo Ohr und Herz zugleich von Wonneschauern bebt,
wo alles mit Natur so inniglich verwebt,
daß es Wollust scheint, sich umzubringen,
hört man den Held noch sterbend singen.
Die deutschen Komponisten zwar,
die lassen fast kein gutes Haar
an unsrer armen Opera,
besonders an der Seria:
Charakterzeichnung fehle,
der Götze sei die Kehle
des Sängers, der wir huld'gen –
und vieles andre noch, des man uns will beschuld'gen.
Bei dieser Oper hier, da war's ein Glück,
daß nicht so *einseitig* berechnet war das Stück.
Die schönste Arie hat darin der Kaiser,
darüber wird die Prima Donna heiser,
weil sie sie nicht zu singen hat.
Der arme Komponist, fast desperat,
sein schönes Werk unaufgeführt zu sehen,
muß sich nun schon zu kleiner Änderung verstehen,
wenn er das Beste nicht will ausgelassen wissen;

er läßt sich ein'ge Mühe nicht verdrießen,
paßt alles, was die Donna singen sollte
und nun aus Zartgefühl nicht wollte,
fünf Töne tiefer in des primo Basso Kehle,
und dessen Sang, daß er nicht tot sich quäle,
fünf Töne höher, der Seconda Donna zu Befehle.
Und sieh, das Stück gefällt, wird applaudiert,
kein Mensch sich um das bißchen Transponieren schiert,
und der Charakter sich in alles arrangiert.
Ja, meine Herren, seht,
das ist's, was ewig steht –
ich sag's auf dieser Stelle,
das echt Universelle –
Wenn die Musik, es sing sie, wer da will,
hoch oder tief, aus C – aus Gis – aus D – gleichviel,
in Kerkers Nacht, im grünen Feld,
Tier oder Mensch, Bär oder Held,
wenn's *singt! Nur recht ins Ohr,*
das ist das wahre Herzenstor!
Daher, ich's behaupte vor der ganzen Welt,
die italienische Oper mir allein gefällt,
das ist mein wahrer und echter Schluß –
alles übrige gilt keine taube Nuß.
(Er tritt ab.)

Die große französische Oper erscheint.
Eine wohlgeborene Pariserin; geht auf dem Soccus einher und bewegt sich sehr höflich in dem sie etwas unbequem beengenden griechischen Gewande. Das Corps de Ballet umgibt sie beständig; verschiedene Götter lauern im Hintergrunde. Die Handlung spielt zwischen 12 Uhr und Mittag.

Erster Akt[21]

LA PRINCESSE: Cher Prince, on nous unit.
LE PRINCE: J'en suis ravi, Princesse;
peuple, chantez, dansez, montrez votre allégresse!

CHOEUR: Chantons, dansons, montrons notre allégresse!
(Ende des ersten Aktes.)

Zweiter Akt

LA PRINCESSE: Amour!
(Kriegerisches Getöse. Die Prinzessin fällt in Ohnmacht. Der Prinz erscheint kämpfend gegen seine Feinde und wird erschlagen.)
Cher prince!
LE PRINCE: Hélas!
LA PRINCESSE: Quoi?
LE PRINCE: J'expire!
LA PRINCESSE: O Malheur!
Peuple, chantez, dansez, montrez votre douleur!
CHOEUR: Chantons, dansons, montrons notre douleur!
(Ein Marsch schließt den zweiten Akt.)

Dritter Akt

(Pallas erscheint in den Wolken.)
PALLAS: Pallas te rend le jour.
LA PRINCESSE: Ah quel moment!
LE PRINCE: Où suis-je?
Peuple, chantez, dansez, célébrez ce prodige!
CHOEUR: Dansons, chantons, célébrons ce prodige!
(Fin.) 1810

Hanswurst (tritt mit brüstendem Anstande hervor und spricht mit erhobener Stimme):

Leidenschaft, Worte-Sturm, Deklamation,
das ist das Höchste, all anderm Hohn.
Siebenmal höher gestrichene Noten
sind unserer Leidenschaft kreischende Boten!
Hinauf in die Höhe
mein ehrlicher Baß,
das Kühnste begehe,
Tenors Rechte faß.

Der stets tapfre Jüngling,
der wird sich schon wehren
und von dem Altisten das Nöt'ge begehren.
Und so geh' es fort und fort!
Immer hinauf!
Verdrängt der gemeinen Natürlichkeit Lauf!
Und seid ihr so endlich zum Höchsten gestiegen,
gelingt es gewiß, fallt ihr nicht, auch zu fliegen.
Die Füße der Tänzer, die führen dann weiter
die edlen Gefühle, die eure Begleiter.
Klopfet nicht süß verwirrt fränkisches Herz,
wenn in dem Entrechat tobet der Schmerz?
Wenn aus der Pirouette wirbelndem Drehen
deutlich die heiligste Freundschaft zu sehen?
Singen und Tanzen und Tanzen und Singen,
das nur kann wahrhaft das Höchste erringen.
Trommeln, Posaunen, vier Hörner, mein Bester,
ja nicht vergessen in Ihrem Orchester.
Siebenmal moduliert in einem Takte –
wer fragt nach Ursach mehr, wenn es nur packte?
Blasen Hoboen, Klar'netten und Flöten
mehr als zu drei andern Opern vonnöten,
wüten die Bässe und Geigen zum Rauchen,
können Sie gar noch den Tamtam gebrauchen,
dann sein Sie ruhig und ganz außer Sorgen,
Ruf ist ihr Eigentum, Sie sind geborgen!
(Mit rascher Wendung ab.)

Es entstand eine Pause. Das Publikum fing an, nach und nach unruhig zu werden. Wiederholte Pause. Neuer, verstärkter Tumult. Die deutsche Oper wollte noch immer nicht zum Vorscheine kommen. Die Direktion kam bei dem zunehmenden Lärmen in die größte Verlegenheit; endlich erschien Hanswurst, ganz erschöpft und in Schweiß gebadet und sprach:
„Hochverehrtes Publikum, verzeihe, wenn ich keine Zeit habe, dir kürzlich zu sagen, was ich in der Geschwindigkeit vorbringen soll. Ich begreife dich wahrlich nicht; ich

weiß nicht, wie du mir vorkommst. – Wo bleibt deine so oft erwiesene Geduld, die sonst alles so ruhig abwartet, wenn man es dir nur sicher versprochen hat? Ich glaube gar, du bildest dir am Ende ein, Rechte zu haben? Nun, warte nur noch ein wenig, es ist fast billig, dir auch zu sagen, *warum* du warten sollst! Es geht, ehrlich gesagt, der deutschen Oper sehr übel. Sie leidet an Krämpfen und ist durchaus nicht [fest] auf die Beine zu bringen. Eine Menge Hilfeleistende sind um sie beschäftigt, sie fällt aber aus einer Ohnmacht in die andere. Auch ist sie dabei so von den an sie gemachten Prätensionen aufgedunsen, daß kein Kleid ihr mehr [recht] passen will.
Vergebens ziehen die Herren Verarbeiter bald der französischen, bald der italienischen einen Rock aus, um sie damit zu schmücken, das paßt alles hinten und vorn nicht. Und je mehr frische Ärmel eingesetzt, Schleppen beschnitten und Vorderteile angenäht werden, je weniger will es halten.
Nun endlich sind einige romantische Schneider auf die glückliche Idee gefallen, einen vaterländischen Stoff zu wählen und in diesem womöglich alles zu verweben, was Ahnung, Glaube, Kontraste und Gefühle je bei andern Nationen wirkten und wirbelten. Hörst du, Publikum? schon rollt der Donner über unserm Haupte, jetzt wird's gleich losgehen." Er zieht sich erschöpft zurück und murmelt vor sich im Abgehen: „Die verdammte Prosa wird einem so sauer, wenn man nun einmal gewohnt ist, ein poetischer Hanswurst zu sein."
Allgemeine feierliche Stille, gespannte Erwartung im Publikum.

Agnes Bernauerin,
romantisch-vaterländisches Tonspiel.

Personen, soviel vonnöten. Handlung im Herzen von Deutschland.

Erste Szene

Verwandlung

Zweite Szene

Agnes und Brunhilde

AGNES: Ach! Meine Seele ist müde, matt und abgetragen.

BRUNHILDE: O Herrin, trage nicht ab der Menschenleiden felssteile Untiefen. Wenn Ihr, Fräulein, Geistwidriges erfaßt, werden Sie mir, edle Dame, das Mißgefühl mißdenken?

AGNES: Komm in den Schloßgarten, dort im dunkeln Schauerhaine wird mich leichter die notwendige Ahnung meines Schicksals befallen. (Ab.)

Verwandlung

HERZOG (mit Gefolge): Ritter, folgt mir in den Prunksaal, heute noch soll sie Euch die Hand darreichen oder Ottern und Schlangen im Burgverließ ihrer Gewohnheit nach – ihr versteht mich – (Ab.)

Verwandlung

ALBRECHT (tritt auf): Kaspar, du folgst mir!

Verwandlung

Ein Geist erscheint warnend.

ALBRECHT: Wer bist du, unbegreifliches Wesen?

GEIST: Ich habe Macht, alles zu tun, eile aber, edler Jüngling, später werd' ich dich schon retten.

ALBRECHT: Sie retten oder sterben!

ZWEI MINNESÄNGER (treten auf): Wartet, edler Herr, wir singen Euch die Geschichte.

Verwandlung

Finale.

(Waldige Felsengegend. – Links im Hintergrund ein Schloß, gegenüber ein Weinberg, weiter vor eine Einsiedlerhütte. – Links vorn eine Höhle, weiter vorn eine Laube, in der Mitte zwei hohle Bäume, weiter vorn ein unterirdischer Gang.)

Einsiedler (tritt auf im singenden Gebete). – Agnes (singt eine Arie im Schlosse, wozu Chor von Winzerinnen auf der andern Seite.) – In der Laube schlummert Albrecht (und singt träumend in abgebrochenen Tönen.) – Kaspar (singt vor Furcht eine Polonaise in den hohlen Bäumen.) – Räuber (in der Höhle singen einen wilden Chor). – Genien (schweben schützend über Albrecht). – Kriegsgetümmel hinter der Szene. – Ferner Marsch von der andern Seite. – *Natürlich alles zugleich.* – Zwei Blitze fahren von verschiedenen Seiten herab und zerschmettern einiges.

ALLE: Ha!

(Der Vorhang fällt.)

Zweiter Akt

Trauermarsch.

(Agnes wird auf die Brücke zu Straubing geführt. Sie bleibt an einem Nagelkopfe unten hängen.)

Albrecht tritt auf mit Reisigen.

Eingelegte Arie – – – – – – – 1813

REZITATIV: Auf, Freunde, keine Zeit ist zu verlieren, ein Augenblick Verzug raubt ihr das Leben! Schwört!

CHOR: Wir schwören.

ALBRECHT: O Schwur!!

Allegro.

Über Felsen und Meere,
durch blinkende Speere
rett' ich dich, auf Ehre,

daß keiner es wehre,
sonst schnitte die Schere
des Todes ihn ab.
Ich sehe dich winken,
die Tränen dir blinken,
o warte doch, Grab!

Arioso.

O Mägdlein,
o Blümlein,
so wunderschön stille,
das niemals was wille

CHOR:

Seht – den Helden,
seht – ihn – rasen – –

ALBRECHT:

Doch welch wundervolles Stöhnen,
hör' ich tief in mir so klöhnen,
banger Ahnung Schauerwehen,
muß ich in mir wachsen sehen.

Più stretto.

Doch nein, ich eile, dich zu retten.

CHOR: Eile.

ALBRECHT: Ja, ja, ich eile, dich zu retten.

CHOR: Eile!

ALBRECHT: Rettend will ich eilen, dich zu retten.

CHOR: Ja.

ALBRECHT:

Eilend, rettend dich mir retten,
rettend eilend sprengen Ketten.
(Passage) Ei-ei-ei-ei-ei-len.

CHOR: Sieg oder Tod!

(Sie schwimmen alle durchs Wasser, der Kanzler spießt sich selbst an eine Stackete. Albrecht trägt die Geliebte auf seinem Arm herbei. Der Herzog kommt wütend.)

ALBRECHT (ruft): Vater!!!

(Der Herzog ist sogleich gerührt und segnet das nasse Paar.)

SCHLUSSCHOR:
„Nach Regen folgt Sonnenschein." (Die Brücke verwandelt sich in eine Glorie, und alles ist gut.) 1816

Hanswurst (tritt tiefsinnig und grübelnd ein):

Ich ahne was und weiß nicht was.
Des Auges Blum' ist schmerztropfnaß,
ich sehe es kochen und überall gären,
als wollt' die Kunst noch eine Kunst gebären.
Oh, ehrliches, deutsches Vaterland,
mich hast du verfolgt, mich hast du verbannt,
um fremdartige, ärgere Narren zu pflegen;
sprich, war dies zum Heile, war dies zum Segen?
Den Engländer, Spanier, Welschen und Franken
beseelt stets nur der Flug der Gedanken,
sich selber und seinem Volk würdig zu bleiben,
und du, deutsche Kunst, schwächst im unschlüss'gen Treiben,
was Göttliches dir nur vor allen verliehen,
Erkenntnis und Anstoß aus Fremden zu ziehen.
Das hast du mißbraucht in der eigenen Kraft,
die herrlich und rein aus sich wirket und schafft.
Wenn frei von der Nachäffung eitelem Streben
sie tragen will göttlichen Stoff in das Leben.

(Das Publikum wird unruhig, pocht und ruft ungestüm: der Hanswurst ist ein Narr geworden, Moral unnütz usw. Schicksale, Maschinen, Posaunen!)

Hanswurst (macht einen Kreuzsprung und ruft):

Ach, verzeihn's, Ihr Gnaden,
bitt' schön!
Wär' mir bald was Erschrecklich's g'schehn.
Plagt manchmal mich, weiß selbst nicht wie,
so eine Art Philosophie,
'ne alte üble deutsche Gewohnheit
erweist sich zuweilen als Tollheit,
bin so dumm gewesen, zu früh zu kommen,

in zehn Jahren wird's vielleicht besser genommen.
Sind's nit böse auf den armen Kasperl,
morgen früh spiel' ich den Herrn von Hasperl.
Hat mich eine Art Volkstum ergriffen.
Hätten wohl recht, hätten's mir pfiffen.
Morgen bitt' ich wieder um die Ehr,
ich spiel' den Schneider mit der Scher.[22]

(Wütendes Bravoschrein. Der Hanswurst wird viermal herausgerufen; spricht von Nachsicht, Streben und Wiedersehen.) 1818

Ein tobender, ergreifender Walzer fiel ein, die Masken verloren zerstreut sich in dem Gewirre, und die Zuschauenden machten nun ihren Herzen Luft.
„Welche ungereimte Farce", rief ein blauer Domino neben mir. „Dummes, absurdes Zeug", ein anderer. „Man weiß ja gar nicht eigentlich, was es sein soll", ein Dritter.

Ein Spanier: „Erlauben Sie, es liegt doch ein tiefer Geist im Ganzen, der mir erstaunt wohlgefällt."

Blauer Domino: „Haben Sie es denn ganz gefaßt und verstanden?"

Spanier: „Nein, das nicht, aber es hat doch so etwas –"
Blauer Domino: „Ich sage Ihnen, es ist schlecht, ich kenne den Verfasser, oder ich müßte mich sehr irren, und aus dessen Gehirn entspringt nichts Vernünftiges, die schlechten Verse –"

Hanswurst: „Aha, blauer Ritter, schenk mir eine Lanze." –
Schnell verschwand der Domino.

Hanswurst: „Ha, Spiegelberg, Rezensent, ich kenne dich." (Ihm nach.)
Am Kredenztische eilte ein niedliches Bauernmädchen auf eine Türkin zu. „Ach, was ist es schade, daß du das nicht gesehen hast, da war dir ein allerliebster Aufzug, die eine war gar hübsch angezogen, sah etwas langweilig, aber doch freundlich aus, die andere schnitt dir Gesichter zum

Totlachen, ach und dann wurde es so herrlich schauerlich, huh, es war gar zu schön." – –
Ein Zigeuner: „Ja, es war göttlich."
„Nein", rief mein Dichter aus und setzte das eben zu leerende Glas Punsch vom Munde; „was sind das für verfluchte Urteile. Der eine findet's dumm, der andere göttlich, der voll tiefen Sinns, weil er's nicht versteht, *die* himmlisch wegen ein paar hübscher Lappen."
Felix: „Lieber Freund, hier hast du das Publikum aller Orten und Zeiten en miniature, so glaubt sich jeder Hansdampf für seine paar Groschen Legegeld befugt, über Dinge abzuurteilen, die er nicht versteht, nie durchdachte, und wirft jahrelanges Studium eines Kopfes durch seinen Beifall oder Mißfallen zu Boden, indem er sich von seiner augenblicklichen Laune leiten läßt, die ihm vielleicht dies im gegenwärtigen Augenblicke himmlisch vorspiegelt, was er in einem andern langweilig findet. Ein ungeschickter Statist, der eine Szene verdirbt, ist ihm hinreichend, das Ganze schlecht zu finden, und so sind die Herren Kunstrichter der Galerie, wie der Logen und des Parterre."
Diehl: „Du hast recht, ich habe das meistens gefunden, auch unterscheidet sich besonders das Sonntagspublikum von dem gewöhnlichen sehr: das gemeine Pack säuft und frißt vorher gut und will nur unterhalten sein, sieht ein ‚*Donauweibchen*' [23], lacht sich halbtot, klatscht, ruft ein paar heraus, und siehe, das Ding macht furore."
Felix: „Der noble Pöbel hört dann davon, will es auch sehen, schimpft, geht aber wieder hin, und so verdirbt sich der Geschmack. Denn sehr wahr ist die Behauptung, daß man sein Publikum ziehen könne. Gib ihm lauter gute Kunstwerke, und es wird endlich unter diesen auch wieder die besten hervorzufinden und zu unterscheiden wissen."
Diehl: „Hör einmal, Bruder, sosehr ich Musik liebe, aber, unter uns gesagt, eure heillosen Opern haben auch viel verdorben."
Felix: „Da kommst du an meine empfindliche Seite. Wie

oft soll ich dir noch beweisen, daß, so wahr auch die Bemerkung teilweise sein mag, doch im ganzen –"

„Ein Dieb – ein Dieb, haltet ihn! Hier! Nein, da!" schrien hundert Stimmen. Allgemeine Verwirrung entstand, ich war augenblicklich von meinem Freunde getrennt und drängte mich durch die Masse, ihn wiederzufinden, als eine tiefverhüllte Maske mich beim Arme faßte: „Sie haben gefunden, mein Prinz." Ich maß ihn von oben bis unten, vermutete einen Spaß und wollte weiter, als er mich wieder anhielt. „Erkennen Sie mich doch, mein Gnädiger, bin ich denn wirklich so unkenntlich, daß Eure Durchlaucht selbst Ihren treuen ..." (er raunte einen mir ganz fremden Namen Dario in mein Ohr) „nicht erkennen?"

Ich: „Mein Herr, Sie irren sich in mir."

Maske: „Nein, ich irre mich nicht, Eure Durchlaucht kamen früher, als ich Sie erwartete, aber eben recht. O eilen Eure Durchlaucht, es ist hohe Zeit, Emilie –"

„Wie, Emilie!" rief ich, und tausend Ahnungen durchflogen mein Inneres, indem meine gespannteste Aufmerksamkeit an dem Fremden hing. –

Maske: „Nun ja doch, Emilie tanzt dort leidenschaftlich, und endlich ist der glückliche Zeitpunkt durch meine viele Anstrengung erschienen, in dem Ihro Durchlaucht das Ziel Ihrer Wünsche erreichen oder wenigstens sich den Weg dazu bahnen können."

Ich (voll innerer Wut): „O Sie Vortrefflicher!" Dabei drückte ich ihm die Hand, daß er hätte schreien mögen.

Maske (den Schmerz verbeißend): „Ja, ich konnte mir das aufwallende Feuer der Freude bei Eurer Durchlaucht denken; doch eilen Sie nun, ehe meine Anstalten vernichtet werden. Unserer Verabredung gemäß habe ich den Leutnant F. und Wilhelm so instruiert, daß sie immer Emilien umgeben. Sie liebt den Tanz leidenschaftlich, beide sind vortreffliche Tänzer, ein aufgenötigtes Glas Punsch wird dabei seine Wirkung nicht verfehlen, das anstoßende Zimmer ist bereitet, wo man sie unter irgendeinem Vorwande hinlocken wird. Die Tante ist durch einen der Unsrigen, der ihre Aufmerksamkeit zu fesseln

weiß, beschäftigt. – Eure Durchlaucht erscheinen zufällig in dem Zimmer, die andern entfernen sich ebenso zufällig. Narkotische Düfte, und ein Prinz, welche Mittel, um ein so schwaches Hirngespinst, als weibliche Tugend ist, umzuwerfen – es kann nicht fehlen."
Kaum hielt ich noch an mich.
„Die beiden schwarzen Dominos", so fuhr die Maske fort, „mit roten Federn sind unsere Getreuen. Emilie trägt ein einfaches weißes Kleid mit lila Bändern, die Schleife unter der Brust in Euer Durchlaucht Händen soll uns das Zeichen des Sieges sein, jetzt aber erwarte ich schnell die Befehle, denn nochmals, es ist hohe Zeit."
„Ja", erwiderte ich schnell besonnen und gefaßt, „es ist sehr hohe Zeit, erwarten Sie mich an jenem Pfeiler, ich will selbst sehen und Wilhelm unterrichten."
„Bald hätte ich das beste vergessen", rief er mir nach. „Die Losung der Unsrigen ist – ‚Freude!' "
„Gut", rief ich und verschwand in der Menge, meinen Freund Diehl aufzusuchen. Heere von tobenden, quälenden Gefühlen kämpften in mir, tausend Pläne durchkreuzten sich in meinem Innern. Ich wählte und verwarf, und doch waren die Augenblicke so kostbar. ‚Tor, der du bist', sagte ich zu mir selbst, ‚auf den bloßen Namen Emilie hin gerätst du so in Feuer? Wer bürgt dir dafür, daß dieses die Emilie ist, die du meinst? Doch wenn auch nicht, hier ist von Vernichtung eines Bubenstücks die Rede, daher frisch Hand ans Werk und nicht erst untersucht.' Da rannte mir, o Glück, mein Dichter in die Hände, voll Freude umarmte ich ihn als wie nach langem Wiedersehen, und klar stand's auf einmal vor mir, was geschehen müsse.
„Hier gibt's etwas für dich zu tun, ein Wagstück, aber schnell und mit Klugheit."
Er: „Vortrefflich, nur wie? Wo? Wann?"
Ich erklärte ihm mit ein paar Worten den Verlauf der Sachen und bat ihn, nun eilends zu dem tanzenden Paare zu gehen, den Tänzern die Losung zuzuflüstern, Emilien ohne Umstände am Arme zu nehmen, selbst wenn sie sich

sträuben sollte, nicht nachzugeben, und sie so in den nächsten besten Wagen zu werfen und nach Hause zu bringen, indessen ich mich anders maskieren und den Ausgang der Sache abwarten wollte. –

„Die lila Schleife unter der Brust bringst du mir als Wahrzeichen deines glücklich vollendeten Auftrags mit, und nun eile, fliege, die Freundschaft, ja das Leben deines Freundes fleht dich darum an."

Diehl: „Sei nicht so kurios, das ist ganz ein Kasus für mich, ich hole dir sie aus zehntausend Teufeln heraus, verlaß dich auf mich."

Fort eilte er, und ich wechselte meine Maske. Der erste Drang der aufwallenden Leidenschaft war vorüber, und ich ließ nun mein Selbst vor mir ruhig die Musterung passieren; denn das Handeln war Werk des Augenblicks, des innern Dranges gewesen, von dem ich mir keine Rechenschaft geben konnte.

„Warum hast du sie nicht selbst gerettet?" fragte der Kopf, und leise antwortete das Gefühl – das sich zu gern in dem Gedanken wiegte, *meine* Emilie müßte die Gerettete sein –, daß es die Gewißheit vom Gegenteile nicht hätte ertragen können, daß daher die gefällige Phantasie gleich einen Ausweg zu finden wußte, der sich ja sogar mit dem schönen Titel der Uneigennützigkeit stempeln ließ. Leben denn Herz und Kopf im ewigen Krieg miteinander, suchen sie sich denn immer gegenseitig zu überlisten, soll die Rechte nie wissen, was die Linke tut, selbst wenn sie es sieht? – Ewiges Rätsel dir und andern Menschen! – –

Beobachtend näherte ich mich Dario, der mit allen Zeichen der lebhaftesten Ungeduld noch an seinem Pfeiler lehnte.

Endlich mochte es ihm doch zu lange dauern, denn er verließ ihn und verschwand. Einem Träumenden gleich wankte ich herum, voll Erwartung und Furcht über das lange Ausbleiben meines Freundes. „Ach, laß mich", fuhr ich ärgerlich einen zudringlichen Polichinello an, der mich mit seinen Späßen unterhalten wollte.

„Nun, nun, nur nicht so trotzig, mein Herr", sagte er und hielt mir die lila Schleife vor die Augen.
„Ach, du! In diesem Aufzuge! Eile, erzähle!"
„Alles mit Ruhe, Herr Bruder, erst ein Glas Punsch!"
Wir gingen in ein Seitenzimmer, und nach einigen derben Zügen löste sich Diehls Zunge.
„Alles ging vortrefflich, ich gab meine Losung, man war höflich, ich nahm Emilien an den Arm, sie verwunderte sich, ich führte sie weg, das nahm sie übel, ich bringe sie an den Wagen, da schrie sie und hätte mir bei einem Haare die ganze Geschichte verdorben. Ich machte ihr denn in ein paar Worten begreiflich, daß man ihrer Tugend zu nahe treten wolle, daß ein unbekannter Edler – das bist du, Herr Bruder – mir den Auftrag gegeben hätte, sie auf diese einzig mögliche Art zu retten, und daß sie dem Kutscher nur in Gottes Namen ihre Wohnung anweisen könnte.
Da hättest du das nette Geschöpfchen sehen sollen, wie es Tränen der freudigen Dankbarkeit vergoß, daß es einem selbst ganz kurios ums Herz wurde. Und gar zu Hause, als sie sich ganz in Sicherheit sah, die Maske abnahm, das Engelgesichtchen mich ansah und bei meiner Bitte um die Schleife mit den rührendsten Tönen ihren Dank stammelte, da – Herr Bruder, da beschloß ich, wenn's nicht *deine* Emilie ist, so bin ich so frei und liebe sie!"
Ich: „Nun und weiter, wie verließest du sie?"
Er: „Ja, sieh, bis hierher war's eigentlich eine lederne Kommission gewesen, ohne sonderlichen Spaß; ich war also so keck, das Ding auf meine Weise zu variieren, auszuführen und einige Kontrasubjekte hinein zu verweben."
Ich: „Du wirst doch nicht –"
Er: „Ja, höre, wie ich sie verließ, da fiel mir auf einmal ein königlicher Spaß ein. Ich blätterte in dem Register meiner Bekanntschaft nach einem freundlich gemütlichen Wesen, das nicht zu der grausamen Rasse gehörte und gleich zu finden wäre. Es fiel mir eins ein, und auf

der Treppe kehrte ich noch einmal um und erbat mir von Emilien ihren ganzen Anzug."

Ich: „Ha, Abscheulicher! Das Kleid, das *sie* trägt, wolltest du –"

Er: „O sei still, du sprichst wie ein Verliebter: das heißt dumm – kurz, ich erhielt das Kleid, flog damit zu einem Püppchen, kleidete es darein, instruierte es etwas, sagte, es sei was zu verdienen, wenn sie es gescheit machte, schleppte sie in den Saal, übergab sie einer der schwarzen Masken, der ich befahl, sie in das bewußte Zimmer zu bringen, und eben als ich meine Operation vollendet hatte, trat der Prinz, den ich recht gut kenne, in den Saal."

Ich: „Und nun?"

Er: „Ja, nun weiß ich weiter nichts, als daß ich meine Pseudo-Emilie ihrem Schicksal überließ, mich umzog und nun als demütiger Sklave vor dir erscheine."

Ich: „Du hast einen unüberlegten Streich gemacht, da dich das Mädchen kennt."

Er: „O dafür sorge nicht, derlei bekommt mich selten und nie allein zu sehen, zudem ist es eine neue Akquisition, die erst angekommen. Aber was Rechtes gäbe ich darum, wenn ich die verfluchten Gesichter sehen könnte, die Seine Durchlaucht schneiden werden, wenn sie statt des spröden Tugendengels so ein frommes willfähriges Täubchen finden."

Ich: „Bei alledem find' ich für gut, daß wir uns entfernen. Du weißt nun doch Emiliens Wohnung?"

Er (schlägt sich vor den Kopf): „Ich Esel, nein, über meinem schönen Plan habe ich gar nicht daran gedacht, darauf achtzugeben."

Ich: „Also alle Hoffnung wieder verschwunden, je zu entdecken, ob sie es war oder nicht? Komm, ich bedarf der Ruhe, und dies Gewirre fröhlicher Menschen ekelt mich an." 1811

Schlaflos durchwachte ich die Nacht. Gedankenlos durchträumte ich einige Tage. Ich war in jener unglückseligen Stimmung, in der leidenschaftliche Menschen so oft sich

finden, weil der Stoff des Unglücklich-Fühlens mehr in ihnen liegt, als von außen erzeugt wird. Wo andere Menschen bloße Freude fühlen, möchten *sie* jauchzen. Wo andere wehmütig werden, verzehrt *sie* der Schmerz. In Extremen leben, fühlen, handeln *sie*. Und eben diese unendliche, alles umfassende Wärme, die allein Schillers „Seid umschlungen Millionen – diesen Kuß der ganzen Welt" versteht, ist es, was ihr Unglück im Gefühle nie zu füllender Leere in ihrem Innern erzeugt.
Ich floh zur Musik und hoffte, von diesen Leidenschaften getrieben, ja bis zur Fieberhitze entflammt, mein Gefühl in Tönen aussprechen zu können, aber umsonst. Ein Chaos waren meine Ideen. Die Fülle meiner Empfindung verschlang sich selbst gebärend wieder, und stumpfes, gedankenvolles Nichts-Denken war das jedesmalige Ende.
Die gewöhnliche Bemerkung also, der Lustige könne gut lustig und der Traurige gut traurig komponieren, wurde an mir zuschanden. Wer diese Bemerkung nachsagt, kennt den Menschen nicht. Alles Tiefempfundene *fühlt* sich, aber *sagt sich* nicht. Der Moment, Geistesprodukte zu erschaffen, muß in jener gewissen ruhigen Stimmung als Grundelement sich bewegen, welche, eigner, in dem Augenblicke willkürlich erzeugter Begeisterung fähig, das individuelle Ich, sozusagen, ganz zu verlassen und in das andere, das zu schaffende, überzugehen imstande ist. –
Dieser Zeitpunkt war nun für mich nicht da, und nur nach und nach konnte ich wieder meiner Ruhe habhaft werden, indem ich nach diesem letzten Zufalle – der mich so glücklich meiner Emilie zu nähern schien und doch wieder meine schönen Träume in ihr altes Nichts zurücksinken hieß, da aller Nachforschungen ungeachtet keine Spur mehr von ihr zu entdecken war – fest überzeugt ward, daß ich sie nie finden würde, daß das Schicksal sie mir nicht bestimmt habe, und Vernunft und Überlegung mir endlich auch weismachten, ich werde mich beruhigen, ja, sie – vergessen können.
Der zufällige Anblick meines Maskenkleides weckte wieder sehnsuchtsvolle Erinnerungen an sie in mir auf; me-

chanisch fuhr ich in die Tasche des Rocks, den ich jenen Abend anhatte, fand ein Papier darin und erkannte es beim ersten Anblicke für das Gedicht, welches mir der Teufel zum Komponieren gegeben und das ich auf die nächste Redoute zu bringen versprochen hatte. Daß es an eine Emilie gerichtet, war mir ja hinreichender Beweggrund gewesen. Aber jetzt wollte ich auch dessen Inhalt meinen prüfenden Blicken unterwerfen. Ich las – – –

Der herzliche liebe Geist, der im Ganzen leuchtete, begeisterte mich. Beim zweiten Lesen stand die Melodie klar vor meiner Seele, und ich eilte, sie zu Papiere zu bringen und während des Niederschreibens vollends zu feilen und zu runden, als mein Freund Diehl mich bei der Arbeit überraschte.

„Na, Gott sei Dank, endlich wieder ein zufriedenes, heiteres Gesicht, denn du arbeitest; störe ich?"

Ich: „Immer und nie. Sprich nur fort."

Diehl: „Sieh, das ist mir unbegreiflich, und ich habe dich schon lange fragen wollen, wie du ein Gespräch führen und dabei arbeiten kannst."

Ich: „Ja, lieber Freund, ich möchte beinah mit Plato glauben, der Mensch, oder wenigstens *ich*, habe zwei Seelen; wenigstens habe ich offenbar zwei Dinge in mir, wovon das eine das Tonwesen und das andere das zum Gesprächsel abgerichtete ist. Denn ich kann sehr bequem von ganz andern Gegenständen zusammenhängend sprechen und doch, mit voller Seele und ganz von meinem Objekte erfüllt, Tonideen bilden und komponieren. Doch muß ich gestehen, daß es mich angreift und ich mich dabei wie ein Magnetisierter befinde, da der Mund von Dingen spricht, von denen er eigentlich nichts weiß und nichts denkt.

Diehl: „Und ist dir das bei allen Arten von Komponieren gleich?"

Ich: „Nein, doch nicht ganz, die sogenannten eigentlich strengen Kunstarbeiten, als Fugen usw., halten mich mehr ab, beides zu vereinen."

Diehl: „Das ist kurios, denn ich sollte denken, just bei dem Zeug brauchte man am wenigsten seine Einbildungs-

kraft zusammenzunehmen und dafür nur seinen Kirnberger, Fux, Wolf oder wie die Tiere alle heißen, gehörig im Leibe zu haben."
Ich: „Ach, eigentlich tut es einem bei diesen abstrakten Arbeiten am nötigsten, das Gefühl als Leitstern zu haben, damit man nicht durch die Schulgelehrsamkeit und ihre Künste sich in den trockenen Sand der Langenweile leiten läßt."
Diehl: „Da du jetzt so vernünftig mit mir sprichst, machst du wohl keine Fugen?"
Ich: „Daß ihr Laien die armen Fugen nicht ungeschoren lassen könnt – nein, ich habe eben ein Lied komponiert."

1810

Siebentes Kapitel

Dem Gesellschaftszirkel entronnen, betrete ich mein stilles, einsames Zimmer, und wohltätig umfaßt mich die Öde, die mir wenigstens erlaubt, den selbstauferlegten Zwang abzulegen, der mein Inneres vor der Welt verschließt – der, durch Kampf mit den Verhältnisstürmen errungen, zu einer äußeren Ruhe sich formte, so, daß wenige unter meiner freundlichen und vielleicht sogar fröhlichen Hülle den Gram suchen werden, der mich verzehrt und meinen Geist und Körper benagend aufreibt.
Nur unter dem Drucke hebt sich die Welle, nur gedrückt zeigt die Stahlfeder ihre Schnellkraft, und die ungünstigsten Verhältnisse und Lagen nur gebaren große Männer. – *Dann* steht die Anwartschaft auf Großes fest begründet in mir, denn nie hat wohl ein Sterblicher sich widerlicher, unterdrückenderer und talentlähmenderer Umstände zu rühmen gehabt als ich. Bei den kleinsten wie bei den bedeutendsten Unternehmungen meines Lebens warf mir das Schicksal feindliche Dinge in den Weg; und gelang mir je etwas, so waren gewiß die überstiegenen Hindernisse, überwundenen Schwierigkeiten unglaublich und verbitterten den Genuß. Eine beinahe förmliche Stumpfheit gegen alle Schicksalsschläge ist der einzige Gewinn, der

noch das höchst zermalmende Gefühl mit sich bringt, daß selbst die Freude keinen reinen Eindruck mehr auf mich zu machen imstande ist, weil gespensterhaft die feste Überzeugung mit ihr Hand in Hand vor mich tritt, daß ich sie nur verbittert genießen kann. Vom Mutterleibe an beschrieb mein Lebenspfad andere Linien als die eines jeden anderen Menschen. *Ich* erfreue mich nicht der Erinnerung froh durchgaukelter Kinderjahre; kein freies Jünglingsleben erhob mich. Im Alter des Jünglings stehe *ich* da, an Erfahrung ein Greis, alles durch mich, alles aus mir, nichts durch andere. Ich habe nie geliebt, denn nur zu bald zeigte mir immer meine Vernunft, daß alle Weiber, von denen ich Tor geliebt zu sein wähnte, nur aus den erbärmlichsten Antrieben mit mir spielten; die eine liebelte mit mir, weil ich vielleicht der einzige Mensch unter vierzig Jahren im Orte war, die andere lockte die Uniform, und die dritte glaubte vielleicht mich zu lieben, weil sie das Bedürfnis zu liebeln hatte und der Zufall gerade *mir* den Eintritt in ihren häuslichen Zirkel verschaffte. Mein Glaube an die Weiblichkeit, von der ich ein hohes Ideal in der Brust trage, ist dahin, und also auch ein großer Teil meiner Ansprüche auf menschliches Glück. Wenn ich nur je eine fände, die sich wenigstens die Mühe geben wollte, mich so geschickt zu betrügen, daß ich ihr glaubte. Wie dankbar wollte ich ihr auch beim Erwachen dafür sein.

Ich fühle es, *ich muß lieben,* ich bete die Weiber an und *hasse, verachte sie – ich* kannte nur die zarten Bande der Bruder- und Schwesterliebe, meine Mutter starb mir früh, mein Vater liebte mich überzärtlich, und trotz aller Achtung und Liebe, die ich ewig für ihn hege, entzog ihm dies mein Vertrauen. Ich fühlte ihn manchmal schwach gegen mich, und diese Liebe verzeiht sich nie.

Freunde glaubt' ich gefunden zu haben. Die Gewohnheit meines Umgangs hatte sie an mich gefesselt; wir trennten uns – und ich war vergessen. Ich warf mich der Kunst in die Arme, betete die großen Künstler abgöttisch an und fand sie endlich bei der gesuchten Vertraulichkeit mit ihrem Göttertume beinahe zu mir herabgezogen. Die Meister widersprachen sich, was sollte der Lehrling tun? Lägen nicht in *dir,* göttliche Kunst, die Regeln, dich zu fassen, ich wäre verloren gewesen. Und du, meine einzige Erquickung, mein alles, auch du kannst feindlich vor mir stehen und mich, indem ich glühend dich umfasse, im Gefühle meines Nichts vor dir zu Boden stoßen! Herkuleskleid der Menschheit, alles umengende Verhältnisse, ihr seid es, die mich mit mir, mit meinen Freunden, der Kunst und Gott entzweien; indem ich euch Allgewaltigen mich füge, zernichte ich mich, indem ich lache, vergehe ich, und bei einem Bonmot spreche ich mein Todesurteil.

Kurz, Erbärmlichkeit ist das Los des Menschen, in *nichts* der Vollkommenheit nahe, stets unzufrieden, uneinig mit sich selbst, ist er ein personifiziertes schwankendes, immerwährendes *Treiben,* ohne Kraft, Willen, Ruhe. Denn das Momentane aller dieser Dinge als Erscheinungen ist nicht zu rechnen, und selbst *diese* Äußerungen, die aus der Fülle meines Ichs kommen, sind der Beweis davon.

Achtes Kapitel

(*Don Juan*)

Das Parterre war ziemlich besetzt, die Logen leer, und das bewies mir augenblicklich, hätte ich es auch nicht schon gewußt, daß etwas Gutes aufgeführt würde. Ich pflanzte mich in die Mitte neben ein paar Menschen, von denen ich am wenigsten Störung erwartete, indem der eine, das Kinn auf seinen Stockknopf gestützt, verstohlen, als gehöre er nicht hierher, alles von der Seite betrachtete, durch manchen Seufzer, wenn so ein junger Brillen-Mosje vorbeischwebte, sein Bedauern und Erstaunen verbarg und durch seinen Anzug und ganzes Wesen, das dem Zuschnitte einer Bravourarie aus Leos Zeiten entsprach, mir bewies, daß er um fünfzig Jahre früher als ich geboren sein müßte. Mein anderer Nachbar, mit markierten Gesichtszügen, funkelnden Augen und in schwarzer Perücke, mußte in Italien gewesen sein, denn, über das lange Warten ungeduldig, brummte er manche Gebet- und Fluchformel vor sich hin und bezeigte sich nur zuletzt, als es ihm zu arg ward, als guter Deutscher durch ein ehrliches Kreuzdonnerwetter. 1811

Gedanken und Notizen für den Roman

Trennung des Theoretischen und Praktischen. Das letztere muß von Jugend auf uns angeboren und miterzogen sein, als zur Natur und dem Leben gehörig, und später, wenn der Verstand ohnedies reifer wird, darf er urteilen und wägen und besonnener gehen. 1816

Es ist doch etwas ganz Eigenes im Leben, daß man so oft gegen die, die man am liebsten und festesten im Herzen trägt, sich solcher Fehler schuldig macht, da man doch bei gewöhnlichen Menschen und Geschäften so gern flink bei der Hand ist, mit umgehender Post zu antworten. Ginge es mir allein so und allein dir gegenüber, so würde ich das mir unbegreiflich und unverzeihlich finden; aber da das vielen meiner besten Freunde so mit mir und mir so mit ihnen geht, so glaube ich wohl zu fühlen, worin es eigentlich sitzt. Dem halb und ganz Fremden nähert man sich in einmal festgestellten Formeln, sagt ihm nichts mehr und nichts weniger, als eben zu der besprochenen Sache nötig ist, und somit ist alles abgetan. Nicht so dem Freunde. Ihm etwas halb zu geben widerstrebt dem liebenden Gefühle. Man will ihn ganz mit sich leben lassen, ihn in den Freuden- und Leidenkreis führen, der uns umgibt. Für ihn scheint uns jede Kleinigkeit wichtig, und am Abend eines jeden Tages möchte man ihm denselben vorlegen können. Je weiter der Raum, der sie trennt, je seltener wird der Ideenaustausch, und haben Umstände uns einige Zeit verhindert, ihnen unser Leben und Sein mitzuteilen, so befällt uns jenes unbehagliche Gefühl, als hätten wir ihnen etwas vorenthalten, was nicht, oder doch sehr schwer, nachzuholen sei, und so kommt es endlich, daß eine scheinbare Kluft entsteht, die schmerzlich genug ist.

Aus Goethes „*Wahlverwandtschaften*": „Man weicht der Welt nicht sicherer aus als durch die Kunst, und man verknüpft sich nicht sicherer mit ihr als durch die Kunst."

Das scheinbar abgerissene Phantastische, was mehr Phantasiestück als gewöhnlich geregeltes Musikstück erscheint, ist entweder, wenn es etwas ist, nur ganz bedeutenden Genien möglich – die sich eine Welt schaffen, in der es nur scheinbar bunt zugeht, die aber gewiß den wahrgefühltesten inneren Zusammenhang hat, wenn man sie mitzufühlen imstande ist. Aber in der Musik, deren Ausdruck so viel Unbestimmtes hat und wo dem individuellen Gefühle so viel selbst unterzufühlen übrigbleibt, ist es höchstens nur einzelnen ganz gleichgestimmten Seelen möglich, mit dem Gefühlsgange, der sich gerade auf diese Weise entwickelt, gerade diese Gegensätze notwendig findet, gerade diese Meinung allein für wahr hält, gleichen Schritt zu halten. Des wahren Meisters Sache jedoch ist es, hochwaltend über seine wie über andere Gefühle zu herrschen, und das Gefühl, das er aufstellt, festgehalten in sich selbst, bloß mit *den* Farben und Nuancen wiederzugeben, die sogleich ein vollendetes Bild in der Seele des Zuhörers schaffen.

Die wahre Geschichte ist oft das Unwahrscheinlichste und würde im Gewande der Dichtung für ganz unsinnig ausgegeben werden; aber das ist die eigene Bizarrerie des Lebens, daß es das Naheliegendste überspringt und dadurch die Wahrheit zur Fabel stempelt. Man könnte also fast sagen, es sei nicht alles wahr, was wirklich geschehen sei; oder es gibt Dinge, die sich begeben haben, erzählt aber zur Lüge werden.

Das Geschenk einer Sache, die nur einmal vorhanden oder selten ist, erhält dadurch so hohen Wert, weil es wie ein Geheimnis zwischen zwei Liebenden besteht, das vielleicht alle Welt sieht, aber das doch für Besitzer und Geber einen magischen Schleier des süßen Liebesgeheimnisses hat.

Von welcher Wirkung ist dieser Übergang! Ha, nun wird die in drei oder vier oder gar nur in einem Takte bestehende Modulation genommen und in den geistigen Weingeist gesetzt. Wodurch sie herbeigeführt, warum sie *so* und nicht anders wirken muß, weil sie *so* gestellt ist, daran denkt kein Mensch. Es ist so, als wollte man eine einzelne Nase oder glückliche Lichtpunkte aus einem Gemälde schneiden und einzeln als Rarität zeigen. Die Zusammenstellung ist's und nicht die Sache!

Verderbliche Wirkung der Anekdoten von großen Meistern als Schnellarbeiter usw. auf junge Gemüter, und übles Nachäffen usw.

Die Wahrheit ist der sich immer gleiche göttliche Strahl, der sich nur durch die Seelenwolken bricht und dem Prisma der Phantasie seine verschiedenen Farben leiht.

Eitelkeit und Eigenliebe behaupten unter allen Umständen bei den Weibern ihre Rechte, man schmeichle ihnen, wenn und wo man will, selbst unter den *traurigsten* Umständen: immer schlürfen sie den dargebrachten Weihrauch mit Vergnügen. –

Die bösen Leute, besonders die deutschen Komponisten, wollen der italienischen Oper wohl Arges nachsagen; so behaupten sie zum Beispiel, die Besten der Italiener hätten gar keine Charakterzeichnung. Doch das ist wohl etwas übertrieben; es fällt doch alles so ins Gehör, und die Melodie geht doch über alles. Es ist wahr, daß bei dieser Oper gerade die Prima Donna das Unglück gehabt, heiser zu werden, daß der berühmte Komponist, um seine besten

Stücke nicht zu verlieren, ihre Arie in einen andern Ton setzte, damit sie der Primo Basso vortragen konnte, wogegen die Seconda Donna des Bassisten Arie übernahm, ohne daß ein Mensch ein Vergreifen im Charakter hätte dadurch merken können; aber das ist doch die Schönheit der wahren Musik, die dann gefällt, es mag sie singen, wer will, und sie mag aus einem Ton gehen, wie sie will, doch stets die wahre ist. Universalität und eine italienische Arie passen zu allem, daher ich behaupte, die italienische Musik ist die erste.

Kompositionsroutine. Gedanken oder die Seele müssen wie ein anderes Glied des Körpers genährt und gezogen werden, um in einer gewissen Form zu denken. So fehlt es dem Theaterkomponisten ebensowenig an Fähigkeit, gute Sinfonien zu schreiben, als umgekehrt. Das erste Stück einer anderen Gattung ist immer das schwerste, es ist leicht in Nachahmung zu verfallen; hat man erst eins gemacht, seinen Ideengang in dieses neue Modell gepreßt, so geht es; daher Haydn so groß in Sinfonie usw. Alle Melodien bekommen unwillkürlich diesen Charakter, diesen Zuschnitt. Das Genie ist universell, wer es hat, kann alles leisten, Umstände, Zufälle formen es. Es ist nicht möglich, in allen Stilen und Gattungen zu gleicher Zeit groß zu sein, man ist es aus eben diesen Gründen nur periodisch in einem Fache; alle guten Opern kommen einander nahe.

Musikkatalog der beliebtesten Arbeiten:
„Die Schöpfung“, für 1 Flöte.
„Die Schlacht von Austerlitz“, für 2 Gitarren.
„Die Jahreszeiten“, für 2 Flageolettchen, arrangiert von A. E. Müller in Leipzig.
Musikalisches Blumenkörbchen, eine Monatsschrift für gebildete Dilettanten zum Selbstvergnügen am Klavier oder Forte-Piano, enthaltend: Das Finale des ersten Aktes aus der Oper *„Don Juan“*, mit gehörigem Fingersatze, für eine Singstimme eingerichtet.

Die *„Leonore"* von Bürger und *„Die Kindesmörderin"* von Schiller, nach bekannten Volksmelodien arrangiert.

Ein Stern ist das auf den Rock genagelte Patent, alles, was man sagt, mit einer Verbeugung beantwortet zu sehen.

Nur der innig harmonisch verwandte Ton bringt die Saite zur Erzitterung, er weckt ihr inneres Leben, ohne es zu berühren, ein Glas sprengt der ihm eigene zu stark angegebene Ton. So kann auch des Menschen Herz, triffst du dessen Ton, ergriffen, bewegt, zum Mitklingen – bis zum Zerspringen gebracht werden.

Liebhabereien. Besonders bewundere ich das Piano und Forte, das jeder sich so zu arrangieren weiß; wenn ich einmal meine Sache gelernt habe, so will ich auch hören lassen, daß ich sie kann.

Italienische Musik. Instrumentation. Oboi coi Flauti, Clarinetti coi Oboi, Flauti coi Violini. Fagotti col Basso. Viol. 2do col Primo. Viola col Basso. Voce ad libitum. Violini colla parte. 1818

Bemerkungen zur Komposition der Musik zum Schauspiel „Preziosa" von Wolff [24]

Die Ouvertüre beginnt mit einem die spanische Nationalität bezeichnenden Satze. Der Zigeunermarsch, nach einer echten Melodie geformt, schließt sich ihm an, woraus sich ein feurig strömendes Allegro entwickelt, den fröhlichen Schluß bezeichnend und größtenteils Preziosens und Spaniens Eigentümlichkeit vereinend.

Der Chor Nr. 2 korrespondiert mit dem Anfangssatze der Ouvertüre.

Nr. 3. Ich habe hier der Preziosa auch eine Notenzeile

gegeben und hin und wieder mit kleinen Noten den Rhythmus bezeichnet, dem sich da die Deklamation der sich ungestört fortbewegenden Musik fügen und anschließen muß. Hinwiederum habe ich die jedesmalige Silbe oder das Wort unterstrichen, bei welchem das Orchester eintreten muß. Das beste dabei bleibt freilich in die Hand des Dirigenten gegeben, dem sein Gefühl sagen muß, wo die Zwischensätze rasch der Deklamation folgen und sich anschließen müssen oder wo sie der den Übergang bildende Leiter zu einem anderen Gefühle sind.

Nr. 4. (Ballo.) Wild und üppig. Den eigentlichen Tanz Preziosens denke ich mir erst bei dem Eintritt des Hornsolos.

Nr. 5. („Im Wald".) Ganz auf den Echoeffekt gestellt. Da es fast untunlich war, die ganze Wahrheit des Echos in Wiederholung aller Stimmen zu geben, so hielt ich mich an das in der Natur begründete, leichtere, in der Ferne schallende des Horntons. Dabei setze ich voraus, daß die Zigeuner das Echo schon kannten und, es gleichsam nekkend, ihre Melodien danach abteilten, wie man wohl im wirklichen Leben tut. Dabei würde es sich also gut machen, wenn die Zigeuner nach den Sätzen, die das Echo wiederholt, sogleich lauschende Bewegungen machten, als auf etwas gewiß Erwartetes.

Nr. 6. („Einsam".) Hier schien es mir der Wirkung zuträglicher, erst die Hörner, dann die Flöten eintreten zu lassen. Die Hörner auf der einen und die Flöten auf der anderen Seite, auf der Szene Preziosa mit dem begleitenden Orchester als Mittelpunkt, hoffte ich, soll es freundlich wirken.

Nr. 7. (Fröhliche Musik.) Lustig.

Nr. 8. („Die Sonn' erwacht".) Im Schluß dieses Chors habe ich am Ende nur leise die Melodie des Zigeunermarsches verwebt, daher ihr Fortziehen wohl da erst beginnen müßte.

Nr. 9. (Ballo.) Lauter echt spanische Melodien. Natürlich alle der Anordnung des Ballettmeisters anheimgestellt.

Nr. 10. Marsch.

Nr. 11. Gilt das schon bei Nr. 3 (über das Melodram) Gesagte. Hier werden Sie manchen Anklang schon früher gebrauchter Melodien finden, die das Ganze organisch verbinden. 1820

Beantwortung von Kritiken über die Oper „Das Waldmädchen“ [25]

Mein Herr Stadtmusikus!

1. Sie sind sehr irriger Meinung, wenn Sie glauben, daß ich mir von meiner Arbeit so großen Beifall versprach. – Allein, jeder Arbeiter ist doch seines Lohnes wert, welcher durch Ihre Aufführung schändlich untergraben worden; warum ging die Hauptprobe brav und gut – und die Vorstellung so elende? – Nicht die braven Leute im Orchester waren schuld daran, sondern ihr schläferiger Anführer, welcher die erste Hauptpflicht, das reine Einstimmen des Orchesters, vernachlässigte, kein einziges Forte oder Piano, kein Cres- oder Decrescendo im geringsten beobachtete, kein Tempo nach Vorschrift gehörig markierte und dadurch dem Gemälde den gehörigen Schatten und Licht raubte, folglich alles verdarb und also unmöglich gefallen konnte. Mithin hat Ihr Neid und Mißgunst seinen gesuchten Zweck erreicht. Zudem ist es nicht genug zu *tadeln* – man muß es besser verstehen und machen können. Die Komposition einer Oper ist kein englischer Tanz! – Daß Sie in der Musikkenntnis und deren Kontrapunkt kein Theoretiker nach Ihrem eigenen Geständnis sind, glaube ich recht sehr gerne, daher Ihr angemaßter Tadel sich also selbst widersprechend und am allerbesten, wenn der Schuster bei seinem Leisten bleibt. – Daß ich den 18. Dezember 1787 abends halb 11 Uhr geboren, beweist mein Taufschein, folglich verliert Ihr beliebtes „angeblich“ seine Kraft. – Oh, wie ist derjenige Komponist zu beklagen, der seine Arbeit unter einer solchen Anführung so zerflei-

schen hören muß! Und nun zur kurzen Beantwortung Ihres aufgeforderten Herzensfreundes in der Beilage Nr. 5, pag. 49.

2. – Auch ich mußte über die große Dreistigkeit erstaunen, mit welcher der Herr Kantor Fischer meine Oper *„Das Waldmädchen"* herunterzusetzen sich bemühte, um nur den Beifall und Lohn seines mißgünstigen, ihm aber treu ergebensten Freundes einzuernten. Denn sonst wüßte ich keinen andern Beweggrund, da ich Sie, mein Herr Kantor, niemals nur mit einer Miene beleidigt hatte. Wie konnten Sie sich zur Beurteilung einer Sache auffordern lassen, die Ihnen ja gar nichts angeht? Wenn ich mich also en détail mit Ihnen einlassen möchte, so müßte das Echo sehr grob widerhallen, welches aber meiner Natur schon zuwider und den Grundsätzen der mir gegebenen Erziehung ganz entgegenspricht. Der Punkt meiner „angeblichen" Jahrzahl ist bereits in obiger Antwort erörtert, nur dient zur mehrern Nachricht, daß mein Vater den 20. August 1785 in Wien mit meiner Mutter sich vermählte. Daß ich übrigens vorzügliche Geistesgaben habe, verdanke ich meinem Schöpfer, und daß ich in meiner noch kurzen Lebenszeit mehr gesehen und gehört als mancher in fünfzig Jahren, ist auch erweislich wahr. Daß ich ferner von den größten Kapellmeistern der ersten Höfe und deren Hofkapellen als ein solcher anerkannt bin, der den Kontrapunkt richtig und gründlich studiert hat, folglich die Instrumente sowohl als Text, Harmonie und Rhythmus nebst Singstimmen gehörig und regelmäßig zu behandeln weiß, dient zu meiner Beruhigung, also hört nur der offenbare Neid und Mißgunst Fehler! Mein Gott! Ich will ja kein Kantor und kein Stadtmusikus werden und weiß gar wohl, daß zu diesen beiden Stellen aus mancherlei Ursachen die gehörige Kenntnis und Geschicklichkeit mir fehle. Zudem bin ich ein Mensch und kann fehlen, so gut wie jeder Mensch dem Fehlen unterworfen ist. Ich lasse mich sehr gern zurechtweisen und danke demjenigen, der mich mit Bescheidenheit, aber nicht mit Grobheit und Stolz einhertrabend schulmeistern will. Übrigens sind Sie, mein Herr Kantor,

ja gar nicht mein kompetenter Richter, und ich will ebensowenig von Ihnen etwas lernen, als mir je der sträfliche Gedanke nur einfallen sollte, Sie etwas zu lehren. Ferner habe ich gar nicht das geringste gegen die braven Individua des hiesigen Orchesters und will auch glauben, daß der Herr Stadtmusikus Siegert anführen kann, wenn er nur will. Nur bei dieser Oper hat er das Gegenteil, leider, gezeigt und mir dadurch den Beifall eines sonst so gütigen und teilnehmenden Publikums geraubt, welches zu edel denkt, als daß es den Keim einer aufgehenden Pflanze zu ersticken geneigt wäre. Ein klarer Beweis ist davon die grenzenlose Hochachtung und enthusiastische Liebe für das Freiberger hochzuverehrende Publikum, da mein Vater mit seiner Familie eine große berühmte Residenzstadt verließ, eine kostbare Reise anher unternahm, um hier am Umgange dieses so gütigen, biedern und freundschaftlichen Publikums teilzunehmen, um seine wenigen alten Tage in diesem edeln Zirkel noch verleben zu können. – Und wenn ich wirklich Fehler begangen hätte, so wäre es gar nicht zu verwundern, da ich von dem Direkteur des Schauspiels zu sehr pressiert wurde und den zweiten Akt in vier Tagen geschrieben habe, welches drei der hiesigen Herren Hautboisten bekräftigen werden, da sie meine Arbeit aus meiner Hand noch ganz naß zur Kopiatur erhielten und so einige Nächte damit bei und mit mir zubrachten; auch ist die Bravourarie der Mad. Seyfert und deren Passagen ganz nach ihrem eigenen Verlangen gesetzt wie sie ist, da sie bei deren Bearbeitung meist gegenwärtig war; auch dieses können bemerkte Herren Hautboisten bezeugen. Überdies war der Text so, daß ich kein anderes Wort zum Schlusse setzen konnte als Liebe, weil kein andres da war; Amore wäre mir freilich lieber gewesen, folglich ist dieser Tadel sehr schwach. Auch sind mir viele Arbeiten der angezogenen Meister und Kompositeurs gar nicht unbekannt, sowohl wie verschiedene Partituren der drei Gebrüder Joseph, Michael und Johann Haydn, eines Fuchs, Tuma, Pater Martini, Mozart, Vogler, Naumann, Wanhal, Albrechtsberger, Kotzeluch, Schulz, Wagenseil, Gatti, Jom-

melli und Händel, deren meisten Opern und Oratoria ich besitze, auch gar gut bekannt. Auch beweist mir noch der rechtschaffene Ehrenmann, daß es auf meinen schon vor beinahe drei Jahren in Salzburg geschriebenen kleinen Fughetten, so sehr fehlerhaft abgedruckt (eben die Fughetten habe ich im September abgewichenen Jahres nebst sechs meiner Variationen dem Herrn Kantor zu präsentieren die Ehre gehabt), seine eigene Bewandtnis habe.
Mein Gott, wie habe ich mich in Ihnen, mein Herr Kantor, geirrt! Nimmermehr hätte ich mir nur können einfallen lassen, daß Sie als ein Mann, den ich so sehr schätzte, so anzüglich sein könnten! Sie müssen wohl kein Freiberger sein? und bewegen mich daher mit der heiligsten Versicherung, daß ich auf keine Silbe mehr antworten werde, da ich meine Zeit zu etwas Besserm anwenden kann.

Ich achte meine Hasser,
gleich wie das Regenwasser
so gar bald fließt vorbei.
Und wenn sie mich schon neiden,
so müssen sie doch leiden,
daß Gott mein Helfer sei.

Nachschrift. Sollten Sie aber, mein Herr Kantor, Ihren gefaßten Groll gegen mich ablegen und ehrlich handeln wollen, so bin ich der erste, der die Hand zur Versöhnung darbietet und erbötig ist, Ihnen meine ganze Arbeit im Originale vorzulegen, selbst ganz vorzuspielen, um Sie dadurch eines andern zu belehren und überzeugen, daß Sie vieles nicht recht gehört haben, ich aber alles vergessen und in diesem Falle mit wahrer Achtung immer sein werde
Ihr ergebenster Diener C. M. v. Weber.

3. Dem unbekannten Herrn aus Chemnitz dient zur Antwort, daß ich das Bellen kleiner H . . . nicht achte.

C. M. v. W.

1801

Dank, ausgesprochen nach der Uraufführung des „Freischützen" in Berlin[26]

Nicht versagen kann ich es meinem tief ergriffenen Gemüt, den innigsten Dank auszusprechen, den die mit wahrhaft überschwenglicher Güte und Nachsicht gespendete Teilnahme der edlen Bewohner Berlins bei der Aufführung meiner Oper *„Der Freischütz"* in mir erweckt.
Von ganzem Herzen zolle ich den freudig schuldigen Tribut einer in allen Teilen so vollkommen abgerundeten Darstellung und dem wahrhaft herzlichen Eifer, der sowohl die verehrten Solosängerinnen und Sänger als die treffliche Kapelle und das tätige Chorpersonal beseelte sowie auch die geschmackvolle Ausstattung von seiten des Herrn Grafen Brühl und die Wirkung der szenischen Anordnungen nicht vergessen werden darf. Stets werde ich eingedenk sein, daß alles dieses mir nur doppelt die Pflicht auferlegt, mit reinem Streben weiter auf der Kunstbahn mich zu versuchen. Je mehr ich mir aber dieser Reinheit meines Strebens bewußt bin, je schmerzlicher mußte mir der einzige bittere Tropfen sein, der in den Freudenbecher fiel. Ich würde den Beifall eines solchen Publikums nicht verdienen, wenn ich nicht hochzuehren wüßte, was hoch zu ehren ist. Ein Witzspiel aber, das einem berühmten Mann kaum ein Nadelstich sein kann, muß, in dieser Weise für mich gesprochen, mich selbst mehr verwunden als ein Dolchstich. [Und wahrlich bei der Vergleichung mit dem Elefanten könnten meine armen Eulen und anderen harmlosen Geschöpfe sehr zu kurz kommen.]

Berlin, am 19. Juni 1821 Carl Maria von Weber

1821

Meine Ansichten bei Komposition der Wohlbrückschen Kantate „Kampf und Sieg“[27]

Für meine Freunde niedergeschrieben

Als ich in den letzten Tagen des Juli 1815 zu München mit Wohlbrück den Entschluß faßte, obige Kantate zu schreiben, so waren wir beide so erglüht und erfüllt von den großen Weltereignissen der letzten Zeit, daß wir glaubten, diesen Stufengang der seltensten, wechselndsten Gefühle als die gewiß damals allgemein herrschenden in künftiger Zeit dem Hörer wieder vor die Seele führen, ihn gleichsam jene vergangene Epoche in gedrängtem Überblicke nochmals durchleben lassen zu können.
Daß diese Ansicht eine in manchem von dem gewöhnlichen Kantatenzuschnitte abweichende Form geben mußte, war natürlich, und es war bloß das Schwierige der Aufgabe, daß jenes uns vor Augen schwebende Bild auch ebenso klar dem unbefangenen Hörer, der, durch nichts als den Titel aufmerksam gemacht, den Saal betritt, dargestellt werde.
Eine mehr als gewöhnliche Annäherung an das Dramatische war das erste, was sich als Hindernis dem Komponisten in den Weg warf, obwohl ebendiese Annäherung – die bei der Verbindung der durch vorgehende Tatsachen erweckten und sogleich ausgesprochenen Gefühle unvermeidlich geworden war – der Sache wahres Leben einhauchen mußte, und nur die Schwierigkeit, die oft kontrastierenden und sich selbst in den Gefühlen widerstrebenden Teile ohne das theatralische Hilfsmittel des Auges deutlich gesondert zu vereinigen, schien ihm die größte.
Inwieweit ich dies erreichte, muß der Erfolg und das Urteil der Kenner einst bezeichnen.
Um dem raschen Fortschreiten keinen Einhalt zu tun, wurde aller Schmuck einzelner ausgeführter Gesangstücke, wie in anderen Kantaten, als Arien usw., verschmäht und als störend verworfen. Ehe ich an die Ausführung des einzelnen ging, entwarf ich mir den großen Plan des Ton-

gemäldes durch Bestimmung seiner Hauptfarben in deren einzelnen Teilen, nämlich: Ich schrieb mir genau die Folge der Tonarten vor, von deren aufeinanderfolgender Wirkung ich mir Erfolg versprach, ich wog streng den Gebrauch der Instrumentation ab, zumal da ich mir zugleich die Grenze eines gewöhnlichen stark besetzten Orchesters vorgeschrieben hatte, teils, um es allgemein leichter ausführbar zu machen, teils, um nicht durch einen mir der edlen Kunst unwürdig scheinenden Aufwand kleinlicher Hilfs- und Knallmittel ihrer alleinigen Kraft zuwenig zutrauen wollend zu scheinen, zumal da ich nicht das Kanonen- und Kartätschenfeuer noch das Geheul der Sterbenden schildern wollte. – Die Gefühle der menschlichen Natur bei einer so großen Begebenheit durch Melodien, die, als jeder Nation rein angehörig, in aller Mund und Ohren sind, die einzelnen Völker so treffend und schnell verständlich als möglich zu bezeichnen, war nächstdem mein Hauptaugenmerk.
Ich gehe nun zu dem Detail über, dessen Zergliederung alles oben Gesagte in gehöriges Licht stellen wird.
Euch, meine Freunde, die ihr mich kennt, ist wohl die Bemerkung überflüssig, daß – wenn ich öfters die Worte: groß, edel usw. bei Bezeichnung meiner Melodien brauchte, ich damit nur den Willen, sie so zu geben, andeuten wollte. Gott sei Dank, noch stehe ich hoffentlich im Vorwärtsschreiten, denn noch vor kurzem habe ich an einem Gemütsmesser in der musikalischen Zeitung (dem Aufsatz über die Unzufriedenheit des Künstlers – Nr. 35, 1815) gefunden, daß ich noch in gehörig vollkommenem Maße unzufrieden mit mir bin.
Der Geist der musikalischen Einleitung ist (d-Moll und außer dem Quintett bloß vier Hörner, Fagott und Pauken) – abgerissen – stürmisch – klagend – auffahrend in einzelnen Akzenten, erhebt sich gegen das Ende zu hoher Kraft und verschwindet wieder gleichsam in unwillig verschlossenes Pochen. Sie enthält auch Vorgefühl und Ahnungen der Dinge, die da künftig kommen müssen (z. B. die Stelle: „nun enger und enger umdrängt der Dränger“), worauf

der volle Chor (auch d-Moll) „reißt wieder sich die Zwietracht los“ eintritt, in voriger Stimmung erhalten. Beruhigend spricht dann der Glaube (B-Dur mit Klarinett- und Fagottmelodie) als Baßrezitativ: „Völker, verzaget nicht“:

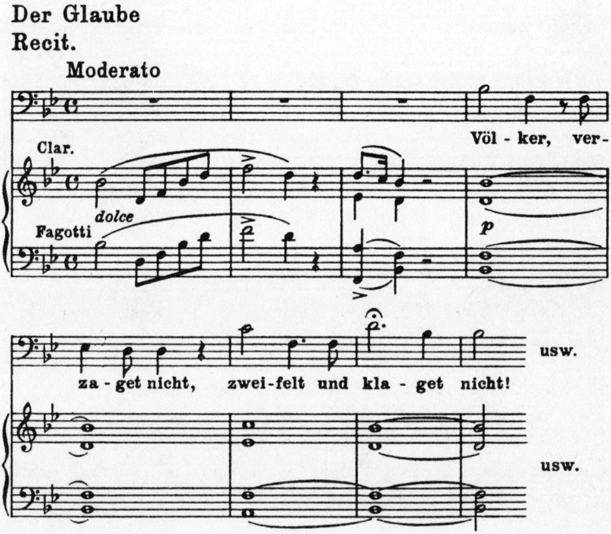

hieran schließt sich das Terzett (von Diskant, Tenor und Baß, G-Dur): „Brüderlich, Hand in Hand“, mit obligaten Violoncellen:

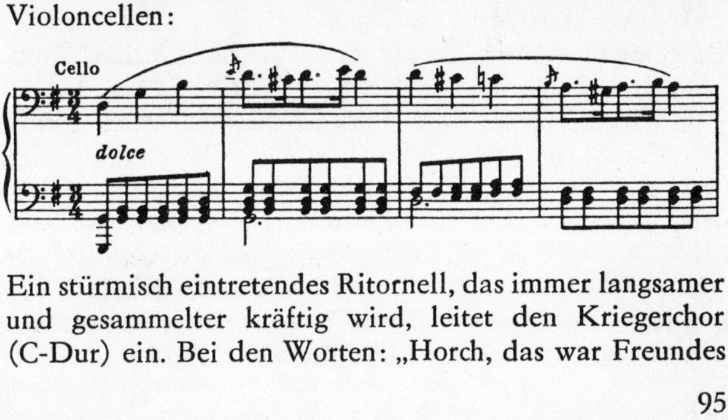

Ein stürmisch eintretendes Ritornell, das immer langsamer und gesammelter kräftig wird, leitet den Kriegerchor (C-Dur) ein. Bei den Worten: „Horch, das war Freundes

Jubelklang“ usw. ist gleichsam im Vorbeifluge der österreichische Grenadiermarsch eingeflochten:

und mächtig und kräftig schließt der Chor mit den Worten: „Die Hyder in den Staub gedrückt – in den Staub!“ – NB. *ohne* Trompeten und Pauken.

Nun kommen zwei dumpfe Paukenwirbel auf den Ton E, dann ein übermütiger Marsch des Feindes aus A-Dur, von Piccoli, Oboi, Corni und Fagotti kreischend instrumentiert vorgetragen, dessen bekannten Rhythmus 6/8 vorher eine Trommel durch acht Takte angibt. In diesen Marsch nun das Gebet der Krieger zu verweben, war die Aufgabe, welche ich so zu lösen glaubte, daß ich das Gebet in langen Akzenten und anders musikalisch fallenden Einschnitten als die des Marsches, als voneinander unabhängig und jedes für sich beständig machte:

Vivace
Tenor
Wie auch die Höl - le
Baß
braust, Gott, dei -
ne star - ke Faust

Der Marsch verliert sich, und näher rücken nun die unheimlichen Vorboten von etwas Unheilgebärendem in einzelnen Signalen, bis endlich (d-Moll) die Schlacht hereinbricht:

und bis zu einem gewissen Ersterben forttobt, worauf das übermütige: ah, ça ira (D-Dur) mit blasenden Instrumenten frech eintritt. Dazwischen der Ausruf der Krieger: „der Feinde Spott?“:

nach welchem das ganze Orchester, das ça ira ergreifend, mit höllischem Jubel in gemeiner Trompetenfreude endet.

Pause. Dann einzelne Hornstöße in Es und hoch B, wozu ich die echt preußischen Jägersignale, als: „Feind entdeckt, Avantgarde vor – Masse formiert – Angriff" usw., benutzt habe:

dazu die Krieger bloß deklamierend beinah: –„Ha, welch ein Klang" usw., die Singstimmen allein, und die Melodie aus meiner Komposition von *„Lützows wilde Jagd"* von Körner gewählt bei den Worten: „O Himmelslust in Todesdrang, das ist Freundes mutiger Schlachtengesang":

Süddeutsche Krieger

Jetzt stürzt (in Es-Dur und zum ersten Male mit drei Posaunen) die erneute Schlacht herein. Kaum haben die Krieger die ersten vier Zeilen „den Kampf erneut“ gesungen, so tritt schon das freche, sich Sieger wähnende ça ira wieder ein, wird aber augenblicklich von den auf es einstürzenden Akkorden des ganzen übrigen Orchesters erdrückt:

Kriegerchor

in immer kürzeren Abschnitten, bis es endlich ganz erliegt und die Musik fortmoduliert in seltsamen Weisen, daß der Zuhörer nirgends das Unbestimmte festhalten kann, bis endlich in E-Dur mit dem Schlage der zum ersten Male eintretenden türkischen Musik das „Hurra!" fürchterlich erklingt:

nach den Worten: „Setzt an den zersprengten flüchtigen Troß den letzten Hauch von Mann und Roß!" sich wiederholt und endlich alle Blasinstrumente, Trompeten und Posaunen das erhabene „God save the King" anstimmen:

Andante
Er flieht!
sempre ff
Violini
Bassi

während das Saitenorchester, Trommel usw. die Schlacht fortraset und endlich verlöscht.
Die Rhythmen und Instrumentalfiguren verbinden sich hier so seltsam, daß der unmittelbare Übergang vom raschen C-Takte zum 3/4 unmerklich ist, da im letzteren die Viertel dasselbe Gewicht bekommen, das vorher ein ganzer Takt hatte, und die Zweiunddreißigstelnoten so geschwind wie die vorigen Achtel sind.
So glaubte ich, die wahre Größe eines edeln deutschen und englischen Volkes im Gefühle des Sieges, der die Seele dankend zuerst zum Himmel emporreißt – im Gegensatze zu der teuflisch frechen Freude des Feindes –, wahrhaft bezeichnet zu haben.
In (C-Dur, drei Violoncells und Posaunen) feierlich einfachen Akkorden tritt nun der Glaube auf im Rezitativ: „Söhne des Ruhms", bis er mit den Worten schließt: „preisen Euch als der Jahrhunderte Glanz". – Nun nimmt der Diskant die Worte auf: „wo ewiger Friede ist" – der Tenor: „wo keine Träne fließt" – der Baß: „sich jede Wunde schließt":

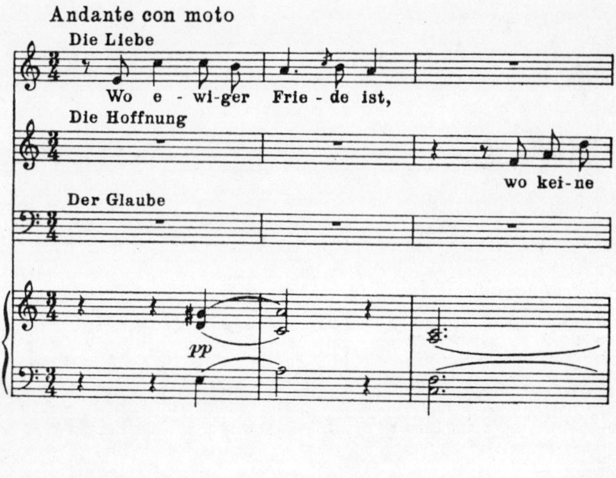

Alle drei: „Dort, in der Unsterblichkeit" usw., mit Rezitativschluß zu dreien bei: „lohnt Euch der Kranz". Dann sagt der volle Chor unisono in F-Dur: „Das Wort des Herrn ist Felsengrund":

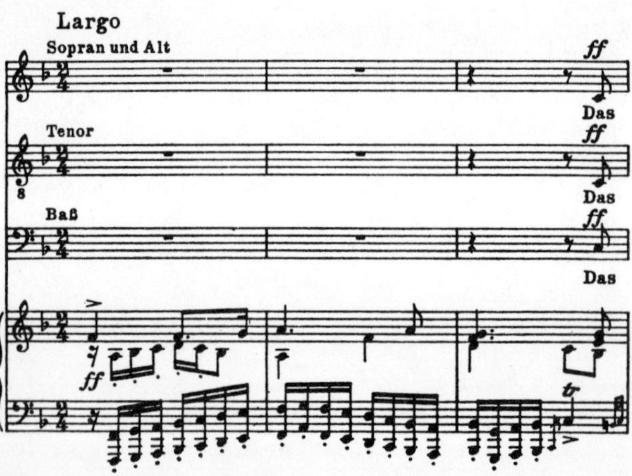

Hierauf eine einfach edle Melodie von Klarinett und Fagott:

die dann drei Solostimmen auffassen: „wo auch nur zwei im festen Bund“ usw.
Nun Ritornell voll frischen Mutes in d-Moll und die Worte: „die Ihr des Unterdrückers Macht“ bis: „Preist, Völker, Gottes Namen“ als Diskantrezitativ behandelt.
Hierauf der volle Chor ohne Instrumente, mit einer choralähnlichen Melodie, zu den Worten: „Herr Gott! Dich loben wir!“:

die später das Fugenthema wird und stets mit dem ganzen Schlusse verwebt ist. Dann die gesamte Pracht des Orchesters in D-Dur, und nun jubelnd, aber ehrfurchtsvoll: „Herr Gott, dich loben wir“:

Die übrigen Worte, betend behandelt, mit schmeichelnder Violinmelodie begleitet: „gib und erhalte den Frieden der Welt“ usw.:

von vier Solostimmen vorgetragen, bis endlich die Fuge hereinbricht:

deren Thema nach mancherlei Gestaltungen zuletzt mit dem Gesange der vier Solostimmen zu: „Gib und erhalte den Frieden der Welt“ usw. sich vereint und in Jubel und Dank schließt.

So, meine teuern Freunde, habe ich Rechenschaft gegeben, wie mein Kopf und mein Herz handelte und mit was für Gemütsfarben ich zu malen suchte. *Wie* das aber geschehen, ist das Geschenk von oben, und nur die Welt kann es richten. 1816

Rundschreiben an sämtliche Bühnen [28]

Da, außer in Frankreich und England, das geistige Eigentum noch auf keine Weise gänzlich vor räuberischen Anfällen gesichert ist, diebische Kopisten und gewissenlose Musikhändler aber, wie zum Beispiel Zulehner in Mainz, selbst Bühnen vom ersten Range durch ihr Zudrängen verleitet haben, sich meine Werke auf unrechtmäßigem Wege zu verschaffen, so sehe ich mich genötigt, die Maßregel zu ergreifen, Sie mit Gegenwärtigem zu belästigen, indem ich mir die Ehre gebe, Ihnen anzuzeigen, daß die von mir zunächst für London komponierte Oper „*Oberon*", durch eine treffliche deutsche Bearbeitung des Herrn Hofrat Winkler (Theodor Hell) zur Aufführung in Deutschland vorbereitet, nur unmittelbar von mir selbst auf rechtmäßige Weise erhalten werden könne. Ich ersuche ergebenst, mir nur mit zwei Worten den Empfang dieser Anzeige gefälligst zu bestätigen und sich durch diese keineswegs zum Ankauf des Werkes aufgefordert zu glauben, da die eigentümlichen Verhältnisse jeder Bühne allein ihr Repertoire bestimmen können.
Zugleich werde ich diese Anzeige nebst dem Verzeichnis der geehrten Bühnendirektionen, denen sie zugesendet worden, in den gelesensten Zeitschriften zur Kenntnis des Publikums und Warnung der Unterschleifhändler öffentlich bekanntmachen.
Der ich die Ehre habe mit Achtung zu sein

Dresden, im Januar 1826 C. M. von Weber

1826

Die Satzungen des „Harmonischen Vereins"[29]

Die so häufig einseitigen parteiischen Beurteilungen von Kunstwerken, von Verlegern gedungene Lobpreiser ihres Verlages und die Schwierigkeit, dem wahrhaft Guten, auch ohne großen Namen in der Welt Platz und Würdigung zu verschaffen, bewogen Carl Maria von Weber, Joh. G. Meyerbeer, Gottfried Weber und Alexander von Dusch einen Verein zu knüpfen, der zum Besten der Kunst, sich gegenseitig tätig unterstützend, handeln und wirken könnte. Gleich großer Eifer für die Kunst, gleiche Ansichten derselben, die Notwendigkeit besonders den ästhetischen Teil derselben mehr zu pflegen, waren die Hauptgründe des Vereines. –

Das Schicksal erlaubte nicht, daß alle Teilnehmer an *einem* Orte vereint wirken könnten, und deswegen hielt man es für notwendig, eine Norm zum zweckmäßigen Gang des Ganzen zu entwerfen und festzusetzen.

Die wahre untadelhafte Ansicht des Vereins ist bei jedem Gliede vorauszusetzen, und da manche schiefe Ansicht und Deutung möglich wäre und auch manches Hindernis nur durch Beharrlichkeit zu überwinden sein wird, so wählte man zum Wahlspruch: *Beharrlichkeit führt zum Ziel.* Mit Recht glaubte sich der Verein Harmonischer Verein nennen zu dürfen, weil hier alles von *einem* Eifer, *einer* Ansicht beseelt und in dem Entferntesten *eines* ist.

§ 1. Die strengste Verschwiegenheit über die Existenz des Vereines ist eine Pflicht, die aus der Natur der Sache entspringt. Alle Wirkungen desselben würden aufhören, wenn er bekannt wäre, denn schwerlich würde das Publikum einem solchen Vereine Unparteilichkeit und Wahrheit zutrauen.

§ 2. Die Leitung des Ganzen wurde C. M. v. W. als Dirigens übertragen.

§ 3. Zum fixen Zentralpunkt ist *Mannheim* bestimmt, wo

Gottfried Weber als Sekretär des Vereins das Archiv bewahrt, die Kasse hat, ein Buch über Einnahme und Ausgaben führen wird und die einkommenden Aufsätze und überhaupt alle Aktenstücke so ordnet und verzeichnet, daß der Gang der Arbeiten genau übersehen werden könne.

§ 4. Alle Schreiben an den Dirigens werden offen unter der Adresse „Herrn Lizentiat Weber in Mannheim“ eingeschickt, welcher, in steter Berührung mit dem Dirigens, sie ihm am schnellsten zusenden wird.

§ 5. Da auf jeden Fall bedeutende Portoauslagen usw. vorfallen werden, so wird hierzu später ein fixer Beitrag bestimmt.

§ 6. Eigentlich konstituierende Mitglieder können nur die sein, die Komponisten und Schriftsteller zugleich sind, besonders aber auch in Hinsicht ihres Charakters den wahren Gebrauch des Vereines nicht verunedeln.

§ 7. Außer diesen sollen auch noch literarische Brüder aufgenommen werden, nämlich solche, welche, ohne Komponisten zu sein, Musikkenntnis mit schriftstellerischem Talent verbinden und durch ihre Gedichte und andere lit. Arbeiten der Tonkunst nützlich sein können. Sie genießen durchaus gleiche Rechte und Anteile wie die übrigen Brüder.

§ 8. In der Wahl neuer Brüder muß man die größte Vorsicht beobachten, daher kann kein Mitglied aufgenommen werden, für das der Vorschlagende sich nicht aufs strengste verbürgt und,

§ 9. indem er ihn dem Dirigens vorschlägt, eine genaue Auseinandersetzung seiner Kunst und Lebensansichten einsendet, welche der Dirigens den andern Brüdern zur Beurteilung mitteilt.

§ 10. Daß eher der Anzunehmende nichts von der Existenz des Vereins erfahre, versteht sich von selbst; hierdurch werden Mißbräuche verhindert, keineswegs aber talentvolle Menschen von den heilbringenden Arbeiten des Vereines ausgeschlossen.

§ 11. Jeder Bruder muß sich einen Namen wählen, den er unter seine Rezensionen usw. setzt, wenn er nicht seinen eigenen unterzeichnet; hierdurch wird möglichen Kollisionen vorgebeugt, da jeder Bruder sogleich die Arbeiten des anderen erkennt.

§ 12. Sollte ein Bruder es nötig finden, sich zur Unterschrift mehrerer Namen zu bedienen oder einen neuen wählen, so soll er es sogleich dem Zentralbureau anzeigen, welches dies den anderen Mitgliedern eröffnet.

§ 13. Zwei Monate nach der Aufnahme (resp. zwei Monate nach Abschließung des Vereins) ist jeder Bruder verpflichtet, seine Biographie, worin hauptsächlich seine Kunstbildung entwickelt ist, dem Archiv einzusenden und am Ende eines jeden Jahres die Fortsetzung pünktlich zu liefern. Der Zentralsekretär wird die säumigen Mitglieder daran zu mahnen haben.

§ 14. Der Hauptzweck des Vereins und folglich die Hauptpflicht eines jeden Bruders ist, das Gute zu erheben und hervorzuziehen, wo er es immer finden mag, und besonders ist hier auf junge angehende Talente Rücksicht zu nehmen.

§ 15. Hingegen, da die Welt mit so viel schlechten Produkten überschwemmt wird, die oft nur durch Autoritäten und elende Rezensionen gehoben werden, so ist es ebenso Pflicht, dies aufzudecken und davor zu warnen, wo man es findet; doch hoffen wir, daß dabei auch aller gewöhnlicher Rezensententon vermieden werde.

§ 16. Nächst diesem ist Verbreitung und Würdigung der Arbeiten der Brüder eine angenehme Pflicht.

§ 17. Jedes Werk, das aus der Feder eines Bruders fließt, muß dem Dirigenten unverzüglich bei seiner öffentlichen Erscheinung von dem Verfasser angezeigt werden, wobei er die individuellen Ansichten seiner Arbeiten bemerkt;

der Dirigens überträgt dessen Rezension in einem bestimmten Blatte einem andern Bruder und zeigt es dem Verfasser an.

§ 18. Von jeder Rezension, Auflage usw. schickt der Verfasser derselben eine eng geschriebene Abschrift in 8^0-Format an das Archiv, woraus die Wirkung und das Fortschreiten des Archivs zu sehen jedem Mitgliede belehrend willkommen sein wird.

§ 19. Parteilichkeit muß aufs strengste vermieden werden, daher das zu Tadelnde in der Rezension nicht übergangen werden darf: aber wenigstens mit Bescheidenheit gesagt und nicht im beißenden hämischen Tone unserer Zeitrezensenten getan werden muß.

§ 20. Sollte aber, welcher Fall nicht wohl denkbar ist, ein Bruder etwas wirklich Schlechtes geliefert haben, so soll ihm der Dirigens dieses offen sagen und ihn zur Zurücknahme der Arbeit bewegen. Hat der Verfasser Einwendungen gegen das Urteil des Dirigens, so holt dieser ein weiteres Gutachten von zweien Brüdern ein. Wenn alsdann einer von diesen zweien, mit dem Urteil des Dirigens einverstanden, dem Verfasser zur Zurücknahme des Werkes rät, dieser aber sich dazu dennoch nicht entschließt, so soll alsdann gegen ihn nach § 15 verfahren werden.

§ 21. Obwohl die Tendenz des Vereins in gar keiner Hinsicht auf irgendeine politische Existenz Einfluß haben soll, so ist es doch vorauszusetzen, daß jeder Bruder, wo er den andern findet, demselben mit allen Kräften dient und dadurch sich über den so häufigen erbärmlichen Künstlerneid erhaben zeigt.

Zentral-Archiv, den 30. Nov. 1810. 1810

DER KRITIKER

Die Tondichtweise des Herrn Konzertmeisters Fesca in Karlsruhe, nebst einigen Bemerkungen über Kritikenwesen überhaupt[30]

Wenn ich damit anfange, mich selbst gewissermaßen anzuklagen, so scheint mir dies die zweckmäßigste Einleitung zu dem zu sein, was ich mir vorzutragen erlauben will. Ich spreche dadurch aus, was dem größten Teile meiner Kunstbrüder gewiß oft schon ebenso begegnet ist und was, öffentlich erörtert, vielleicht mancher vorschnell gehegten Meinung eine andere Richtung gibt, die dann, wenn auch nicht laut bekannt, doch hoffentlich im stillen beherzigt wird.

Es sind beinahe zwei Jahre, daß ich, angezogen von dem – jetzt überhaupt immer seltener werdenden – Streben nach innerer Vollendung in den Werken des Herrn Fesca, die ausführliche Anzeige seiner Quartette und Quintette übernahm, mit all der Liebe und Lust, die diese schönen Gebilde verdienen, und erfreut durch die Absicht meines Unternehmens, die musikalische Welt auf wahrhaft würdige und schöne Kunsterscheinungen aufmerksam machen und dadurch nützen zu dürfen.

Wer mit mir die Oberflächlichkeit haßt, die seit geraumer Zeit in manchen kritischen Sprüchen heimisch geworden ist, und nicht Anmaßung genug in sich fühlt, ohne geführte Beweise Fluch oder Segen über das zu beurteilende Werk auszusprechen, der wird auch wissen, daß eine solche Arbeit nicht in wenigen Stunden und Tagen vollbracht ist, sondern die innigste Vertrautheit mit dem Objekte so bestimmt und vollendet voraussetzt, daß dann auch durch die Beurteilung ein möglichst ebenso lebendiges Bild des Werkes sich in der Seele des Lesers forme, daß sie ein treuer Geistesspiegel desselben sei. Je schwerer und seltener dieses immer zu erlangen ist durch die Beschränktheit des Raumes, der Beispiele und anderer nun einmal in der Natur einer Zeitschrift liegenden Hindernisse: je mehr Fleiß und Zeitaufwand hat eine Arbeit der Art das

Recht zu fordern. Wie vielen von uns ist aber das glückliche Los beschieden, bloß immer das, was ihnen der Geist als das Notwendige und Nützliche zeigt, auszuführen und ihm seine Kraft und Zeit widmen zu dürfen? Mir wenigstens wurde dies höchst selten vergönnt. Berufsgeschäfte anderer Art füllten meine Zeit oder zersplitterten sie auf eine für solche Geistesarbeiten untaugliche Weise. Am Ende geht es einem dann damit wie mit seinen besten Freunden. Bei gewöhnlichen Leuten kommt man mit einem Vorrat von einmal hergebrachten Kunst- und Lebensredensarten bald durch und hat sie zur Genüge versorgt. Nicht so bei denen, die man lieber und fester im Herzen trägt. Diesen etwas halb zu geben, widerstrebt dem liebenden Gemüte, und können wir ihnen nicht so ganz unsre Kraft widmen, als wir es wohl möchten, so befällt uns das drückende Gefühl, etwas vorenthalten zu haben, das sie mit Recht fordern konnten. Es entsteht eine Kluft, eine die Sache fast verleidende Ängstlichkeit, und das Ende ist, daß man, gedrängt dazu, die Arbeit lieber aufgibt, als sie *unter der Höhe* wiederzugeben, die man einmal für sie in sich festgestellt hat.

Das ist freilich nicht gut, das ist nicht recht; aber es ist so, und wer sich ganz rein weiß, der werfe den ersten Stein.

Kaum kenne ich einen der jetzt lebenden Komponisten, der nicht mehr oder weniger mit den Anzeigen seiner Werke (selbst nur der *Zahl* nach) unzufrieden wäre. Die meisten mögen recht haben. Hat aber eine Redaktion nicht auch recht, über die Komponisten und Kritiker zu klagen, wenn sie beweisen kann, daß sie es nicht an Aufforderungen, Aufträgen und Bitten aller Art habe fehlen lassen?

Wenn nun vollbürtige und gewiegte Männer selbst nicht immer in die Schranken treten können und wollen: ist es dann ein Wunder, daß der Troß oder der einzelne Zudringliche oft den Platz erhält, sich brüstet im Richteramte und groß dünkt, wenn er so ungewaschen über etwas herfahren kann? Es ist dann freilich schmerzlich für den wahren Kunstfreund, zu sehen, wenn das heilige Amt, Wahrheit zu verkünden und jedem Jünger und Meister sein Inneres zu enthüllen, in unwürdigen Händen ist und *dadurch* am meisten Übles stiftet, daß die der Kritik so notwendige *Achtung* und *Beachtung* verschwindet. Aber wird braven Männern nicht auch oft dieses Geschäft verbittert? Der Pygmäen, die das „Anch' io son pittore"[31] gar zu gern sich anmaßen wollen, sind zu viele: kömmt ein Urteil über sie, das ihrer geträumten Größe nicht huldigt, so haben *sie* zu Einwendungen, Gegenreden und Spitzfindigkeiten immer Raum und Lust und verleiden so endlich dem redlichen Manne, der alle seine Zeit doch nicht allein diesem Kunstzweige oder wenigstens nicht solchen Kunstallotrien widmen kann, das ganze Geschäft. Diese Männlein sind es, die auch gar zu gern wissen wollen, wer sich an sie gewagt habe, um wiederum nach ihrem Zwergmaßstabe beurteilen zu können, ob sie ihn auch für voll annehmen sollen. Es ist gewiß, daß sich viel für und gegen den Gebrauch der Anonymität sagen läßt und daß wohl nur die vorwaltenden Umstände das Veto geben.

Wenn ich zum Beispiel es mir zum Grundsatze gemacht habe, stets meinen Namen zu unterzeichnen, so geschieht das teils, weil ich als Selbstproduzierender mir nicht das unbedingte Richteramt über meine Mitbrüder anzumaßen wage, sondern nur als ein seine Überzeugung aussprechendes Individuum erscheinen will, und andernteils auch aus eigentümlichen Verhältnissen, die mich vielleicht sogar Rücksicht nehmen lassen auf das Gekläff einer Menge von Schwachen, die im Beurteiler nur immer den zu sehen glauben, der das Recht hat, schadenfroh unter verhüllendem Mantel sein Mütchen kühlen oder Gnade und Protektion angedeihen lassen zu dürfen. Im ganzen halte ich sehr viel von dem Nutzen und der Wirkung der Anonymität, und man frage sich selbst nur recht ehrlich, ob ein *so* gegebenes Urteil – vorausgesetzt, daß es alle Eigenschaften eines dergleichen rechtlichen habe, das heißt: daß es mit *Gründlichkeit* und *Wohlwollen* ausgesprochen sei – nicht viel mehr als Repräsentant der Volksstimme oder, mit anderen Worten, der reinen, rücksichtlosen Wahrheit erscheine und einwirke, als das mit einem Namen bezeichnete, bei dem wir uns selten von allen dabei sich unwillkürlich mit eindrängenden individuellen Nebenideen rein halten können und besonders beim Tadel gar zu geneigt sind, in der Person selbst etwas zur Entschuldigung *unsrer* Fehler aufzusuchen. Das Lob läßt man sich schon eher von jedem gefallen.

Aus alle diesem geht nun wohl das Resultat hervor: daß man, die Sache praktisch angesehen, in Ruhe abwarten möge, was Schicksal und Zufall verfügen, daß die *Komponisten* nicht unwillig werden sollen, wenn nicht alle Federn sich eilends für sie in Bewegung setzen; daß die Redaktionen und besonders die Herausgeber der kritischen Blätter sorgfältig der Kunstentwicklung in der Zeit folgen und den wenigen Männern, die mit Liebe und Einsicht sich der Kritik widmen, ihr herbes Geschäft auf jede Art zu erleichtern und angenehmer zu machen suchen sollen; und drittens, daß auch die *Kritiker* mit besonnener Auswahl und möglichster Berücksichtigung des auf das Fortschreiten in der Kunst Einwirkenden und mit wohlwollender Strenge – der Strenge des liebenden Freundes oder Vaters – zu Werke gehen mögen.

Übrigens waltet zu aller Trost die unsichtbare Nemesis über allen Werken, und ungegründetes Lobpreisen rettet so wenig die Eintagsfliege vom Tode und der Vergessenheit, als verspritzter Gifteifer das wahrhaft innere Leben ertöten kann. Jedes Werk trägt den Keim seines Lebens oder Todes in sich, und die Zeit ist der wahre Probierstein des Guten und Schlechten. Diese Ansicht und Hoffnung ist mir doppelt wichtig geworden, seitdem ich an mir selbst erfahren habe, daß man den besten, reinsten Willen und Eifer zur Beförderung einer Sache haben und doch sehr lange Zeit durch das seltsamste Zusammenwirken sich häufender Umstände nicht dazu gelangen kann, redetätig für sie aufzutreten.

Vor kurzem noch zu beschränkt an Zeit, um die ausführliche Rezension der Quartetten des Herrn Fesca zu vollenden, habe ich die mir erbetenen Partituren zurückgegeben, damit dieses Geschäft wenigstens anderen Händen anvertraut werden könne. Es scheint mir aber eine angenehme Pflicht, durch das Aussprechen der Bemerkungen, die sich mir beim Durchgehen derselben aufdrängten, Herrn Fesca wenigstens einen Beweis meiner hohen Achtung für alles Schöne und Gute an den Tag zu legen.

Der Zweig der Kunst, dessen Pflege Herr Fesca sich mit Vorliebe geweiht zu haben scheint (Quartetten usw.), bezeugt schon durch diese Wahl, daß man ihn, Herrn F., zu einem von den wenigen unserer sich oft dem Oberflächlichen nähernden Kunstzeit zählen kann, denen es noch ernst ist mit dem Studium der innersten Wesenheit der Kunst. In dieser Gattung ist es vor allem andern nicht zureichend, durch einige Schmeichelideen und Glanzpassagen genügen zu wollen. Die Genießenden dieser gediegenen Kost sind schon durchaus an Nahrhaftes und Gewürztes gewöhnt, ja verwöhnt vielleicht durch die Größe und Höhe, auf welche diese Musikart durch Mozart und Haydn gestellt worden ist. Wer also nicht augenblicklich bei seinem Erscheinen auch wieder in Vergessenheit zurücksinken will, muß schon wahrhaft Gediegenes, Gedachtes und Gefühltes geben. Es soll damit keineswegs gesagt sein, daß andere Musikgattungen nicht dasselbe ebensosehr in ihrer Wesenheit bedürfen: aber im Quartett, diesem musikalischen Consommé, ist das Aussprechen jeder musikalischen Idee auf ihre wesentlich notwendigsten Bestandteile, die vier Stimmen, beschränkt, wo sie nur durch ihren innern Gehalt für sich Interesse gewinnen kann, da hingegen der Sinfonie usw. durch den Reiz der Mannigfaltigkeit einer wohlberechneten Instrumentierung usw. Mittel zu Gebote stehen, einer an sich oft ziemlich bedeutungsleeren Melodie Schmuck und Wirkung zu verleihen. Im Quartett kann aber *Lärm* nicht für *Kraft* gelten, und die Unbeholfenheit eines Komponisten in Verzweigung der Mittelstimmen, melodiöser Führung derselben und Verbindung selbständiger Melodien im

Fortweben des Ganzen liegt hier sogleich klar und hell am Tage. Das *rein Vierstimmige ist das Nackende in der Tonkunst.*

Herr Fesca ist ganz Herr und Meister über das, was er auszusprechen unternimmt. Mozart und Haydn waren ihm Vorbilder im edlen Sinne, wie es dem wahren Künstler ziemt und wie überhaupt nur alles Fortschreiten in der Kunst sich erzeugt durch den äußeren Anstoß, der Funken *weckt,* nicht *gibt.* Sein Stil und die Wahl seiner Melodien sprechen Weichheit und einen gewissen zarten Schmelz der Empfindung aus, der, keineswegs der Kraft ermangelnd, ihnen einen eigentümlichen Reiz verleiht. Herr F. kann sehr heiter, ja witzig werden, aber ein vorherrschender Ernst ist wenigstens dann in der weiteren Ausführung unverkennbar. Er ist sorgfältig und reichwürzend, beinahe wie Spohr, ohne sich in dessen oft erhabene Schwermütigkeit zu verlieren. Er moduliert oft scharf und schnell, fast wie Beethoven, aber er fühlt zu weich, um es gleich diesem zu wagen, uns unerwartet mit kühner Riesenfaust zu packen und blitzschnell über einen Abgrund schwebend zu halten. Seine Arbeiten bezeichnet eine gewisse verständige Besonnenheit, die, mit Tiefe des Gefühles gepaart, Trockenheit vermeidet und eine ungemein schöne Haltung des Charakters des Ganzen sowohl als der dasselbe konstruierenden einzelnen Teile zur Folge hat. Er entwickelt seine Ideen klar und mannigfaltig, die vier Stimmen sind selbständig, und wenn hin und wieder er den Vorredner (die erste Violine) etwas glänzender behandelt, so geschieht das keineswegs auf eine so überwiegende Weise, daß die andern Stimmen nur zu dienenden herabsänken.

Herr Fesca hat meines Wissens bis jetzt nur Quartetten, Quintetten und eine in diesen Blättern rühmlichst erwähnte Sinfonie (die ich nicht kenne) geschrieben. Es ist mir sehr begreiflich, daß er mit Vorliebe sich in diesem Kreise bewegt, der mir so ganz charakteristisch seine Gefühlsweise zu bezeichnen scheint. Aber es mag doch wohl nicht gut sein, sich so fast ausschließlich einer Gattung hinzugeben: es kann mit der Zeit, ja, es muß fast zur Manier führen.

Der Genius ist universell, wer ihn besitzt, kann ihn zum Schöpfer jeder Gattung machen. Äußere Eindrücke und Anstöße leiten die eine oder die andere Bahn, und es ist gewiß, daß die ersten Schritte auf einer neuerwählten mit Unsicherheit, wenigstens mit *der* Ängstlichkeit geschehen, die sie einem [Künstler] ohne Beharrlichkeit bald verleiden kann, weil man auf der anderen schon so heimisch und leicht gewandelt ist, alle ihre Tiefen und Klippen kennend. Aber der Geist bewegt sich nach gelindem Zwange bald ebenso leicht in der neuen Form und bringt, selbst bei der Rückkehr zur alten, neue Blumen und Blüten mit herüber. Besonders Gesangkomposition sollte doch kein Komponist hintansetzen. Sie trägt die dramatische Wahrheit ins Leben, und *von ihr zu den andern* ist nur *ein* Schritt, *von den andern zu ihr* sind wohl *mehrere.* Es ist, als ob die Natur sich dann immer an dem etwas rächen wollte, der nicht zuerst dem von ihr gegebenen [Ur]instrumente huldigte. Wenn der Quartett-Stil gleichsam mehr dem geselligen, häuslich ernsten Kreise angehört, so führt jener mehr in die Welt der größeren Ansichten, der weiter geöffneten Bilder. Unwillkürlich kann das bloße Bearbeiten der Quartett-Gattung durch die ihr eigene komplizierte Gedrängtheit zur Miniaturmalerei verführen, und von da ist es dann sehr nahe bis zur ängstlichen Künstelei und Kleinigkeitskrämerei.

Ich bin zu sehr von dem ausgezeichneten Talente und den wahrhaft zu ehrenden Kenntnissen des Herrn Fesca überzeugt, als daß ich ihm nicht den Wunsch aussprechen sollte, sich auch darin zu versuchen. Es gibt ein edelbescheidenes Mißtrauen der eigenen Kraft, welches mir ganz in der Wesenheit des Herrn Fesca wahrscheinlich dünkt; wer aber so ausgestattet und eines solchen Fleißes und solcher Beharrlichkeit sich bewußt sein darf wie er, hat nichts zu scheuen und geht dadurch einer Vielseitigkeit entgegen, die heilsam vor ihrem Gegensatze schützt.

1818

„Der Wasserträger", Oper von Cherubini[32]

Bruchstück aus dem Briefe eines Reisenden

Stelle Dir meine Freude vor, als ich auf meinem Durchfluge durch München auf der Wirtstafel den Komödienzettel mit dem Zauberworte *„Armand"* liegen sah – und wären meine Geschäfte noch zehnmal dringender gewesen, als sie es wirklich waren, so hätte mich der Gedanke an die Aufführung dieser göttlichen Musik von dem Münchener Orchester festgehalten, und im Vorgefühle der zu schöpfenden Wonne rief ich dem Postillion zu: „Heute ist *‚Der Wasserträger'*! Ich kann noch nicht reisen." Er sah mich verwundert an und begriff endlich die Unmöglichkeit, weiterzureisen, durch die überzeugenden Gründe von ein paar ihm in die Hand gedrückten Vierundzwanzigern besser als durch meine Exklamation. – Ich war der erste im Theater, pflanzte mich voll Erwartung in die Mitte des Parterres und harrte so begierig der Töne, von denen ich im voraus wußte, daß sie mich erheben und begeistern würden. Dreist glaube ich behaupten zu können, daß *„Armand"* ein echt dramatisches klassisches Werk ist. Alles ist aufs effektvollste berechnet, alle Musikstücke sind an ihrer Stelle, so daß man keines weglassen und keins dazutun kann. Lieblicher Reichtum von Melodien, kräftige Deklamation und eine alles ergreifende Wahrheit in Auffassung der Situationen wird diese Oper ewig neu, ewig gern gesehen erhalten. Ich habe sie oft auf beinahe allen deutschen und französischen[33] Bühnen gesehen, daß ich sehr begierig und sogar überzeugt war, *hier* werde man eine solche Oper mit großer Vollendung geben. Die Ouvertüre begann und ließ mich das Schönste hoffen, denn wahrlich, sie wurde mit einem Feuer, einer Nettigkeit und einer Kraft vorgetragen, wie sie nur das Münchener Orchester zu leisten imstande ist, und jubelnd stimmte ich in den rauschenden Beifall des Publikums mit ein. (Man hat hier Trompeten zu der Ouvertüre gesetzt, und ich glaube auch, daß sie im Allegro Effekt machen können, aber im Einleitungs-Adagio sind unstreitig in dem letzten allgewaltigen Crescendo die einzelnen Stöße bloß von dem Horne vorgetragen von besserer Wirkung und mehr der Steigerung des Ganzen angemessen, besonders wenn dann mit dem Schlage E-Dur erst die Trompeten eintreten.) Das erste Terzett sah ich zu meinem Erstaunen in ein Duett verwandelt. Ich traute meinen Ohren nicht, sondern nahm mein Perspektiv zu Hilfe und sah denn auch, daß der Vater des Wasserträgers nicht sang. Ich kann nicht leugnen, daß mich eine gewisse Unbehaglichkeit befiel, wenn ich mir das Finale des ersten Aktes dachte – ohne Baß! Sollte denn das Personal nicht noch einen Baßsänger zu dieser Rolle haben liefern können? – –

Das Terzett zwischen Armand, seiner Gattin und Mikely war stark gestrichen, doch entschädigte der gute Vortrag.

Das Duett zwischen Armand und Konstanze wurde stellenweise vortrefflich gegeben, der Moment seines Anfangs aber ganz vergriffen; denn in dem Augenblicke, wo der Wasserträger von einem kurzen Scheiden der beiden Gatten spricht, fällt die Musik ungestüm ein, und Konstanze ruft, ergriffen von den ihr unerträglichen Gefühlen der Trennung, aus: „Ich sollte von dir mich trennen? –" usw.

Bei dem Finale des ersten Aktes war Mikelys Vater nicht sichtbar. Sollte der keinen Anteil nehmen – und wo hält sich der alte schwache Mann auf während dieser Szene? – Höchst unangenehm ward ich aber durch eine Verballhornung der Komposition im Finale überrascht: eine der himmlischsten Stellen wird, aus mir völlig unbegreiflichen Ursachen, ganz ihrer Wirkung beraubt.

Nachdem der Wasserträger mit Marzellinen zankt, unwillig über ihr Widerstreben ist und sie in Tränen ausbricht, soll nach diesem Fortissimo eine Klarinette ganz allein eintreten und die Melodie: | c c Es d c vortragen, worauf erst der Fagott und dann das Violoncell dazutritt und der Bruder, seine Schwester tröstend und bittend, zu singen anfängt. Diese Stelle ist überall von der höchsten Wirkung. Hier bläst nicht nur die Oboe diese Stelle (durch welchen ganz andern Ton schon der Zweck des Komponisten verfehlt ist), sondern man hat auch noch ein Akkompagnement dazugesetzt. So wie auch zu den paar Noten D, die Antonio und später Mikely allein zu singen haben, noch einige Achtel in die Violine dazu gemacht wurden.

An Orten, wo es an guten Klarinettisten fehlt, ließe ich mir es noch höchstens gefallen, daß diese Stelle von der Flöte vorgetragen wird, aber daß man eine Begleitung dazu setzt, ist unerhört, und hoffe ich es von den anerkannten Einsichten des Herrn Direktors Fränzl, daß er diesen großen Mißgriff, für dessen Existenz er nichts kann, verbessern wird, und mit mir vereint, bitten gewiß alle Verehrer der Cherubinischen Muse darum.

Die sehr schwierigen Chöre im zweiten Akte gingen vortrefflich, mit Präzision und Feuer wurden sie gesungen und gespielt. Überhaupt war der zweite Akt gerundeter und lebendiger.

Im dritten Akte hatte ich wieder Gelegenheit, einige schöne Stellen, die weggelassen wurden, zu bedauern, nämlich die paar Worte der Pachterstochter: „Ach, Antonio kommt noch nicht!", durch deren Wegbleiben die Musikstellen so planlos aufeinanderstoßen. Die Schauspielerin, die diese Rolle gab, hätte, da sie doch einiges sang, wohl diese Kleinigkeit, die es auf der Szene nicht ist, auch noch singen können.

Am auszeichnungswertesten war Herr Muck als Wasserträger; er gab den biedern, fröhlichen, offenen Kopf, der durch das Bewußtsein einer guten Tat sich zu allen Wagnissen ruhig befähigt fühlt, sehr brav, und der laute Beifall des Publikums zeigte ihm das Anerkennen seiner Bemühung.

Wenn ich Dir viel von dieser Oper vorgeplaudert habe, so bedenke, daß man von solchem Meisterwerke nie genug sagen kann und daß ein so eifriger Kunstfreund wie ich auf Deine Nachsicht rechnen kann. 1811

„Alimelek“, Oper von Meyerbeer[34]

Wiederholt durch meine diesjährige Urlaubsreise im Auslande überzeugt, daß unserer Stadt und der in ihr erscheinenden und erzeugten Kunstwerke selten oder beinah nie in öffentlichen Blättern erwähnt wird; ununterrichtet in meiner literarischen Abgeschiedenheit hier und zugleich zweifelnd, daß diesem Übelstande seit einigen Monaten abgeholfen sein möchte – ergreife ich die Feder, um die Leser Ihrer geachteten, einflußreichen Zeitung auf ein treffliches deutsches Originalwerk aufmerksam zu machen und von seiner Würdigung und Aufnahme hier Kunde zu geben. Ich fühle dazu doppelt den Drang in mir, weil trotz der vielfach ausgesprochenen Deutschheit und des von Vorurteilen mancher Art frei sein wollenden Sinnes unser Enthusiasmus nur gar zu gern noch fremde Werke unbedingt vergöttert, an den eigenen aber so lange neckt, krittelt, zupft und modelt, bis sie, herabgezogen und skelettiert, dem Genießenden verleidet oder späterer Zeit erst zur Erkenntnis aufbewahrt werden.

Herr Meyerbeer hat sich bis jetzt hauptsächlich einen Ruf als großer Klavierspieler begründet, weil dies eine gleich sich selbst unbedingt aussprechende Sache ist, die das Gefühl mit sich fortreißt und den Beifall des Zuhörers errungen hat, ehe dieser sich bei dem sich wichtig machenden Halb- oder dem nicht selten neidischen Ganz-Kenner um die Meinung erkundigen konnte, die er davon haben dürfe. Viel übler aber ist es ihm mit seinen Verdiensten als Komponist ergangen. An den meisten Orten, wo er durch größere Werke seinen Genius beurkundete, hat man für gut befunden, es mit Stillschweigen zu übergehen. Und so ist weder seiner großen Oper *„Jephta“* in München, seines *„Wirt und Gast“* in Stuttgart, seines Oratoriums *„Gott und die Natur“* in Berlin usw., ja selbst des enthusiastischen Beifalls, den sein Spiel in München, Wien usw. der Volksstimme abgewann, je anders als

höchstens mit zweideutigen, die Sache ins Unbedeutende ziehenden Ausdrücken erwähnt worden.
Es ist wahrlich traurig genug, daß die schönen Resultate der Zufriedenheit und des Entzückens eines Publikums, das der Künstler mit seinem Herzblute erkaufen muß, so oft in den Händen und der Willkür der einzelnen liegen, die der Zufall, die Schreiblust, die Neigung, sich gedruckt zu sehen, oder gar der Hunger zu den Herolden und Verkündern der öffentlichen Stimme bestellt hat. Ginge dieses Verkünden und Urteilen selbst nur aus eigener reiner Überzeugung hervor, so wäre es doch immer noch etwas. Aber wie wird es meistens durch kleinliche Nebenrücksichten bei- oder mißfällig gemodelt! Die Erfahrung könnte hier weitläufig traurige Beispiele von den unglücklichen Folgen eines nicht abgegebenen Visiten- oder Konzertbilletts aufstellen! Doch genug hiervon, und wieder zu der Veranlassung dieser Abschweifung, der Oper „*Alimelek*" zurück!
Der Stoff derselben ist der erwachte Schläfer aus dem Märchen der „*Tausendundeinen Nacht*". Er ist mit ungemeinem Witz und echter Laune behandelt, weshalb man vor allem dem Komponisten Glück wünschen muß, einen Operndichter wie Herrn Wohlbrück zum Gefährten gehabt zu haben. Wo mit solcher Theaterkenntnis, Charakterzeichnung und in solchen melodieerzeugenden Versen geschrieben ist: da muß der Komponist ergriffen und befeuert werden – was dieser ebenso trefflich auch hier bewiesen hat. Die Einheit und Haltung der ganzen Oper ist ein Vorzug, den wenige Musiken wie diese besitzen; dabei die Beweise des ernsten Studiums der Kunst, die schöne Verbindung selbständiger Melodieformen, wo jeder Charakter sich selbst treu bleibt! Keine Weitschweifigkeit, alles dramatisch wahr, voll lebendiger, reger Phantasie, lieblicher, oft üppiger Melodien; stets richtige Deklamation; viele reiche, neue Harmoniewendungen; sorgfältige, oft in überraschenden Zusammenstellungen gedachte Instrumentation –: so ist diese Oper, aus der es mir ein leichtes sein würde, alles hier Bemerkte mit Be-

weisen zu belegen, wenn nicht die Erfahrung mich belehrt hätte, daß dergleichen einzelne, herausgerissene Sätze und Stellen aufhören das zu sein, was sie notwendig eben nur in der ganzen Zusammenstellung sind und bedeuten und daher selten überzeugend wirken.
Gerade ein Jahr früher, den 20. Oktober 1814, erschien diese Oper auf dem Kärntnertor-Theater in Wien und – mißfiel, aus tausenderlei Rücksichten, von denen ich hier nur einige anzuführen brauche, um dies, trotz den Vorzügen des Werks, begreiflich zu machen.
Herr Meyerbeer, der sie ursprünglich für das Stuttgarter Hoftheater geschrieben hatte, arbeitete sie in Wien nach Lokalrücksichten und hauptsächlich die Rolle des Alimelek für den Sänger Herrn Ehlers, der in dieser Gattung Rollen sich die Gunst des Publikums zu erringen und zu erhalten gewußt, um. Eingetretene Verhältnisse hinderten diese Besetzung; manches wurde geändert, transponiert usw. Dem. Buchwieser hatte aus physischen Ursachen nicht die Kraft, diese schwierige Gesangspartie so gut zu geben, als man es von dieser Meisterin gewohnt ist und zog sich – der Liebling des Publikums – jenen Abend den lauten Unwillen desselben zu. Hat der unglückliche Zufall einmal eine solche Verstimmung der Gemüter über eine Vorstellung verhängt, so ist es für den Tag um das Ganze geschehen, besonders bei einem Werke wie dieses, dessen mannigfaltige Nuancierung aufmerksames, ruhiges Hingeben verlangt. Die Oper wurde nur einmal gegeben und ihr dadurch das Mittel geraubt, sich dem Publikum vertraut zu machen.
Hier hatte sie mit doppelten Hindernissen zu kämpfen; erstlich mit der von Wien herübergewehten üblen Meinung und zweitens mit dem Sonntagspublikum, welches nie das ruhige, besonnen urteilende ist wie das gewöhnlich das Theater füllende. Dagegen hatten wir nun Herrn Ehlers, eine Sängerin wie Mad. Grünbaum und von allen Seiten reine Liebe zur Sache. Der Beifall des ersten Abends war geteilt: desto entscheidender aber der Triumph des schönen Werkes in der zweiten Aufführung,

den 24. Oktober (wo jedes Musikstück sehr gut und viele mit Enthusiasmus aufgenommen wurden). Die Ouvertüre, ein Duett, Terzett, Finale usw. hatten schon den ersten Tag ihren Lorbeer erhalten, und bei der dritten Vorstellung, den 30., bewährte das volle Haus und der wiederholte Beifall, daß man in Prag noch Gutes zu schätzen weiß und die Stimme des großen Publikums am Ende immer gerecht ist.

Von der Aufführung selbst kann ich nichts weiter bemerken, da sie meiner Leitung anvertraut ist. Aber doch muß ich mir erlauben, neben dem bekannten Talente und Eifer des Herrn Ehlers unserer trefflichen Madame Grünbaum, geborenen Müller, zu erwähnen, die mit immer gleichem Fleiße das Publikum entzückt und deren klangvolle, biegsame, herrlich intonierende Kehle nebst dem Leben, mit dem sie ihre Rolle gab, gewiß nicht wenig zum Hervortreten der Schönheiten des Werkes in ihrem ganzen Lichte beitrug. Ebenso ergreife ich von Herzen die Gelegenheit, einmal öffentlich auch meinem Orchester und Chorpersonale für den stets gleich regen Eifer und Fleiß zum Gelingen alles Guten zu danken.

Der wahrscheinlich bald erscheinende Klavierauszug dieser Oper wird gewiß gern auf allen Klavieren gesehen werden, und erreicht ist meine Absicht, wenn ich durch diese Worte die Kunstfreunde auf einen ihnen neu emporgekeimten Genuß aufmerksam gemacht habe.

Herr Meyerbeer ist jetzt in Paris, von wo er bald seine weiteren Reisen nach Italien usw. fortsetzen wird. Er arbeitet an einem theoretischen Werke, das eine bedeutende Lücke in der musikalischen Literatur ausfüllen soll.

1815

Über die Oper „Undine“

nach dem Märchen gleichen Namens von Fr. de la Motte-Fouqué selbst bearbeitet, mit Musik von E. T. A. Hoffmann und zuerst auf dem Königl. Theater zu Berlin erschienen.[35]

Als ich den Vorsatz faßte, etwas über dieses schöne Werk öffentlich zu sagen, wandelte unwillkürlich die Form der Anzeigen, Rezensionen, oder wie man es immer nennen will, gleichen Zweckes vor meinem Innern vorüber, indem sich mir zugleich vergegenwärtigte, wie ungemein schwierig es sei, ein bestimmtes Bild des beurteilten Gegenstandes durch sie zu erhalten oder etwas dem Eindrucke Ähnliches, den das Werk zu machen fähig ist. Es schien mir dabei fast immer entweder auf die gewöhnlichen Gesellschaftsurteile hinauszulaufen, wo ohne weitere Beweisführung eine Partie es gut, die andere schlecht findet, die gemäßigtere es weder verwirft noch erhebt und alles nur Gewicht und Glaubwürdigkeit durch die Persönlichkeit des Beurteilers und das ihm wieder partiell geschenkte Vertrauen erhält; oder – es schien mir in kleine Teilchen aufgelöst zu zerstieben, ließ es sich ein in die Einzelheiten des musikalischen Baues in technischer Hinsicht, bei so großen Werken, die nicht sogleich in jedermanns Hände kommen können. Die größten Wirkungen und Schönheiten gehen nur aus der Art ihrer Auf- und Zusammenstellung hervor, verlieren meist immer, einzeln herausgehoben, ihre ganze Eigentümlichkeit, ja, zeugen oft scheinbar wider sich selbst, indem sie, so allein betrachtet, fast bedeutungslos werden. Ihr wahres organisch verbundenes Zusammenleben mit dem übrigen vermag doch auch die lebendigste Beschreibung nur höchst selten ganz fühlbar zu machen.

Es versteht sich von selbst, daß diese Meinung auch vielfältiger Beschränkung unterliegt und namentlich bei schon allgemein verbreiteten Kunstwerken, deren Bau und Struktur zu zergliedern nur heilbringend für die Belehrungsuchenden sein kann. Im vorliegenden Falle aber, wo es bloß Zweck ist, das Publikum auf ein Werk aufmerksam zu machen, indem man die geistige Region anzudeuten sucht, in der es sich bewegt, und die Gestalt, die der Komponist ihm verliehen hat, in bezeichnenden Umrissen darstellen will, erscheint es mir notwendig, erst auseinanderzusetzen, wie der Beurteiler selbst sehe, glaube und denke, woraus dann leicht das Resultat für jeden zu ziehen ist, inwiefern er seinen hieraus entspringenden Urteilen beipflichten könne.

In dieser Hinsicht glaube ich das folgende Bruchstück aus einer größern Arbeit von mir noch der eigentlichen Anzeige der Oper voranschicken zu müssen, weil es auch überdies die Gestaltung der Oper *„Undine"* größtenteils ausspricht. –

Um ein sich in der Zeit bewegendes Kunstwerk richtig zu beurteilen, wird jene ruhige, unbefangene Stimmung erfordert, die, jeder Art des Eindrucks empfänglich, sorgfältig vor bestimmter Meinung oder Richtung des Gefühls bewahrt sein soll, ein gewisses Aufschließen der Seele für den behandelten Stoff ausgenommen. Nur so ist dem Künstler die reine Gewalt über unser Gemüt gegeben, es mit seinen Gefühlen und Gestalten fortzuziehen in die Welt, die Er geschaffen und in welcher Er, ein mächtiger Herrscher aller leidenschaftlichen Erregung, uns mit Ihm und durch Ihn Schmerz, Lust, Grauen, Freude, Hoffnung und Liebe empfinden läßt. Sehr bald und klar wird es sich dann beweisen, ob Er imstande war, ein großes Gebilde, das wir bleibend im Herzen tragen, zu erschaffen, oder ob Er, nur von unstet wandelnden Geistesblitzen zusammengesetzt, uns einzelnes liebgewinnen und das Ganze darüber vergessen ließ.

In keiner Art von Kunstwerken ist dieses schwieriger zu vermeiden und daher auch so häufig vorhanden als in der Oper. Es versteht sich von selbst, daß ich von *der* Oper spreche, die der Deutsche will: ein in sich abgeschlossenes Kunstwerk, wo alle Teile und Beiträge der verwandten und benutzten Künste ineinanderschmelzend

verschwinden und auf gewisse Weise untergehend – eine neue Welt bilden.
Meistens entscheiden einzeln hervorstechende Musikstücke den Beifall fürs Ganze. Selten verschwinden diese – im Augenblicke des Hörens freundlich anregenden Teile – im großen Allgefühl am Schlusse, wie es eigentlich sein sollte, denn erst muß man die ganze Gestalt liebgewinnen, dann bei näherer Vertraulichkeit erfreue man sich der Schönheit der einzelnen Teile, aus denen sie besteht.
Die Natur und das innere Wesen der Oper, aus Ganzen im Ganzen bestehend, gebiert diese große Schwierigkeit, die nur den Heroen der Kunst zu überwinden gelang. Jedes Musikstück erscheint durch den ihm zukommenden Bau als ein selbständig organisches, in sich abgeschlossenes Wesen. Doch soll es als Teil des Gebäudes verschwinden in der Anschauung desselben; doch kann und soll es dabei (das Ensemblestück vornehmlich), verschiedene Außenseiten zugleich zeigend, ein vielfältiger, auf einen Blick zu übersehender Januskopf sein.
Hierin liegt das große, tiefe Geheimnis der Musik, das sich wohl fühlen, aber nicht aussprechen läßt; das Wogen und die widerstrebenden Naturen des Zornes und der Liebe, des wonnigen Schmerzes, wo Salamander und Sylphen sich umarmend ineinanderfließen, sind hier vereint. Mit einem Worte, was die Liebe dem Menschen, ist die Musik den Künsten und dem Menschen, denn sie ist ja wahrlich die Liebe selbst, die reinste, ätherischste Sprache der Leidenschaften, tausendseitig allen Farbenwechsel derselben in allen Gefühlsarten enthaltend und doch nur einmal wahr, doch von tausend verschieden fühlenden Menschen zugleich zu verstehen. Diese Wahrheit der musikalischen Rede, erscheine sie unter welcher neuen, ungewöhnlichen Form sie wolle, behauptet doch endlich siegend ihre Rechte. Die Schicksale aller Epochen schaffender oder bezeichnender Kunstwerke beweisen dies hinlänglich und häufig. Es konnte wohl zum Beispiel nichts Fremdartigeres erscheinen als Glucks Schöpfungen in

jener Zeit, wo die italienisch-wollüstigen Tonmeere alle Gemüter überschwemmt und verweichlicht hatten. Wir sind jetzt, auf zwar ganz andere Weise, aber vielleicht nicht weniger gefährlich daran, in gewissen Kunstirrtümern unterzugehen. Die allwirkenden Zeitumstände haben nur die Extreme Tod und Lust als Herrscher aufgeworfen. Niedergedrückt von den Greueln des Krieges, vertraut geworden mit allem Elende, sucht man nur Erheiterung in den gröblichst aufreizenden Kunstlüsten. Das Theater ward zum Guckkasten, in welchem man gemächlich – die schön beglückende Gemütsunruhe beim wahren Genusse eines Kunstwerkes ängstlich vermeidend – eine Szenenreihe vor sich abhaspeln ließ; zufrieden, durch triviale Späße und Melodien gekitzelt worden zu sein oder geblendet durch Maschinenunfug ohne Zweck und Sinn. Gewohnt im Leben täglich frappiert zu werden, tat auch hier nur das Frappante Wirkung. Einer stufenweisen Entwickelung der Leidenschaft, einer geistreich herbeigeführten Steigerung aller Interessen zu folgen, heißt anspannend, langweilig und, in der Folge der Unaufmerksamkeit, unverständlich. – –

Urteile, in aller Art sehr widersprechend (aus eben berührten Gründen erzeugt), hatte ich über die Oper *„Undine"* hören müssen. Ich suchte soviel als möglich einer gänzlichen Unbefangenheit teilhaft zu werden, wenn ich gleich der Erwartung von etwas Bedeutendem mich nicht erwehren konnte, zu welchem auch die Schriften Herrn Hoffmanns vollkommen berechtigen mußten.

Wer mit diesem Phantasienglutstrome und tiefem Gemüte so Mozarts Geist erfühlen konnte wie (erster Teil der Phantasiestücke in Callots Manier) in dem Aufsatze über den *„Don Juan"* geschehen ist, der kann nichts unbedingt Mittelmäßiges leisten, höchstens die Grenze drängen, ja wohl umbiegen, aber nicht leer in ihr wandeln.

Die Bearbeitung erscheint Ref. als ein dramatisiertes Märchen, in dem wohl mancher innere Zusammenhang bestimmter und klarer hätte verdeutlicht werden können. Herr von Fouqué kannte das Märchen gar zu gut, und da

ist denn oft eine Art von Selbsttäuschung möglich, die auch die andern wissend glaubt. Doch ist es keineswegs unverständlich, wie viele behaupten wollen.
Desto deutlicher und klarer in bestimmten Farben und Umrissen hat der Komponist die Oper ins Leben treten lassen. Sie ist wirklich *ein Guß,* und Ref. erinnert sich bei oftmaligem Anhören keiner einzigen Stelle, die ihn nur einen Augenblick dem magischen Bilderkreise, den der Tondichter in seiner Seele hervorrief, entrückt hätte. Ja, er erregt so gewaltig vom Anfang bis zu Ende das Interesse für die musikalische Entwickelung, daß man nach dem ersten Anhören wirklich das Ganze erfaßt hat und das einzelne in wahrer Kunstunschuld und Bescheidenheit verschwindet.
Mit einer seltenen Entsagung, deren Größe nur derjenige ganz zu würdigen versteht, der weiß, was es heißt, die Glorie des momentanen Beifalls zu opfern, hat Herr Hoffmann es verschmäht, einzelne Tonstücke auf Unkosten der übrigen zu bereichern, welches so leicht ist, wenn man die Aufmerksamkeit auf sie lenkt durch breitere Ausführung und Ausspinnen, als es ihnen eigentlich als Glied des Kunstkörpers zukommt. Unaufhaltsam schreitet er fort, von dem sichtbaren Streben geleitet, nur immer wahr zu sein und das dramatische Leben zu erhöhen, statt es in seinem raschen Gange aufzuhalten oder zu fesseln. So verschieden und treffend bezeichnet die mannigfaltigen Charaktere der handelnden Personen erscheinen, so umgibt sie oder ergibt sich vielmehr doch aus allem jenes gespensterhafte, fabelnde Leben, dessen süße Schauererregungen das Eigentümliche des Märchenhaften sind.
Am mächtigsten springt Kühleborn hervor (Ref. setzt, wie Fouqué, die Bekanntschaft mit dem Märchen voraus) durch Melodienwahl und Instrumentation, die, ihm stets treu bleibend, seine unheimliche Nähe verkündet. Da er, wo nicht als das Schicksal selbst, doch als dessen nächster Willensvollstrecker erscheint, so ist dies auch sehr richtig. Nächst ihm das liebliche Wellenkind Undine, deren Tonwellen bald lieblich gaukeln und kräuseln, bald auch

mächtig gebietend ihre Herrscherkraft künden. Höchst gelungen und ihren ganzen Charakter umfassend dünkt Ref. die Arie im 2. Akte, die so ungemein lieblich und geistvoll behandelt ist, daß sie als ein kleiner Vorgeschmack des Ganzen dienen kann und daher hier als Beilage erscheint.

Der feurig wogende, schwankende, jedem Liebeszuge sich hinneigende Huldebrand und der fromme, einfache Geistliche mit seiner ernsten Choralmelodie sind dann am bedeutendsten. Mehr in den Hintergrund treten Berthalda, Fischer und Fischerin, Herzog und Herzogin. Die Chöre des Gefolges atmen heiteres, reges Leben, das sich in einigen Stücken zu ungemein wohltuender Frische und Lust erhebt und entfaltet, im Gegensatze zu den schauerlichen Chören der Erd- und Wassergeister in gedrängten, seltsamen Fortschreitungen.

Am gelungensten und wirklich groß gedacht erscheint Ref. der Schluß der Oper, wo der Komponist noch als Krone und Schlußstein alle Harmonienfülle rein achtstimmig im Doppelchor ausbreitet und die Worte „Gute Nacht aller Erdensorg' und Pracht“ mit einer herzlich andächtig und im Gefühle der tiefen Bedeutung mit gewisser Größe und süßer Wehmut erfüllten Melodie ausgesprochen hat, wodurch der eigentlich tragische Schluß doch eine so herrliche Beruhigung zurückläßt. Ouvertüre und Schlußchor geben sich hier, das Werk umschließend, die Hände. Erstere erregt und eröffnet die Wunderwelt, ruhig beginnend, im wachsenden Drängen dann feurig einherstürmend, und hierauf gleich unmittelbar, ohne gänzlich abzuschließen, in die Handlung eingreifend; letzterer beruhigt und befriedigt vollkommen. Das ganze Werk ist eines der geistvollsten, das uns die neuere Zeit geschenkt hat. Es ist das schöne Resultat der vollkommensten Vertrautheit und Erfassung des Gegenstandes, vollbracht durch tief überlegten Ideengang und Berechnung der Wirkungen alles Kunstmaterials, zum Werke der schönen Kunst gestempelt durch schön und innig gedachte Melodien.

Es spricht sich hierdurch von selbst aus, daß große Instrumentaleffekte, Harmoniekenntnis und oft neue Zusammenstellung, richtige Deklamation usw. darin enthalten sind als die notwendig jedem wahren Meister zu Gebot stehenden Mittel, ohne deren geläufige Handhabung keine Freiheit der Geistesbewegung denkbar ist.

Um nun aber gleich für die Folge etwas zu bemerken, denn: Lob und Tadel muß ja sein, so will Ref. einige Wünsche nicht bergen, obwohl er eben in *„Undine" nichts* anders haben möchte, da alles, wie es einmal dasteht, unbedingt so und nicht anders notwendig ist und man eigentlich wohl abwarten sollte, ob in einem anderen Werke dasselbe sich offenbare. Aber man kann einem Komponisten doch wohl ungefähr auch in *einem* Werke ablauschen, was seine Lieblingswendungen sind, vor denen ehrliche Freunde immer warnen sollen, als am Ende Manier erzeugend.

So ist Ref. aufgefallen, und er wünscht vermieden die Vorliebe für kleine, kurze Figuren, denen es sowohl leicht an Mannigfaltigkeit fehlt, als sie leicht die Cantilena verdrängen oder verdunkeln, die dann heraustreten zu machen große Kenntnis und Sorgfalt von seiten des Dirigenten voraussetzt. Dann die Vorliebe für Violoncelle und Bratschen, für verminderte Septimenakkorde und oft zu schnell abgebrochene Schlüsse, die, wenigstens beim ersten Anhören, etwas Störendes mit sich bringen und, wenn auch keineswegs unrichtig, doch ungenügend sind; und endlich gewisse Mittelstimmen, die, wegen ihrer öfteren Benutzung von Cherubini, den Haufen sehr geneigt machen, Ähnlichkeiten erspähen zu wollen.

Die Aufführung ist in Hinsicht der Dekorationen und Garderobe prächtig, rücksichtlich des Gesanges und Spieles gelungen zu nennen. Das fortwährend gedrängt volle Haus beweist den Anteil, den das Publikum stets gleich, ja immer mehr und mehr an der Oper nimmt. Übelgesinnte wollen den Dekorationen viel zuschreiben; wenn aber Ref. bemerkt, daß in andern Stücken, wo dieses der Fall ist, die Leute nur diese Momente ablauern und dann

wieder gehen, hier aber mit steter, gleicher Aufmerksamkeit vom Anfange bis zum Ende bleiben: so beweist dies schon hinlänglich für das Interesse, das ihnen die Sache selbst einflößt. Rauschenden Beifall könnte der Komponist fast allen Musikstücken durch wenig vermehrte Schlußtakte verschaffen, da hingegen sich hier alles immer rasch handelnd vorwärtsdrängt.
Möge Herr Hoffmann der Welt bald wieder etwas so Gediegenes, als diese Oper ist, schenken, und sein vielseitiger Geist, der ihm als Schriftsteller in kurzer Zeit Ruhm verschaffte, und als Geschäftsmann (Königl. Preuß. Kammergerichtsrat in Berlin) die Achtung seiner Kollegen sichert, auch in diesem Kunstzweige tätig wirken und schaffen. 1817

„Gott und die Natur“, Oratorium von G. Meyerbeer[36]

Unter den mancherlei Kunstprodukten, die uns seit einiger Zeit erfreuten oder langweilten, steht das am 8. Mai in dem Concert spirituel des Herrn Kapellmeisters Weber aufgeführte Oratorium von Schreiber: *„Gott und die Natur“*, in Musik gesetzt von Herrn Meyerbeer, so ausgezeichnet in jeder Hinsicht da, daß es Ihnen angenehm sein wird, etwas Ausführlicheres, als die Berliner und andere Zeitungen lieferten, über die Arbeit dieses vielversprechenden Künstlers zu hören, der so viele wissenschaftliche Bildung mit der vollkommenen Beherrschung der musikalisch-technischen Erfordernisse in sich vereint. Der Plan des Ganzen ist mit reicher Mannigfaltigkeit und ohne das Gesetz der Einheit zu stören entworfen. Volles Leben, schmeichelnde Lieblichkeit und besonders die echte Kraft des emporstrebenden Genies sind darin unverkennbar. Der erste Chor (C-Dur) und die darauffolgende Fuge sind sehr weislich ganz mezzo tinto ge-

halten, und mir fielen nur einige kleine Textverstümmelungen auf. Nr 2 und 3: Baßrezitativ und Aria (Es-Dur); das Rezitativ ist höchst sprechend und wahr. Daran schließt sich die Arie, bei deren großer Lieblichkeit man beinah bedauern möchte, daß ein Bassist sie zu singen habe, wenn nicht Herr Gern sie vorgetragen und mich überzeugt hätte, daß er auch in diesem Betrachte alle Wünsche befriedigen könne. In dieser Nummer ist die Stelle „Da winkt er dem Licht, es schwebet hernieder" sehr glücklich ganz entfernt gehalten von Haydns „Es werde Licht"[37], und zwar durch einen überraschend gehaltenen E-Dur-Akkord der Blasinstrumente. Nr. 4 und 5: Rezitativ und Arie (aus B), gesungen von Herrn Eunicke, wurde ein Lieblingsstück des Publikums. Man könnte zwar vielleicht sagen, es wäre schade, daß gleich anfangs zwei Arien von Männerstimmen aufeinanderfolgen; aber der Effekt des Blumenchors (Nr. 6 aus G), von bloßen Weiberstimmen vorgetragen, tritt dagegen wie eine freundliche Lichtgestalt hervor und wurde das zweite Lieblingsstück des Publikums, ja, veranlaßte ein eignes Sonett auf den Komponisten – so wie überhaupt mehrere Gedichte auf den Dichter und Komponisten in der Berliner Zeitung befindlich sind; die Harfenbegleitung war aber leider so schwach, daß man sie kaum hörte. Nr. 7: Diskantarie (C-Dur) ist von einer für Sopranarien seltenen Kraft (mir beinah das liebste Stück) und in ebendiesem Geiste von Dem. Schmalz vorgetragen.
Daß diese Sopranarie nach dem Weiberchore folgt, ist, glaube ich, ein gegründeter Vorwurf, der dem Komponisten zu machen ist. Beide Stücke verlieren dadurch. Nr. 8: Chor der vier Elemente. Ein echt kontrapunktisches Meisterstück. Luft, Sopran; Feuer, Alt [Erde, Tenor; Wasser, Baß]. Jedes trägt erst seinen eigenen Gesang mit dem dasselbe charakterisierenden Akkompagnement vor; am Ende vereinigen sich alle vier Gesänge mit ihren [4] Akkompagnements – also acht Themata – sehr konsequent und besonders von hoher Wirkung da, wo das ganze mächtige Ensemble pianissimo wiederholt wird

(in F-Dur). So benutzt und so fließend und natürlich behandelt, mögen wohl allein derlei harmonische Kunststücke auf ihrer Stelle stehen und wirken, was sonst selten der Fall ist. Nr. 9: Baßrezitativ. Nr. 10: Chor: „Er war, er ist, und er wird sein." Schöne rhetorische Durchführung eines choralmäßigen vierstimmigen Gesanges, mit untermischten Soli a quadro der vier Hauptsingstimmen (in Es-Dur). Nr. 11: Duett zwischen einem Zweifler und einem Gottesleugner, Tenor und Baß, wozwischen ein Chor von Männern Zuversicht und Glauben predigt. Die verschiedenen Charaktere sind ungemein treffend geschildert und das Ganze zu einem Gusse verbunden. Auch ist es gut gedacht, diesen ernsten Gegenstand bloß von Männern unter sich abhandeln zu lassen (in g-Moll). An dieses Stück schließt sich der Chor (C-Dur): „Hörst du die Posaun' erklingen?", wo es mich sehr freute, daß der Komponist nicht die Plattitude beging, Posaunen hören zu lassen. Von hier fängt er an immer größer zu werden, bis ans Ende. Der Text wendet sich zur Auferstehung, wo alles Gestorbene zu leben wieder anfangen wird. Der Sopran tritt solo und pianissimo, nur von einem Paukenwirbel begleitet, nach der spannenden Stille einer Fermate ein:

Endlich tritt die Schlußfuge ein, deren Thema:

die Posaunen erst per augmentationem[38] so vortragen:

und womit der Komponist dann eine feurige Bewegung der Violinen verbindet und mit einer außerordentlichen Kraft auf das Ende losgeht. Die Instrumentierung ist durchaus gut berechnet, oft originell und neu. Alle Melodien, selbst die schmeichelndsten, bleiben in den Grenzen des ernsten Stiles. Möge Herr Meyerbeer auf dem Pfade der Kunst mit der Ausdauer, dem Fleiße und der Bescheidenheit fortwandeln, die man bisher an ihm so hoch schätzen durfte, und wir haben der Kunst reiche Früchte von ihm zu versprechen. 1811

„Isacco", Oratorium von Fr. Morlacchi[39]

Wenn das Höchste und Heiligste des Lebens angeregt wird und die erhabenen Bilder und Erinnerungen der Religion die Seele durchdringen, da darf wohl der reinste Aushauch menschlichen Gefühles, die erhebende Tonkunst nicht fehlen.

Sie, die mehr Tochter als Nachahmerin der Natur, in ihrer feierlich geheimnisreichen Sprache, Andacht gebend und erzeugend, unmittelbar auf das Gemüt wirkt und tiefer Rührung Herrscherin ist.

Wie weise umfassen die kirchlichen Gebräuche die menschliche Empfindung: das höchste Leid in schauerlich feiernder Stille, das wiedergegebene Heil mit des Tones freiem Aufschwunge zum Schöpfer.

Herrlich und erhebend ist es, für diesen Zweck seine Kraft versuchen zu dürfen, und befriedigend könnte dem Künstler das Bewußtsein, gewirkt zu haben, genügen; aber wohl ist es ihm doch auch nicht zu verargen, wenn er das, was er mit Liebe schuf, auch dem Sinne seiner Zuhörer näher bringen möchte.

Selten erscheinend, schnell vorüberwandelnd ist das Resultat langer Anstrengung. Vergönnt mag es also sein, es gleichsam im Vorüberfluge etwas aufzuhalten, zumal, wenn man glaubt, in der Behandlung des Stoffes sich anderer Mittel als die Vorgänger bedient zu haben, deren Wirkung durch nähere Bezeichnung derselben weniger zweifelhaft den Zuhörer überraschen soll.

Herr Kapellmeister Morlacchi hat Metastasios Oratorium *„Isacco, Figura del Redentore"* neu bearbeitet. Mit freundlich ehrendem Zutrauen hat er den Wunsch geäußert, daß ich in meines Vaterlandes Sprache das Organ sein möge, das seine Ansicht und Absicht bei der Komposition dieses Oratoriums den Hörern desselben entwickle, und mit Freude und kunstbrüderlichem Eifer will ich es versuchen, seinem Willen zu entsprechen.

Die Masse der Hörer beurteilt sehr oft eine Arbeit bloß deshalb lieblos oder hart, weil sie nicht *den* Maßstab anlegt, nach dessen Verhältnissen das Werk geschrieben ist, oder es nicht aus dem Gesichtspunkte ansieht, wie der Komponist vermöge seiner Talente, Bildung und daraus entspringenden Überzeugung und Willen es notwendig nur sehen *kann.*

Im gewöhnlichen und allgemeinen Sinne ist deutsches Werk italienischem Sinne so fremd und unbehaglich wie italienisches dem deutschen. Kunstbildung und Vertrautheit unterscheidet und liebt an jedem das in *seiner* Art Vorzügliche. Vollendete Wahrheit aber behauptet in allen Zonen ihre Rechte, siegend über alle kritischen Ansichten, die am Ende doch auch nur in *einer* Wahrheit sich auflösen müssen.

Wünschenswert und wahrhaft befördernd ist aber jene Kritik, die wohlwollend mit den Augen des Komponisten sehen will, es ihm aber zugleich sagt, denselben dadurch sich selbst entschleiernd, ihm sein eigenes Geheimnis enträtselt, da jedes Wesen in der verzeihlichen und natürlichen Befangenheit des eigenen Gesichts- und Fähigkeitskreises lebt.

Rühmlich und volle Anerkennung verdienend ist es schon, wenn, nach dem Kunstglauben und Bedarfe eines fremden Landes gebildet, man fühlen lernt, daß dieses nicht ausreiche auf anderm Boden. Es ist dies schon ein schöner Schritt vorwärts auf der Bahn, und man hat dabei nur die Schwierigkeit noch zu beachten, die Form nicht für die Sache zu nehmen.

Herr Kapellmeister Morlacchi hat dieses rühmliche Streben schon in seinen letzten Arbeiten an den Tag gelegt und bei diesem Oratorium [vielleicht] noch mehr im Sinne und Auge gehabt.

Die frühere Behandlung des Textes war nach seiner Ansicht auch nur den Forderungen früherer Zeit angemessen. Die Secco Recitativi, vielen Arien und wenigen Chöre verbreiteten eine Leere, die dem an musikalischen Reichtum gewöhnten Ohre der jetzigen Musikwelt kaum genügen würde. Er hat also das Ganze in musikalisch bestimmtere Formen gekleidet; die Worte, außer den sich als Arien, Duetten usw. aussprechenden Musikstücken, nicht sowohl bloß als akkompagnierte Rezitative behandelt (wo die Wahrheit des Ausdrucks doch noch größtenteils das Verdienst des Sängers ist), sondern er hat dieselben an eine bestimmtere musikalisch-rhythmische Deklamation gefesselt, wodurch das Ganze mehr zu *einem* großen, in verschiedenen Takt- und Tempoarten sich bewegenden Musikstücke wird.

Nächstdem lag ihm bestimmte Charakterzeichnung der handelnden Personen am Herzen, und sinnreich suchte er mehreren Stellen des Textes, die nur für *eine* Stimme berechnet waren, Stoff zu Duetten, Terzetten und Chören abzugewinnen, ein Verfahren, was wohl lobenswert erscheinen kann in dem Gefühle des Bedürfnisses desselben, und da es Frevel gewesen wäre, eines Metastasio

Dichtung mit fremden Einschiebseln zu verunstalten, welches weniger durch einige Abkürzung desselben zu befürchten war.
Hiermit glaube ich nun den Willen und die Ansicht des Komponisten ausgesprochen zu haben, und es würde mich innig freuen, wenn ich dadurch zur erhöhten Wirkung seiner Absicht beizutragen imstande war.
Der Weg zum Ziele ist breit und mannigfach gestaltet, wir haben alle Platz darauf; er ist auch steil, wohl uns, wenn wir uns alle die Hände bieten; Freude, Friede und Gedeihen der hohen Kunst seien der Erfolg! So rufe ich im Namen aller es mit ihr redlich meinenden Künstler aus. 1817

Konzerte in der Margarethenkirche zu Gotha[40]

Bei der Seltenheit, mit welcher uns öffentliche Kunstgenüsse zuteil werden, verdiente es wahrlich den besten Dank des Publikums, daß Herr Kantor Schade es unternahm, uns den 29. und 30. September in der Margarethenkirche zwei Konzerte zu veranstalten, die, außer den schon in hiesiger Stadt vorhandenen Kunstmitteln, auch noch durch den Beitritt vorzüglicher, in der Nähe wohnender Künstler einer vollendeteren Ausführung und Mannigfaltigkeit gewiß wurden. Zugleich hatte Herr Schade dafür gesorgt, daß wir Musikstücke in den verschiedensten Stilen zu hören bekamen.
Den 29. begann das Konzert abends 5 Uhr mit der Ouvertüre des „*Don Juan*“ von Mozart. Dann blies Herr Kammermusikus Sommer aus Rudolstadt ein Hornkonzert von Duvernoy, mit schönem Tone und Sicherheit. Zu bedauern ist es, daß bei diesen meistens höchst mittelmäßigen Kompositionen des Herrn Duvernoy das Horn zu einem so traurigen Zwitterwesen gemacht wird, in welchem weder die herrliche Kraft und Fülle der tie-

feren Töne noch die singenden höheren Regionen benutzt werden. In einem Umfange von höchstens anderthalb Oktaven wirbeln und drehen sich alle Melodien und Passagen und erzeugen eine dem Instrumente ohnehin leicht eigene Eintönigkeit.
Unser geschätzter Spohr nebst seiner Gattin erfreute uns hierauf mit einer Sonate für Violine und Harfe von seiner Komposition, von der wir aber leider nur den ersten Teil des Allegros und das aus Mozartschen Themas gewebte Potpourri zu hören bekamen. Selten hat Referent in peinlicheren Gefühlen dagesessen als hier, wo gegen Ende des ersten Teiles ein Pedal hängenblieb, dann, nach Wegräumung dieses Hindernisses, eine Saite sprang usw. Wie störend für den Zuhörer – und wie aus allem Gange und Gusse bringend solche Zufälle für den Spieler sind, ist nicht genug zu beschreiben, und doppelt erfreulich war daher die doch noch vorzügliche Ausführung von beiden Seiten. Die Sonate selbst (die neueste) war sehr schön gearbeitet und dankbar für die Ausübenden.
Die Krone aller Sinfonien, die große, allgewaltige, ergreifende aus C-Dur von Mozart mit der Schlußfuge eröffnete den zweiten Teil. Sie hatte das Orchester belebt – begeistert, und wurde mit einer für ihre Schwierigkeit seltenen Vollendung gegeben.
Die Tempos waren feurig und gut – Schatten und Licht durch genaue Beobachtung des Piano und Forte verbreitet –, und Blas- und Saiteninstrumente wetteiferten im rühmlichsten Kampfe, das Ganze in einem Gusse wiederzugeben.
Bei Referent war dieser herrliche Genuß mit der wehmütigen Gewißheit begleitet, hier nicht bald wieder etwas so Vollendetes zu hören, da unser Spohr schon den 5. Oktober eine größere Reise über Leipzig und Dresden nach Prag, Wien usw. antritt und mit ihm uns seine Schüler, eine wichtige Stütze unserer Musikproduktionen, verlassen. Hierauf gab man den „*84. Psalm*" von dem würdigen Musikdirektor Schicht in Leipzig. Fugen und Chöre sind mit einer seltenen Klarheit und Kraft gearbeitet; Arien und

Solos möchten den neueren Melodisten nicht so recht behagen und vielleicht dem Ganzen der Vorwurf des zu Breitgehaltenen nicht ohne Grund zu machen sein. Die Chöre wurden etwas schwach, übrigens aber gut ausgeführt.
Den 30. früh um 10 Uhr begann der zweite Ohrenschmaus. Referent kann nicht leugnen, daß ihm Konzerte beim Tageslichte, noch dazu morgens, immer in eine etwas unbehagliche Stimmung versetzen, wobei der Markttag und das mit demselben verbundene Fahren, Peitschenknallen usw. dicht an der Kirche eben nicht geeignet waren, ihn von seinem Widerwillen zurückzubringen. Besondere Rücksichten mochten wohl den Herrn Kantor Schade zu dieser Einrichtung bestimmt haben.
Die schöne, kräftige, in großen Massen sich bewegende Ouvertüre aus D-Dur von Bernhard Romberg begann und wurde mit Präzision und Feuer gegeben. Hierauf folgte der mit Recht gefeierte Hermstedt mit dem trefflichen Klarinett-Konzert aus c-Moll von Spohr. Es wäre überflüssig, hier noch etwas zu seinem Lobe sagen zu wollen. Im Adagio schien er sich heute besonders zu übertreffen, und wenn er nach mehreren Reisen und dem Hören vorzüglicher Sänger seine Gesangsmethode noch etwas mehr gerundet hat, möchte wohl kaum mehr etwas zu seiner Vollendung fehlen. In Hinsicht der Komposition sprach das Rondo Referenten am meisten an.
Der aus Berlin vor kurzem zu uns gekommene Komponist und Klavierspieler Carl Maria von Weber spielte nur eine kurze Phantasie und Variationen über die schöne Romanze aus der Oper *„Joseph"* von Méhul (dem Vernehmen nach erst hier von ihm vollendet) auf dem Fortepiano. Einige verstimmte Töne in der Höhe des übrigens volltönenden schönen Instrumentes schienen auch ihn für einen Augenblick zu verstimmen, aber alsobald verschwand dieses, und er spielte mit dem an ihm bekannten Vortrage. Herr Kammersänger Methfessel aus Rudolstadt sang mit Mad. Scheidler ein Duett von seiner Arbeit, in angenehmer Manier. Das Duett selbst ist im besseren italienischen Stile geschrieben.

Den Beschluß machte die „*Glocke*" von Schiller mit der Musik des Andreas Romberg. Es ist schon so vieles über dieses Werk die Kreuz und Quere gesprochen worden, daß Referent sich damit begnügt, die Ausführung als sehr gut zu preisen. Die Solopartien wurden von Mlle. Karoline Schlick und den Herren Methfessel und Schiffner vorgetragen. Mlle. Schlick trat hier nach langer Zeit zum ersten Male wieder öffentlich auf; und obwohl ihre Stimme nicht die stärkste ist, so erhob sie sich doch hinlänglich durch deutliche Aussprache und gute Methode. Mlle. Schlick war lange in Italien, und wir müssen nur wünschen, sie recht oft öffentlich zu hören, damit sie eine gewisse natürliche Furchtsamkeit überwinde und dann imstande sei, ungestört ihre Fähigkeiten zu entwickeln. Daß wir übrigens eine recht fertige, geschmackvolle Klavierspielerin in ihr besitzen, ist bekannt. – Da Herr Konzertmeister Spohr Gelegenheit gehabt hatte, dieses Werk in Hamburg unter des Komponisten Direktion zu hören, so können wir gewiß sein, die so oft vergriffenen Tempos hier richtig gehört zu haben.
Zum Schlusse muß Referent noch bemerken, daß es im ganzen schade war, diese Aufführung in einer Kirche halten zu müssen; teils geht manche kleine Nuance in dem großen Lokale unter, und teils geht der einzige Lohn des Künstlers, der augenblickliche Enthusiasmus eines Beifall zollenden Publikums verloren, und eine gewisse tötende Kälte bemächtigt sich des Ganzen.
Gewiß hätten sowohl die kunstliebenden Einwohner unserer Stadt als auch die zahlreich herbeigeeilten Fremden gern laut ihren Dank ausgesprochen.
Die durchlauchtigste Herzogin erfreute beide Konzerte mit ihrer Gegenwart; deren des gnädigsten Herzogs waren wir leider durch eine bedeutende Unpäßlichkeit desselben beraubt. 1812

1. Konzert der Zöglinge des Konservatoriums[41]

Den 19. und 26. März gaben die Zöglinge des Konservatoriums der Musik ihre jährlichen Konzerte. Mit innigem Vergnügen verweilt Ref. bei der schönen Musikblüte, die das erfreuliche Resultat eines Vereins von Privatkavalieren und den Anstrengungen braver Lehrer ist, die mit reger Uneigennützigkeit für das künftige Wohl der Kunst in Böhmen säen. In den wenigen Jahren ihres Bestandes verspricht diese treffliche Unternehmung schon schöne Früchte, und die einzelnen Leistungen, die dieses Jahr zum erstenmal hervortraten, deuten auf baldige sichere Erfüllung. Da dieses höchst gemeinnützige Institut und seine Entstehung und Organisation im Vaterlande noch nicht so allgemein bekannt ist, als sie es verdient, so werden wir, den Aufforderungen einiger wahren Kunstfreunde zufolge, in einem unserer nächsten Blätter eine kleine Skizze desselben unsern Lesern mitteilen.

In dem ersten Konzerte wurde gegeben:

1. *Symphonie* von Mozart (die große aus C-Dur). Eine höchst schwierige Aufgabe, die ungemein brav und befriedigend gelöst wurde. Präzision und Lebendigkeit herrschte überall. Die Ruhe in der Kraft wird die Zeit bringen.

2. *Klarinettkonzert* von Cartellieri, geblasen von Franz Blatt, wurde nach einiger überwundener Furcht mit ziemlicher Sicherheit vorgetragen; was an Schönheit des Tones zu wünschen übrigblieb, mag wohl auf Rechnung des Instrumentes kommen, doch ist dem jungen Künstler ein vorzügliches Augenmerk auf reine Intonation zu empfehlen.

3. Arie aus „*Cosı fan tutte*“ von Mozart, gesungen von Mad. Grünbaum, wurde sehr gut akkompagniert, bekanntlich das schwerste für jedes Orchester und daher hier sehr erfreulich.

4. *Doppelkonzert für zwei Violinen* von Kreutzer, gespielt von Vinz. Bartak und Joh. Taborsky. Eine sehr

zweckmäßige Übung zum Studium gleicher Bogenführung und des gewissen Anschmiegens des gegenseitigen Vortrags, in dem eigentlich das große Geheimnis einer guten Musikausführung liegt. Es wurde recht lobenswert ausgeführt.

5. *Konzertino für das Waldhorn* von Duvernoy, geblasen von Jos. Zwrczek. Von einem so kleinen Knaben schon solche Ruhe, schönen Ton und Vortrag zu hören, mußte eine allgemein freudige Verwunderung erregen; fährt er auf der so schön betretenen Bahn fort, so haben wir uns einen trefflichen Waldhornisten zu versprechen.

6. Die kräftige Ouvertüre aus „*Tamerlan*" von Winter beschloß das Konzert. Sie ging mit bewundernswerter Präzision und Kraft; der Ref. hatte bloß den Wunsch, sie etwas weniges langsamer zu hören, wodurch sie, nach seiner Ansicht, noch an Nachdruck gewonnen haben müßte. 1816

2. Konzert der Zöglinge des Konservatoriums

Die zweite Akademie, am 26. März, eröffnete die herrliche, klare, feurigströmende *Symphonie* aus C-Dur von Beethoven, die sorgfältig nuanciert und mit Lebendigkeit gegeben wurde. Die von mehreren Seiten in der ersten Akademie ausgesprochene Bemerkung, daß die Bässe etwas zu schwach wären, hatte heute eine stärkere Besetzung derselben zur Folge. Möchten die aufmerksamen Leiter und Direktoren nun noch die letzte Sorgfalt auf das reine Zusammenstimmen, vorzüglich der Blasinstrumente, verwenden. Ref. kennt gar wohl die großen Schwierigkeiten, mit denen in dieser Hinsicht ein Orchester zu kämpfen hat, wegen tausendartiger technischer, physischer und mechanischer Hindernisse. Aber die größte Achtsamkeit darauf kann Kunstjüngern nicht eindringlich genug ans Herz gelegt werden.

2. *Konzert für die Oboe* von Bahrdt trug J. Marschitschek mit Sicherheit und besonders gutem, wenngleich etwas vielem Gebrauche des Stakkato vor.
3. Die Arie aus der Oper „*Faniska*" von Cherubini wirkte, obwohl schön von Mad. Grünbaum gesungen und gut akkompagniert vom Orchester, nicht sehr an dieser Stelle und behauptete ihre dramatischen Rechte.
4. *Adagio und Polonäse* von Rode spielte Joh. Kalliwoda für sein noch zartes Alter sehr fertig und mit Gefühl.
5. Von dem *Konzert für den Fagott* von Stumpf wurde uns ein Satz entzogen, wahrscheinlich wegen der beschränkten Zeit. Anton Gellert zeigte alle Anlagen, ein sehr achtungswerter Fagottist zu werden, durch Ruhe im Vortrage und schönen sichern Ton.
Mozarts Ouvertüre zur „*Zauberflöte*" beschloß, im feurigsten Tempo sehr brav ausgeführt, diese Akademie, und gewiß verließ jeder Zuhörer voll Zufriedenheit über die schönen Leistungen den Saal und erfreute sich des herrlichen Gedeihens der vaterländischen Kunstjugend.

1816

Konzert zum Besten des Tonkünstler-Witwen- und Waiseninstitutes[42]

Den 14. April im Ständischen Theater zum Vorteil des Tonkünstler-Witwen- und Waisen-Instituts eine große musikalische Akademie.
1. *Große Symphonie* von Mozart, die sogenannte englische, aus D-Dur.
Ein großgedachtes, klar und mächtig einherschreitendes Werk, sehr brav ausgeführt unter Leitung des Herrn Kapellmeisters Witasek.
2. Oratorium „*Der große Tag des Vaterlandes*", komp. bloß für Singstimmen und Blasinstrumente von T. Sauer.
Es verdient die ernstlichste Rüge, daß man bei der Wahl der aufzuführenden Werke so ganz achtungslos gegen das

Publikum verfahren kann, ihm ein in jeder Hinsicht so höchst elendes Machwerk vorzubringen. Man kann keine gemeinern Melodien, schalere Harmonie und sinnwidrigere Behandlung des Textes finden, als hier aufgestellt ist, und die Geduld der Zuhörer war wirklich zu bewundern, daß sie ohne größere Zeichen des Mißfallens es so hingehen ließen.

Desto wohltuender war die gelungene Aufführung des kriegerischen Tongemäldes von Beethoven: *„Die Schlacht von Vittoria"*. Die Vorteile, die das Lokal bot, waren weislich angewendet worden, das Annähern der Truppen im Sinne des Komponisten zu verdeutlichen. Die Kanonen, Ratschen und Trommeln wirkten in der Folge wohl, aber sie waren so in den Hintergrund des Gemäldes gestellt, daß man imstande war, dem musikalischen Gange zu folgen, und nicht ein alles verschlingender Lärm die Ohren der Zuhörer betäubte.

Die Anwesenheit des Herrn Kapellmeisters Hummel aus Wien, der dieses Werk unter des Komponisten eigener Leitung gehört hatte, verschaffte dem dirigierenden Kapellmeister Herrn Carl Maria von Weber Gelegenheit, mit Gewißheit alle beabsichtigten Effekte heraustreten zu machen, welches er mit der Liebe und dem Eifer tat, welche er für alles Schöne und Gute hegt.

Das Ganze ging wirklich trefflich, und doch war die Wirkung auf das Publikum nicht groß, wessen Ursache Ref. in dem sucht, was er schon in der früheren Erwähnung ausgesprochen hat.

Der Wirkung der Schlacht selbst scheint ihr zu schnelles Hereinbrechen zu schaden, weil keine Steigerung der Kraft mehr möglich ist und ohne diese endlich Kälte zurückbleibt, trotz der trefflich kräftigen Figur des Sturmmarsches, der immer tonstufenweise fortrückt. Ob dieses Fortrücken sich nicht auch mit andern in den Grenzen der Regeln liegenden Mitteln hätte bewerkstelligen lassen, läßt Ref. dahingestellt sein.

Das Haus war voll und daher doch *„Die Schlacht"* von Wirkung gewesen.

1816

1. Konzert des Herrn Hummel[43]

Den 19. und 26. April erfreute uns Herr Kapellmeister Hummel mit zwei musikalischen Akademien im k. k. Redoutensaale. Die erste enthielt:

1. Ouvertüre aus der Oper *„Die Rückfahrt des Kaisers"* von Hummel. Ein sehr lebendiges, galant und effektvoll geschriebenes Werk und sehr gut exekutiert unter des Künstlers eigener Leitung.

2. *Pianofortekonzert,* komponiert und gespielt von Hummel, in welchem er den ausgezeichneten Ruf, der ihm voranging, auf das vollkommenste bewährt. Die Nettigkeit, Sicherheit und Rundung seines Spiels, die Ausdauer in den ermüdendsten fortgesetzten Figuren und das außerordentliche Glatte, Elegante seines Vortrags erwarben ihm den rauschendsten Beifall der zahlreich versammelten Menge. Das Konzert selbst gehört nicht zu den ausgezeichnetsten Arbeiten dieses Künstlers, und besonders ungern vermißte Ref. ein bedeutenderes Adagio.

3. *Arie* von Paer, gesungen von Madame Grünbaum. Diese etwas lange und breite Szene wurde, wie immer, trefflich gesungen, und wir mußten bloß die für den Sänger so nachteilige Hitze für sie fürchten, die meist die Stimme etwas belegt.

4. *Großes Septett für Pianoforte,* komponiert und gespielt von Hummel. Ohnstreitig eines der gelungensten Werke, auf das der Komponist viel Fleiß und Liebe verwendet zu haben scheint. Es enthält fünf Stücke, unter denen Ref. die Variationen und die Menuett am liebsten geworden sind, teils wegen der schönen Bearbeitung und Ausführung der Ideen, teils wegen schön verwebtem Ineinandergreifen der Instrumente. Das Trio der Menuett ist ungemein herzlich und ansprechend in seiner einfachen Hornmelodie. Dieses treffliche Septett wurde nicht ganz gewürdigt, was nach einmaligem Anhören auch schwer vom großen Publikum zu verlangen ist, zumal als es für heute offenbar zu lang war, indem es aufs Alleindastehen be-

rechnet ist. Die Ausführung von seiten unserer braven Künstler Clement, Kutschera, Sellner, Janusch, Zaluzan und Hause war sehr gut und vom Komponisten natürlich trefflich zu nennen.
5. *„Die Orakelglocke“* von Tiedge und *„Der Stein der Treue“* von Bürger, gesprochen von Dem. Brandt. Zwei recht artige Kleinigkeiten und mit all der Herzlichkeit und Anmut vorgetragen, die wir an dieser vielseitigen jungen Künstlerin so oft zu bewundern Gelegenheit haben.
6. Phantasierte Herr Hummel allein auf dem Pianoforte. Hier entfaltete er erst ganz, wie meisterhaft er Figuren aller Art beherrscht und wie sie ihm in ungestörter Folge in den verschiedensten Wendungen und Lagen, zu denen ihn seine augenblickliche Laune führt, zu Gebote stehen. Man kann nicht präziser und reiner ein notiertes Tonstück spielen, als hier Herr Hummel phantasierend alles ausführte. Das Gediegene seines Spiels und gewisse ihm eigene kleine, zarte Gesangsschweifungen entzückten allgemein.
Seiner Ansicht zufolge setzt er das Höchste beim Pianofortespiel in das Passagenreiche und deutlich Vollendete. Diesem weitere Vorteile der Natur des Instruments abzulocken und zu gewinnen, verschmäht er vielleicht allzusehr. Übrigens können sich nebst vielen andern auch jene Klavierspieler, die immer die Dämpfung bei Läufen usw. in die Höhe heben, an ihm ein Beispiel nehmen.
Ein Beifall, wie ihn Ref. hier kaum noch gehört hat, belohnte verdient den trefflichen Künstler. 1816

2. Konzert des Herrn Hummel

Das zweite Konzert (den 26.) eröffnete die Ouvertüre zu dem Trauerspiele *„Marpha“* von Hummel. Ein ernstes Tonstück, mit kräftiger und gründlicher Ausführung.
2. *„An die Entfernte“*, Romanze am Klavier, von Hum-

mel, gesungen von Madame Grünbaum. Eine liebliche Kleinigkeit, und auch ebenso prunk-, aber nicht schmucklos deshalb vorgetragen.

3. *Pianofortekonzert,* komponiert und gespielt von Hummel, in dem sich alle seine schon bewährten Vorzüge abermals in ihrem schönsten Lichte zeigten.

4. *„La Sentinelle"*, gesungen von Herrn Pohl, mit Variationen für Violine, Gitarre und Pianoforte, gespielt von Herren Clement, Sellner und Hummel. Ein angenehm erfundenes und dem neuen Zeitgeschmacke gemäß ausgeführtes Musikstück, das mit Vergnügen angehört wurde.

5. Phantasierten Herr Hummel und Herr Clement frei, ohne Vorbereitung, miteinander auf dem Pianoforte und der Violine. Ohne einen vorher einigermaßen abgeredeten Plan, der dessenungeachtet der Phantasie der Spieler keine engen Schranken setzt, ist es eine mißliche Sache um eine solche Verein-Phantasie. Man muß seine Zuflucht zu lauter bekannten Melodien nehmen, und zuletzt wird das Ganze einem Potpourri ähnlicher als einer Phantasie. Dem Ideenstrome und der Harmoniefülle des Herrn Hummel so zu folgen, daß alles als dazugehörig und nicht wie ein ängstliches Einschieben und Eindrängen aussieht, ist beinahe unmöglich, besonders, wenn auch von beiden Teilen nicht mit einer gewissen rücksichtnehmenden Schonung zu Werke gegangen wird. Die Sache hatte großes Interesse erregt, ob sie es auch zurückließ, will Ref. nicht entscheiden.

Soviel ist gewiß, daß Herr Hummel einer Aufnahme und Würdigung sich zu erfreuen hatte, wie sie vor ihm wenigen zuteil geworden ist. Das zweite Konzert war, womöglich, noch voller als das erste, und somit hoffen wir, daß auch er zufrieden Böhmens Hauptstadt verlassen hat.

1816

Konzert des Herrn Moscheles[44]

Unter den erfreulichen musikalischen Abenden, welche uns der heurige Sommer gewährte, verdient auch das Konzert erwähnt zu werden, welches uns der beliebte Klavierspieler aus Wien, Herr Moscheles, im sächsischen Saale gab.

Ein vorzüglich guter Ruf war dem jungen Künstler vorangegangen, und man kann mit Recht behaupten, daß er demselben entsprach. Kraft, Leichtigkeit und Sicherheit, womit er die größten Schwierigkeiten überwindet, sind die Eigenschaften seines Spiels, für welches ihm der ungeteilteste Beifall zuteil wurde.

Kunstfertigkeit und geschmackvoller Vortrag geben Herrn Moscheles Anspruch auf den Namen eines ausgezeichneten Klavierspielers, und auch als Kompositeur erhielt er Beifall. Was er als Lehrer zu wirken vermag, bewies das artige Spiel einer achtjährigen Schülerin von ihm, die eine Polonaise mit Orchesterbegleitung zur allgemeinen Zufriedenheit vortrug.

Der allgemein anerkannte große Gitarrekünstler, Herr Giuliani, erhöhte den Reiz des Abends durch ein glänzendes Potpourri von seiner Komposition und verschaffte uns, indem er seinen Ruhm aufs neue bewährte, einen hohen Genuß. 1818

Konzert des Herrn Giuliani[45]

Den 6. September gab der allgemein anerkannte große Gitarrespieler Herr Mauro Giuliani ein Konzert im k. k. Redoutensaale. Wenn wir uns auch mit großen Erwartungen gerüstet und von dem vorhergegangenen Rufe dazu berechtigt in den Saal begaben, so können wir doch nicht anders sagen, als daß Herr Giuliani nicht nur alle Erwartungen erfüllt, sondern selbe noch übertroffen habe.

Er behandelt dieses undankbarste und ärmste aller Konzertinstrumente mit einer Leichtigkeit, Sicherheit und Zartheit des Vortrags, der es oft wirklich bis zum singenden erhebt und Vergnügen und Bewunderung erregt.
Am besten hat Ref. das Konzert selbst gefallen, und es möchte wohl das zweckmäßigste und bestgeschriebene für die Gitarre sein; die Ideen sind freundlich, fließend geordnet und die Instrumentation besonders weise, das Soloinstrument hebend und effektvoll geordnet. Das Potpourri für zwei Gitarren, obwohl recht ehrenwert von Herrn Sellner begleitet, befriedigte weniger und schien minder reich, der Schatten und Licht gebenden Orchesterbegleitung beraubt. Mad. Grünbaum verherrlichte durch ihren trefflichen Gesang das Ganze, und die laut ausgesprochene Zufriedenheit des Publikums dankte beiden im vollen Maße.
Auch Herr Stöger sang eine Arie von Herrn Kapellmeister Hummel mit Auszeichnung und teilte den einstimmigen Beifall des Publikums. 1816

„Briefe über den Geschmack in der Musik“ von Joh. Bapt. Schaul, königl. württemb. Hofmusikus,

Karlsruhe, in Macklots Hofbuchhandlung, 1809[46]

Wenn man etwas der Welt übergibt, verbindet man doch gewöhnlich einen Zweck damit, den man bemerklich zu erreichen und wohl auch durch den Titel des Werkes anzudeuten sucht. Das scheint in Herrn Sch's. Sinne bei der Herausgabe dieser Briefe nicht gewesen zu sein. Hrn. Sch's. Schreiben wird wohl ein reines sein, ein Schreiben um des Schreibens selbst willen, mag dabei herauskommen, was da will. Nur bei einigen Kapiteln leuchtet Absicht hervor, und diese werden wir bald kennenlernen. Auch um das Wie – wie geschrieben werde – scheint Herr Sch. ziemlich unbesorgt gewesen zu sein; und so ist denn ein Werkchen zustande gekommen, das ebensowenig lehrreich durch neue Ansichten oder doch originelle Darstellung der bekannten als erfreulich durch seine Ausbildung erscheint und eher den Unterhaltungen gleicht, wo mit ein ziemlich engbrüstiger, auf einen kleinen Wirkungskreis beschränkter Mann in mißvergnügter Stimmung seine Kameraden regaliert, indem er über die Verderbtheit der Zeiten, über nicht genug auszeichnende Aufnahme von dem und jenem und über ähnliche Gegenstände bequemlich sich ergießt und dabei doch mit einer ansehnlichen Portion Anmaßung über große Männer und deren Werke entscheidet.

Rezensent berührt hier nur die Einteilung der Broschüre und ist weit entfernt, Herrn Sch. widerlegen zu wollen, was schon durch sich selbst geschieht – wie, wenn jemand im Dunkel bewiesen hätte, es gäbe keine Sonne, und diese träte nun glänzend am Morgen hervor. Indem Rezensent den Inhalt des Schriftchens angibt, wird zugleich bemerkbar werden, daß man, um die Welt zu überreden, man sei ein kompetenter Richter über große Männer, wenigstens mehr Kenntnis der Sache und mehr Beurteilungskraft in jeder Hinsicht nötig habe, als der Herr Verfasser hier beweist.

Der erste, fast schülerhaft geschriebene Brief handelt von der Kammermusik, wo erst Pleyel (dem wir gewiß alle Gerechtigkeit widerfahren lassen) hoch erhoben, dann Boccherinis erwähnt und von diesem ausgerufen wird (S. 8): „Aber welch ein Unterschied zwischen einem Mozart und einem Boccherini!" – Ja, gewiß ein bedeutender Unterschied, den Herr Sch. nicht aufheben wird, und wenn er (ebendas.) noch so entzückt „auf den blumigen Auen und in den dichten Hainen Boccherinis herumwandelte"! – Armer Mozart, seit Herr Sch. gefunden hat (S. 10), „was der Hauptzweck der Kunst ist und sein soll" und (ebendas.) „eine so wohltätige Geistesarmut zum

Lose erhalten hat", läufst du Gefahr, von Pleyel und Boccherini verdunkelt zu stehen! Doch beruhige dich! Auch Haydn ist bloß imstande (S. 11), ein „oberflächliches, vorüberfliegendes, ein Vergnügen willkürlicher Auslegung" – bei Herrn Schaul nämlich – hervorzubringen! Aber freilich „bei Boccherini ordnet die Philosophie alles" (S. 11 bis 13), „seine Musik muß in keinem zu großen Zimmer beim Schimmer der Lichter gespielt werden": dann wird „der in Totenstille versunkene Zuhörer sich im Kreise einer Familie", durch den „leutseligen Autor in die Zeiten der Unschuld und Rechtschaffenheit versetzt glauben". Ach Gott, das ist ja recht schön und gut! Wir wollen doch ja unsere Weiber und Kinder zusammensetzen, uns geigend dazu, und so desselben Effektes gewärtig sein; er tut uns allen not, besonders jetzt! –

Im zweiten Brief sind die zwar gewöhnlichen und oft gesagten Bemerkungen – besonders bis S. 25 gut, und Herr Sch. ergreift die Gelegenheit, Clementi als den (S. 23) „König der Tonsetzer für das Fortepiano" in die Wolken zu heben. Es ist wahr, daß Cl. auf einer sehr hohen Stufe steht, aber das durchaus Göttliche und daß kein anderer außer ihm auf den ersten Rang Anspruch machen könne, möchte doch wohl schwerlich noch irgend jemand ohne Einschränkung zugeben, sowie auch sonst niemand unter Cls. Adagio, gleich Herrn Sch., lauter Youngsche Nachtgedanken, vielmehr jeder verschiedene etwas trocken und gleichgültig finden wird – was den anderen, allerdings vortrefflichen, keinen Abbruch tun kann und soll. Es kommt dazu und durfte bei einer solchen Würdigung nicht übergangen werden, daß Clementi, stets gewohnt ohne Akkompagnement zu schreiben, offenbare Schwäche verrät, wenn er begleitende Stimmen hinzusetzt. Es tut uns leid, über einen wahrhaft großen und vielverdienten Meister dies sagen zu müssen, aber ein abgöttischer Verehrer, der ihm zuliebe alles andere erniedrigen möchte, zwingt zu solchen Erklärungen.

Der dritte und vierte Brief krönen das Werk. Da geht es über Mozart her! Frevel wäre es, an seinen Manen verübt, wenn man ihn gegen Herrn Schaul verteidigen wollte! Daß alles, was Mozart je geschrieben, vollkommen gut sei, wird niemand behaupten, und Herr Sch. gesteht ja selbst von seinem Gotte Jommelli ein Ähnliches. Aber freilich läßt Jommelli sich nicht zuschulden kommen, was, nach Herrn Sch. (S. 50), Mozart! „Dessen Singstimmen haben keinen natürlichen Gang, seine Harmonie ist oft hart, äußerst gesucht, seine Finalen sind überladen, und er sündigt oft gegen die gesunde Vernunft!" – Es ist ein bißchen viel behauptet, in der Tat, aber – man hat Beweise! So ist es vernunftwidrig, daß Mozart das Finale des zweiten Akts der *„Zauberflöte"* für die Genien schwer setzte. – Die Leute bilden sich zwar ein, zu wissen, daß Mozart diese Genien gar nicht als Schulknaben angesehen haben wolle, sondern als bedeutende, eng in das Ganze verflochtene Personen, die ebendarum auch im Stil und in der Haltung des Ganzen behandelt werden, bei der Ausführung aber nicht durch Chorschülerchen, sondern durch Frauenzimmer dargestellt werden müßten – wie dies noch heute in Wien und Prag geschieht, aber was hilft das alles? Und was hilft es auch, daß so viele Tausende eben an diesem Finale, wo es gehörig gegeben worden, so reichen, überaus schönen Genuß gehabt haben – wenn die Sache nun ein für allemal vernunftwidrig ist? Herr Sch. führt dem unbesonnenen Mozart ernsthaft genug zu Gemüte, so zu schreiben, daß es nicht nur da und dort, sondern überall (auch in Krähwinkel?) auszuführen sei, und wenn sich nun noch jemand nach diesem ausschweifenden Musiker bildet, so ist's Herrn Sch.s Schuld nicht. Uns befremdet nur eins bei der Sache, daß nämlich Herr Sch. selbst S. 79 von seinem „Gott der Harmonie" Jommelli bemerkt, daß er, um zu wirken, „nur von einem mit seinem Geiste vertrauten Orchester, nur in einem großen Raume usw. aufgeführt werden dürfe". Mehreres in dieser Art sehe man bei Herrn Sch. selbst nach, wo sich endlich auch die allgemeine Bemerkung findet, Mozart sei in den Arien überhaupt nicht glücklich gewesen. Herr Sch. setzt Jommelli in jeder Hinsicht hoch über ihn, besonders aber im Rezitativ. Es ist gewiß, daß Jommelli ein geistreicher, feuriger und hochstrebender Künstler war, gewiß ist aber auch, daß er zugleich nicht selten von einem unbegreiflich kleinlichen, der Kunst unwürdigen Geiste des Malens und Auspünktelns einzelner Momente zum großen Nachteil des Ganzen besessen war. Man vergleiche z. B. nur die Stelle in der „*Olympiade*", Atto II, Szene 7, bei den Worten „Ach che sarem di nuovo a quest' orrido passo"[47] und bemerke, was er dem leidigen Worte passo zuliebe für Fortschreitungen anbringt! Sein Rezitativ ist gemeiniglich schön, charakteristisch und ausdrucksvoll: Aber wo hat er schöner rezitiert, als z. B. Mozart in der Szene des Sextus im ersten Finale der „*Clemenza di Tito*" oder im Rezitativ der Donna Anna im ersten Akt des „*Don Juan*", und dgl. mehr? Und wenn die Arie „Dies Bildnis ist bezaubernd schön" ein Gassenhauer genannt und behauptet wird, im „*Titus*" leuchteten nur einige Genieblitze hervor, welche zeigen, was Mozart bei besserer Leitung hätte werden können (S. 59): wenn (S. 81) von den Ouvertüren Mozarts gesagt wird, sie wären nie imstande, die Wirkungen hervorzubringen, wie die von Jommelli, die (S. 79–80) man nur eigentlich Ouvertüren nennen könne, „deren Stil nicht nur geschickt, sondern notwendig sei, um das dumpfe Getöse der Zuhörer zu stillen" (?!) –: dann möchte es wohl mancher Leser für Scherz oder Satire halten und Herrn S. seinen Ausruf (S. 63) zurückgeben: „Schalkhafter Mensch!" – Doch hiervon nur noch *das* Wort! Herr Sch. sagt S. 19, der Wahlspruch wahrer Kritiker sei: Besser machen ist der beste Tadel! Nun wird sich Herr Sch. doch für keinen falschen, sondern eben für einen wahren Kritiker geben wollen, und so dürfen wir denn allen Kennern und Freunden der Tonkunst in Deutschland die frohe Aussicht eröffnen, durch Herrn Sch. einen besseren „*Don Juan*", eine bessere „*Zauberflöte*", einen besseren „*Titus*" usw. zu erhalten. Quod deus bene vertat![48]

Doch genug, um die Leser auf das Werkchen und seinen Inhalt aufmerksam zu machen! Rezensent will nur noch kürzlich die schriftstellerische Gewissenhaftigkeit des Herrn Sch. rühmen, die den Anhang, welcher biographische Notizen enthält, als aus Gerbers Tonkünstlerlexikon entlehnt angibt. Wunderbar trifft sich's aber, daß die Notizen in dem Buche selbst (von Farinelli, Carestino, Bernardi, Guarducci usw.) zwanzig Seiten lang ebenfalls buchstäblich in dem Gerberschen Lexikon zu lesen sind.

Herr Sch. bemerkt hernach selbst, es wäre zu lang, wenn er alle solche Meister anführen wollte – und da stimmt ihm Rezensent vollkommen bei, denn eine zweite Auflage jenes Lexikons erwarten wir von dem würdigen Verfasser selbst –, kann sich aber doch nicht enthalten, zu gehöriger Verstärkung der Bogenzahl noch 26 Seiten abzuschreiben. –

Gern wollte Rezensent nach so manchem Tadel Herrn Sch. nun auch loben. Da derselbe dies aber in den Briefen hinlänglich selbst getan hat und das Abschreiben Rezensent weniger geläufig ist, so werden die wißbegierigen Leser auch in Betracht dieses Lobes lieber auf das Werk selbst verwiesen. 1809

Acht Gesänge von Friedrich Wieck, op. 8 [49]

Geehrtester Herr!

Empfangen Sie vor allem meinen besten Dank für Ihre schön gefühlten Gesänge, die ich den 18. Mai in Prag zu erhalten das Vergnügen hatte, und entschuldigen Sie mich gefälligst, wenn ich nicht früher Ihnen meine Freude darüber an den Tag legte. Ich erhielt sie in dem großen Gewirr von Geschäften, die meine anfangs Juni begonnene Urlaubsreise verursachte. Nach meinen damaligen Plänen hoffte ich, auf dieser Reise Leipzig selbst zu besuchen, Ihnen persönlich danken und ausführlicher und besser Ihre in Ihrem Briefe geäußerten Wünsche erfüllen zu können. Umstände und Verhältnisse berauben mich für dieses Jahr des Vergnügens Ihrer persönlichen Bekanntschaft, und ich muß mich also schon begnügen, Ihnen vorderhand nur schriftlich meine wärmste Teilnahme an Ihrem Streben zu versichern.

Ich glaube, Ihnen keinen größern Beweis meiner Aufmerksamkeit und Achtung geben zu können, als wenn ich mir erlaube, Ihnen offen und unverhohlen meine Meinung über Ihre Gesänge zu sagen; ja, ich fühle mich dazu gleichsam durch Ihr Zutrauen aufgefordert.

Ihre Melodien sind zart und innig gedacht und fassen meist glücklich den Dichter auf. Sie streben, aus der gewöhnlichen Liederform zu weichen, und alles Streben nach Schönem und neuem Guten ist rühmlich; aber die Schöpfung einer neuen Form muß durch die Dichtung, die man komponiert, erzeugt werden.

Bei meinen Gesängen hat mich immer nur das größte Streben, meinen Dichter wahr und korrekt deklamiert wiederzugeben, zu manchen neuen Melodiegestalten geführt. Ihre Singstimme ist mitunter etwas unsangbar und Ihre Harmonie oft unrein, wo das Reine und Natürliche ganz nahe gelegen hätte und es mir scheint, als hätten Sie bloß der Neuheit wegen nach dem Mangelhafteren gegriffen, das Sie natürlich in dem Augenblicke nicht dafür hielten.

Ihre Modulation ist oft ausschweifend und selten das Gefühl der Grundtonart recht begründend. Die Modulation ist etwas sehr Heiliges und nur dann an ihrem Platze, wenn sie den Ausdruck befördert und erhebt, ohne dieses aber ebensoleicht störend.

Ihre Deklamation ist zuweilen sehr unsorgfältig und zerreißt den Zusammenhang des Sinnes. Die Beweise alles dieses werden Sie in der Zergliederung des einzelnen finden.

Nr. 1 ist recht schön gedacht und gefühlt. Takt 5 im Basse hätte ich a statt g gelassen. Das g entrückt zu schnell dem A-Dur – „echte Minne zieht die Sinne schmerzend sich nach“ usw. gehört zusammen. Bei Ihnen heißt es: „ächte Minne zieht die Sinne“, welches nicht nur durch die abgesetzten Noten der Singstimme, sondern noch mehr durch die schließende Harmoniefortschreitung erzeugt wird. So würde vielleicht geholfen sein:

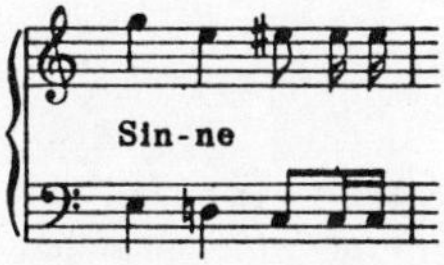

Ebenso unrichtig ist die Trennung der Worte bei „Wollt der Schmerzen ihr, o Herzen – gerne los und ledig sein“. Sehr gut hierauf aber ist das: – „werft das Lieben“ usw.

Warum haben Sie nicht die ganze zweite Strophe so behandelt, wo dann das Wiederkehren der ersten Melodie in der dritten sehr richtig gewesen wäre, indem es zugleich den verwandten Sinn ausgesprochen hätte, daß sein Leiden des echten Liebens und Betrübens doch auch zugleich sein Gesunden ist? Die Oktaven des Basses mit der Oberstimme 30–31 bemerke ich Ihnen bloß.

Nr. 2. Sehr richtig ist der ruhig wogende, heitere Charakter aufgefaßt. Nach meinem Gefühle aber ist die Harmonieführung von Takt 7–10 nach den Gesetzen der harmonischen Rede unrichtig. Takt 7 begründet das Gefühl von A-Dur, statt daß er uns wieder zurück nach d führen sollte, welches dann, etwas gewaltsam, Takt 9 geschieht. Dies wäre auch viel leichter geworden, wenn Takt 6 die Singstimme (selbst vermöge des Ruhepunktes in der Dichtung) in a schlösse.

Nr. 3. Sollten Sie hier nicht die ersten Worte „die Wahrheit ruht auf düsterm Grunde“ verleitet haben, einen andern Sinn dem Ganzen unterzulegen als den eigentlich darin lebenden? Die Träne wird ja hier als *erquikkende* Begleiterin des stummen Schmerzes, den sie sanft und wohltuend löst – gezeigt, ja selbst der Freude wird

sie zugeteilt und erscheint also nicht trübe, sondern als unendlich weich und tief Gefühltes. –
Die Deklamation ist unrichtig bei „spricht sie durch *das* Gefühl zu dir“. Die erste, zweite und dritte Strophe verlangten eine andere Deklamation des letzten Verses. Bei
Nr. 4 ist die sinnentstellende Trennung der Worte am größten, die Taktart zwar gut gewählt, aber Sie bewegen sich ängstlich und gezwungen darin. Zum Beispiel Takt 8–9. Sie haben der letzten Strophe eine andere Endigung gegeben, warum nicht auch den übrigen?
Nr. 5. *Mein Liebling.* Voll schöner Phantasiezüge und ungemein herzlich und innig; obwohl ich auch hier manches zu erinnern hätte, zum Beispiel, daß ich c-Moll statt C-Dur Takt 10 wünschte usw., so wäre es doch wirklich unrecht, bei etwas so Schönem die Kritik vorwalten zu lassen. Besonders schön ist gedacht: „Worte nur dich entweihen“ in Beziehung auf „mein Mädchen wurde mein“, und „helfet mir treu erflehen“. Nehmen Sie meinen Glückwunsch für dieses gelungene, treffliche Stück.
Nr. 6. Es ist schade, daß nach den vier ersten schönen Takten Sie den ruhigen Gang durch die harte Modulation im schnellen Rückgange nach A-Dur stören.
Nr. 7. Sehr zart und herzig und mir auch vorzüglich lieb. Die Oktaven und Unkorrektheiten in den letzten drei Takten wünschte ich weg.
Nr. 8. Schön gefühlt und gedacht.
Eine Anzahl Druckfehler werden Sie schon selbst bemerkt haben, und mir bleibt nun nichts mehr übrig, als Ihnen nochmals recht herzlich zu danken und Sie zu bitten, in meiner vielleicht anscheinend zu strengen Kritik nur den Willen zu sehen, Ihnen wahrhaft nützlich zu sein und so das zu rechtfertigen, was Sie so schmeichelhaft mir schon zu danken zu haben glauben. Geben Sie mir ferner Gelegenheit, Ihnen dies beweisen zu können, und glauben Sie mich Ihren aufrichtigen Freund.

1815

Das schweizerische Musikfest zu Schaffhausen 1811 [50]

Nachdem ich einige sehr angenehme Tage bei dem Baron Hoggier auf dem Wolfsberg zugebracht und mich an der einzig schönen Aussicht auf den Bodensee mit seinen freundlichen Umgebungen, die ich als einen schönen Vorgeschmack auf die mich in der Schweiz erwartenden Genüsse ansah, gelabt hatte, kam ich den 19. August in Schaffhausen an. Das Zuströmen der Menschen von allen Seiten war so groß, daß, obwohl ich die Vorsicht gebraucht hatte, ein Quartier zu bestellen, ich doch nur in einem Nebenhause des Gasthofes „Zur Krone" untergebracht werden konnte.

Der Grund dieses hier unerhörten Lebens und Webens ist aber auch in der Tat so einzig in seiner Art, daß er verdient, Freunde aus allen Gegenden herbeizulocken. Die große Schweizerische Musikgesellschaft hatte für dieses Jahr Schaffhausen zu ihrem Sammelplatz erwählt, um da mit vereinten Kräften die Aufführung einiger Meisterwerke zu veranstalten. Ich muß gestehen, daß das Ganze meine Aufmerksamkeit in hohem Grade auf sich zog: der kühne, einzige Gedanke, alle Musikfreunde und Ausüber eines Landes aus allen Teilen desselben zu einer bestimmten Zeit in einer jährlich neu zu wählenden Stadt zu versammeln und hier an der Aufführung eines großen Werkes sich gegenseitig zu erfreuen, zu belehren und Proben der während dieser Zeit getanen Fortschritte abzulegen, konnte nur von Herzen und Männern geboten werden, die mit warmer Liebe für die Kunst und dem vollendetsten Eifer für sie, auch Einigkeit genug besitzen, keine Aufopferung zu scheuen, um zum Wohl des Ganzen zu wirken. Jeder ist verbunden, auf seine Kosten zu reisen, nur in der Stadt selbst ist ein Einquartierungsbureau errichtet, von dem er die Weisung erhält, in welchem Privathause er wohnen könne, und freudig wird jeder solcher Gast von dem Hausherrn empfangen.

Auf die Ausführung selbst war ich sehr begierig. Leute, die sich nicht kennen, ein Direktor, der nur wenige ihren Fähigkeiten gemäß kennt und daher auch dem Zufall überlassen muß, ob die Würdigsten an den wichtigsten Stellen stehen usw., und zu alledem, um die Kosten für die Mitglieder nicht zu bedeutend zu machen, nur *eine einzige Probe* – wahrhaftig, wenn ich alles dies zusammenrechnete, schien mir ein trauriges Fazit zu resultieren.
Desto angenehmer wurde ich vom Gegenteile überrascht, und ich muß gestehen, daß ich nie geglaubt hätte, daß nach allen dem, was ich voraussgeschickt habe, ein solches Ensemble zustande zu bringen wäre. Herrn Tollmann aus Mannheim, gegenwärtig Musikdirektor in Basel, gebührt vor allem ein ausgezeichnetes Lob wegen seiner fleißigen und feurigen Leitung des Ganzen. Nächst ihm verdienen Mad. Egli, eine schätzbare Dilettantin aus Winterthur (die vor kurzem noch in München sich aufhielt und dort zu ihrem Vorteil den Unterricht der Mad. Harlas genoß), und Mad. Egloff aus Schaffhausen selbst rühmlichst genannt zu werden. Die Chöre waren sehr brav besetzt und vom Herrn Musikdirektor Auberlen in Schaffhausen den anwesenden Liebhabern fleißig einstudiert. Es mochten etwas über 100 Sänger und etwa 150 Instrumentisten sein. Manche waren wegen der Entlegenheit der Stadt von ihrem Wohnorte abgehalten worden. Das große Konzert ging den 22. August vor sich. Gegeben wurde die *Sinfonie aus C-Dur* von Beethoven und Himmels *Vater Unser* im 1. Teil, im 2. der *Frühling und Sommer* aus den „*Jahreszeiten*" von Haydn und das herrliche *Gloria aus C-Dur* aus Abbé Voglers „*Messe aus c-Moll*". Den Tag darauf war wieder ein Konzert, in welchem einzelne Liebhaber in Arien usw. auftraten und das sich sehr gut zur Aufmunterung für keimende Talente eignet. Im ersten Konzert waren gewiß über 1500 Zuhörer, im zweiten bedeutend weniger, weil viele Fremde wieder wegeilten. Das Lokal selbst (wenn ich mich recht erinnere, die Kreuzkirche) war nicht sehr günstig für Musik, indem sie sehr

nachhallte, welches den ersten Tag durch die große Anzahl Zuhörer gemildert, aber den zweiten Tag desto merkbarer wurde, besonders, da Konzerte usw. sich nicht für ein so großes Lokal eignen, in dem nur Musikstücke von großen Massen Effekt machen. Daß die Musikgesellschaft mir gleich nach ihrer ersten Sitzung die Ehre antat, mich zu ihrem außerordentlichen Ehrenmitgliede zu ernennen, sei Ihnen nebenher gesagt; mich aber interessierte es besonders auch dadurch, daß ich Gelegenheit hatte, ihren Sitzungen beizuwohnen. Zum Präsidenten für künftiges Jahr wurde durch absolute Stimmenmehrheit neuerdings H. G. Nägeli, als Verleger, musikalischer Schriftsteller und Komponist gleich der musikalischen Welt bekannt, erwählt sowie auch Zürich zum Versammlungsort für künftiges Jahr erwählt. Ich bedaure, daß mir der Raum nicht gestattet, Ihnen etwas Ausführlicheres über die Verfassung der Gesellschaft zu schreiben. Gewiß ist es, daß dieser Verein die wohltätigsten Folgen für die Erhebung des Kunstsinns im allgemeinen haben muß.

Daß es nebenher an Vergnügungen aller Art nicht fehlte, können Sie denken. Die Stadt Schaffhausen tat alles, um die sie besuchende Gesellschaft zu erfreuen. Besonders zeichnete sich darin die geschlossene Gesellschaft im *Fäsen Staub* aus. Bälle, Feuerwerk, Illumination, alles drängte sich, und herzlich ergriffen mußte jeder von dem freundschaftlichen, fröhlichen Tone werden, der sich bei den Mahlzeiten der Musikgesellschaft so kräftig und bieder äußerte. Nationallieder von dem ehemaligen Präsidenten Häfliger, dem eigentlichen Stifter der Gesellschaft, und Hebel in schweizerischem Dialekt wurden gesungen p. p., und froh trennte sich jedes Mitglied von de andern, in der Hoffnung, sich das nächste Jahr froh wiederzusehen. Auch ich verließ Schaffhausen den 24. und gab in Winterthur und Zürich Konzerte zur Zufriedenheit des Publikums, bestieg den Rigi, labte mich an dem Überblick von dreizehn Seen und bin nun hier in Solothurn, um bald meinen Stab weiter in das Berner Oberland oder nach Genf fortzusetzen. 1811

Musikfest zu Frankenhausen in Thüringen[51]

Erhebend ist es, zu sehen, wie schon die Hoffnung der herannahenden Ruhe der Völker und des Friedens im Lande mutig zu neuen Unternehmungen aufregt und Künste und Wissenschaften frisches Leben und Bewegung versuchen als die ersten lieblichsten Blüten des Friedens!

Ich erfreue mich des Geschäftes, einen schönen Beweis hierzu liefern zu können.

Herr Musikdirektor Bischoff zu Frankenhausen in Thüringen hat schon in den Jahren 1810 und 1811 große Konzerte veranstaltet, deren in diesen Blättern damals ausführlich erwähnt wurde und die jedem Kunstfreunde eine interessante Erscheinung waren. Man kann ein solches Unternehmen, in einer kleinen Stadt, weit entfernt von großen Hilfsmitteln, von den Musiklegionen Wiens, von dem republikanischen Vereinssinn der Schweizer usw. wohl wahrhaft kühn und groß nennen; und der unermüdeten Tätigkeit eines solchen Mannes gebührt mit Recht der hohe Dank seiner Umgebungen und die Achtung der Kunstwelt.

Die diesjährige Musikaufführung soll, der von dem Unternehmer herausgegebenen Ankündigung gemäß, zugleich durch eine patriotische Tendenz dem Ganzen einen erhabenen Stempel aufdrücken, sie dem Herzen jedes Deutschen noch inniger verschwistern, noch teurer machen.

Sie erscheint unter dem Titel einer Deutschen Siegesfeier der Tonkunst am Schlusse der Gedächtnistage der großen Völkerschlacht [d. 19., 20. Oktober 1813]. Dieses Namens würdig, läßt sich mit Zuversicht voraussehen, daß das Fest die zwei vorhergegangenen an Vorzüglichkeit und Glanz noch übertreffen werde. Ein Orchester von 300 Personen (150 Choristen mit eingerechnet), die Mitwirkung mehrerer der verehrtesten Künstler Deutschlands, der Herren Andreas und Bernhard Rom-

berg, des Herrn Kapellmeister Spohr, des trefflichen Klarinettisten Hermstedt, des braven Matthäi aus Leipzig usw. machen diese Vermutung zur Gewißheit.
Das Musikfest wird aus zwei, in der großen und schönen Hauptkirche Frankenhausens gegebenen Konzerten bestehen.
Den 19. Oktober nachmittags von 2–5 Uhr wird Herr Kapellmeister Spohr (der bloß deshalb noch in Deutschland verweilte und dann eine Reise nach Italien antreten will) ein von ihm diesem Feste gewidmetes großes Tongemälde, „*Das befreite Deutschland*", gedichtet von Caroline Pichler, selbst aufführen. Der Name dieses geachteten Meisters ist hinreichend, alle Teilnehmer mit den freudigsten Erwartungen zu erfüllen. [Und ein herzliches Lebewohl wird ihm auf seiner weitern Bahn, die deutsche Künstlerkraft bei Fremden auch bewähren soll, folgen.] Erfreulich ist es dann, von dem geistreichen, kraftvollen Gottfried Weber in Mainz, dessen Feder die Leser dieser Blätter schon so manches Treffliche danken, auch einmal eine Schöpfung im praktischen Gebiete zu sehen [und wahrlich, man wird in ihm den wiedererkennen, der mit eben dem Feuer und Kraft zu dem Herzen wie zu dem Geiste zu sprechen versteht.] Das *Te Teum* von ihm (bei André in Offenbach gestochen, Partitur und Stimmen), das den Schluß dieses Tages macht, hat seine Würdigung schon auf manche ausgezeichnete Weise erhalten. (Ich kann bei dieser Gelegenheit den Wunsch nicht unterdrücken, die vierstimmigen, trefflichen Gesänge [bei Gombart in Augsburg] und die zwölf Gesänge mit Gitarrenbegleitung [bei Simrock in Bonn] von Gottfried Weber mehr in den Händen der Musikfreunde zu wissen.) [Se. Majestät der König von Preußen sprachen ihre Anerkennung durch Übersendung einer goldenen Medaille an den Komponisten aus. Der Verein der Musikfreunde des österreichischen Kaiserstaates verlangte es nebst andern Werken von dem Verfasser, und hier auf dieser Stelle entspricht es nun besonders – in die Tendenz des Ganzen eingreifend – sei-

ner den siegreichen Heeren Deutschlands gegebenen Zuneigung.] Den 20. Oktober vormittags von zehn bis ein Uhr wird ein Konzert, aus einzelnen Kunstleistungen der anwesenden Künstler bestehend, gegeben, dessen Details erst die letzten Tage bestimmt werden können. Bis zum 18. Oktober werden Subskriptionslisten, für jedes Konzert zu einem Taler, eröffnet. Der Stadtmagistrat trifft alle Veranstaltungen, die Aufnahme der Fremden zu erleichtern und angenehm zu machen, und somit kann ich nur noch denen Glück wünschen, welchen Zeit und Verhältnisse erlauben, diesem Feste beizuwohnen und durch die herrliche Kunst zu neuem Streben ermutigt, befeuert und gestärkt zu werde . 1815

Über die von Anton Dreyßig gestiftete Singakademie zu Dresden [52]

Des musikalisch Neuen gibt es so eben nicht viel bei uns. Fremde Künstler scheinen ihre Rechnung nicht immer zu finden [daß sie stets seltener werden und uns wohl endlich ganz aufgeben mögen]. Zur Freude aller wahren Verehrer der Kunst gedeiht aber eine musikalische Anstalt täglich mehr, die die schönsten Früchte für die Folge verspricht und deren sich, außer Berlin, wohl wenige Städte zu rühmen haben mögen; ich meine die von dem Hoforganisten Dreyßig errichtete Singakademie. Der zunehmende Verfall der Gesang- und vorzüglich der Chormusik und das Beispiel jener herrlichen Anstalt in Berlin [53] bestimmte Herrn Dreyßig zu dem Entschluß, eine Singanstalt zu gründen, in welcher ausschließlich Kirchenmusik betrieben werden sollte. [Die klassischen Meisterwerke Händels, Mozarts, Haydns usw. waren für uns neu und nie gehört.] In der katholischen Hofkirche wird gewöhnlich immer nur solche Musik aufgeführt, die von in Dresden angestellten Kapell- und Musikmeistern geschrieben ist. Die übrigen, protestantischen Kirchen geben wenig oder gar keine Musik, und eine reiche Ausbeute harrte unser, da die klassischen Meisterwerke Händels, Mozarts, Haydns usw. gegeben wurden. Dieses sowohl als auch notwendige Berücksichtigung mancher Verhältnisse bestimmte Herrn Dreyßig, sich vorderhand auf den Kirchenstil zu beschränken.

Mit sechs oder sieben Personen begann er im März 1807 seine Übungen. Nach und nach, sehr langsam, wuchs die Zahl der Teilnehmenden. Eine Menge von Vorurteilen erhob sich dagegen und war zu bekämpfen. [In dem, hier mehr als an irgendeinem andern Orte, bemerkbaren scharfen Abschnitt der Stände, vorzüglich aber die Vorliebe für alles Fremde und besonders Italienische, waren die Haupthindernisse des schnellen Gedeihens. Uneingedenk, daß zwei der größten Sängerinnen, Mara und Häser, Deutsche sind, hält es gewiß der größte Teil des Dresdner Publikums für unmöglich, daß ein Deutscher singen – noch weniger Singunterricht geben kann.] Indessen konnte 1809 die Gesellschaft doch schon einen kleinen Saal beziehen, und endlich gelang es der eisernen Beharrlichkeit des Unternehmers, es so weit zu bringen, daß im verflossenen Jahre der größere Postsaal gemietet wurde und jetzt das Singpersonal aus 16 Sopran-, 12 Alt-, 11 Tenor- und 12 Baßstimmen besteht.

Alle Donnerstag abends um sechs Uhr versammelt man sich, und die Akademie dauert gewöhnlich bis acht Uhr. Außerdem ist noch der Montag um fünf Uhr dazu bestimmt, Lernbegierige, Ungeübtere in Herrn Dreyßigs Wohnung zu unterrichten und das den Donnerstag Vorzunehmende mit ihnen durchzugehen. Die Solopartien werden von dem Direktor an die dazu Fähigen abwechselnd verteilt.

Zur Bestreitung der Unkosten, als Musikalien, Beleuchtung und Heizung usw., gibt jedes Mitglied den geringen Beitrag von acht Talern jährlich. Es ergibt sich hieraus von selbst, daß kaum die Kosten gedeckt sind und der Gründer der Anstalt bis jetzt noch nicht den geringsten

Nutzen gezogen, noch zu erwarten hat. Dieser rühmliche, ausdauernde, durch keine kleinlichen Rücksichten aufzuhaltende Eifer des Herrn Dreyßig gereicht ihm zur entschiedensten Ehre, und es muß jedem Musikfreund innig wohltun, zu sehen, daß es auch jetzt noch Männer gibt, die mit eigener Aufopferung für das Fortschreiten und Pflegen der Kunst besorgt sind.

Auch entspricht der Erfolg den Anstrengungen des Direktors. Wer die Schwierigkeiten kennt, ein Chorpersonal von Liebhabern mit einem bloßen Fortepiano so weit zu bringen, daß sie die teils sehr schwierigen Chöre und Fugen der bekanntesten Meisterwerke rein und mit Präzision singen, der wird gewiß mit einem angenehmen Gefühl die Singanstalt verlassen, mit Dank das Streben Herrn Dreyßigs erkennen und ihm Heil, Unterstützung und Anerkennung wünschen. 1812

DER KAPELLMEISTER

An den Theaterdirektor Liebich in Prag[54]

Wahrlich, mein verehrter Freund, die Eröffnung, die Sie mir von den Bemerkungen der hohen Landesstelle in betreff des Zustandes der Oper machen, die den Vorwurf ausdrücken, daß seit dem Jahre 1812 nichts für dieselbe geschehen sei, hat den bittersten Augenblick meines Künstlerlebens herbeigeführt. Einen Augenblick, dessen Erscheinung ich mir bei dem Bewußtsein meines Eifers für die Sache nie und am allerwenigsten an einem Orte erwartet hätte, wo ich durch rastlose Tätigkeit meine Gesundheit und die Zeit zusetzte, in der ich als Komponist etwas für die Welt und meine Ehre zu leisten imstande gewesen wäre. Bloß um das schöne Bewußtsein zu haben, den alten Ruf der Prager Musikvollkommenheit herzustellen und zugleich zu zeigen, daß doch wenigstens eine Kunstanstalt vorhanden sei, die ohne die tausend gewöhnlichen kleinlichen Handwerks- und Neideserbärmlichkeiten rein und fern von allen Nebenrücksichten wirke und handle.

Als ich im Januar 1813 hier ankam, weit entfernt von dem Gedanken, mich irgendwo durch eine Anstellung fesseln zu lassen, weil dieses nicht mit den Aussichten vereinbar war, die ich von dem Wirken des Künstlers für das größere Publikum hatte, konnte dies jene Rücksicht, jene Hoffnung – das ungeteilt mir von allen Seiten entgegenkommende Vertrauen und hauptsächlich auch die persönliche Achtung und Freundschaft, die mir Ihre Handlungsweise einflößte, in der ich eine sichere Stütze zur Beförderung meiner Zwecke für das Gute sah – mich bestimmen, die Leitung der Oper zu übernehmen.

Vor andern Rücksichten sichern mich gottlob meine Verhältnisse und das Zutrauen, welches das übrige Deutschland meinem Streben und meinen Arbeiten schenkt.

Ich trat meinen Dienst mit dem unerschütterlichen Mute an, dessen jeder an der Spitze einer Kunstanstalt stehender Mann, die dem Geschmack, der Laune, den

Eigenheiten und der Tadelsucht der einzelnen ausgesetzt ist – so sehr bedarf.
Ich fand einen Musikgeschmack, der durch die ehemalige italienische Oper und dann durch die Mozartische Periode eine seltsame Gestaltung erhalten hatte.[55] Es war ein unruhig ins Blaue[56] hinauswünschender Geist, der mit sich selbst nicht einig war, was er wünschen sollte.
Die Natur der italienischen Oper erfordert wenige, aber ausgezeichnete Künstler. Einzelne blitzende Steine, gleichviel in welcher Fassung. Alles übrige ist da Nebenwerk und unbedeutend. Der Deutsche[57] greift alles tiefer, er will ein Kunstwerk, wo alle Teile sich zum schönen Ganzen runden, Er verschmäht auch den lebendig tätigen Sinn des Franzosen nicht, der immer nur etwas vorgehen – Handlung sehen will. Sein tiefes Gemüt ergreift und umfaßt alles Vorzügliche und sucht es sich anzueignen. Mir schien die Aufstellung eines schönen Ensembles die erste Notwendigkeit, ich hielt nichts für Nebensache, denn in der Kunst gibt es keine Kleinigkeit. Diese Ansicht hatte sich des Beifalls unseres kunstliebenden, einsichtsvollen Landeschefs zu erfreuen. Und öfter hatte ich später mündlich die Gelegenheit, mich seiner Zufriedenheit über das Zusammenwirken und Spiel des Chors, Orchesters und Theaterpersonals zu versichern.
Wir eröffneten eine ausgebreitete Korrespondenz mit allen Künstlern, die ich auf meinen Reisen kennenzulernen Gelegenheit hatte oder die der Ruf uns als vorzüglich bezeichnete. Zugleich waren wir bemüht, die in der Nähe liegenden Mittel anzuwenden. Das Orchester und Chor bekam eine bestimmte Organisation, wodurch eine freie und sichere Benutzung der Kräfte zum Gelingen der Vorstellungen bezweckt wurde; mit bedeutenden Anstrengungen gewann sie hierzu Herrn Clement, den Oboisten Sellner und manche andere.
Der Krieg und andere Verhältnisse, die zu erörtern mir nicht zukommt und die auch zu allgemein bekannt sind, verhinderten leider die Zusammenstellung eines Personals gänzlich, so wie wir es gewünscht hätten. Doch blieb uns

oder war vielmehr als ganz neu engagiert anzusehen (da es erst durch neue Bestimmungen wieder für uns gewonnen worden) so manches Treffliche vor andern Theatern. Wir haben als Sängerinnen: Madame Grünbaum, Demoiselle Bach, Demoiselle Brandt, Demoiselle Böders, Madame Allram. An Tenoristen: Herrn Grünbaum, Herrn Mankard, Herrn Neumeyer. Die Bassisten Herren Siebert, Kainz, Maletinsky, Allram u. a. m. Daß von schon Engagierten der Tenorist Herr Tölle nebst Frau und Herr Rode, als Buffon, des Krieges wegen nicht kommen konnten, daß später die Unterhandlungen mit den Herren und Damen:

Mad. Harlas,	Herr Pestaker, Tenorist,
Mad. Fischer,	Herr Tarti, Bassist,
Dem. Buchwieser,	Herr Rosenfeld, Tenorist,
Mad. Pewais,	Herr Wild, Tenorist,
Mad. Reg. Lang,	Herr Schikaneder, Bassist,
Dem. Herz,	Herr Flerx, Bassist,
Dem. Seidler,	Herr Scharbök, Bassist,
Mad. Flerx,	Herr Kramer, Bassist,
Mad. Eberwein,	Herr Stöger, Tenorist,
Mad. Weixelbaum,	Herr Schiele, – –
Herr Häser,	Herr Weixelbaum,
Herr Stümer, Tenorist,	Herr Hanabacker,

nicht und warum nicht zustande kam, als der Tod uns Morhard raubte, daß Dem. Bach und Herr Neumeyer die Erwartungen nicht befriedigten, wie man nach dem Urteile Sachverständiger hoffen durfte, das waren unübersteigliche Hindernisse, die sich alle beweisen lassen; übrigens war bei alledem das Publikum nicht so schlimm daran als wie diejenigen, die für dasselbe zu sorgen hatten; die Wahl der Werke, die man mit einem beschränkten Personale geben kann, war schwierig, und oft wurden große Anstrengungen erfordert, um das Repertoire im Gang zu erhalten; was mit den vorhandenen Mitteln geleistet worden, hat der Beifall aller Fremden und derjenigen hinreichend bewiesen, die Gelegenheit hatten, unsere Operndarstellungen und unser Opernrepertoire mit dem beinahe aller auswärtigen Theater von Rang, das Wiener gar nicht ausgenommen, zu vergleichen. Fehlen uns etwa die anerkannt besten Werke und erscheint irgend etwas Neues, das wir uns nicht auch bald aneigneten? Die letzten Engagements des Herrn Ehlers und der Mad. Czegka beweisen Ihren stets gleichen Eifer, jede Gelegenheit zur Ergänzung des Personals zu ergreifen. Wer über unser Personal klagt, der zeige uns die Künstler an, die Vorzüglicheres leisten und zu haben sind. Jeder Hof, jedes Theater hält das Gute fest, das es besitzt, auch hat die sturmbewegte Zeit die Talente selten gemacht, sie sind keine Ware, die man nur zu bezahlen und zu verschreiben braucht, um sie zu besitzen.[58] Und was können wir denn dem Ausländer bieten, das ihn reizen und zu uns locken könnte; der in öffentlichen Blättern ausgesprochene Tadel einzelner schreibseliger, ununterrichteter Krittler hat mich unangenehm schon berührt, wie zum Beispiel erst kürzlich im „Sammler"[59], wo der Referent vergeblich gehofft hatte, daß durch mich die Oper sich verbessern werde. Da er und alle ihm Gleichdenkenden das feurige und richtige Zusammenwirken der Finales, des Orchesters usw., für nichts zu rechnen scheinen, so vermutete er vielleicht, daß ich, ein musikalischer zweiter Prometheus, Sänger und Sängerinnen aus Ton hervorzaubern könnte. Indem diese Machthaber der öffentlichen Stimme mit einer Zuversicht absprechen, die das größere Publikum für Wahrheit annehmen kann, habe ich daraus leider den Schluß ziehen müssen, daß man in Prag einen wohlerworbenen Ruf zusetzen, aber nicht erhöhen könne. Demungeachtet ließ und lasse ich mich in meinem Tun und Wirken nicht irren, vertrauend auf die Einsicht und Gerechtigkeit der Sachverständigen und Billigdenkenden. Sollte aber diese Unzufriedenheit auch diejenigen ergreifen, deren Achtung und Zufriedenheit mein einziger Lohn sein konnte, dann sehe ich den Zweck meines Aufenthaltes hier gänzlich verfehlt, ich konnte nicht das leisten, was man erwartete; ich kann mich nur

mit dem Bewußtsein trösten, das Meinige im vollen Maße mit immer gleichem Eifer getan zu haben, und muß Sie bitten, je eher je lieber einen Mann an die Spitze der Oper zu setzen, der besser als ich imstande ist, die Wünsche des Publikums zu befriedigen.
Befürchten Sie übrigens nicht, daß die geringste Bitterkeit oder gar ein sträflicher Trotz in dieser Äußerung liegt, es ist die *reine Überzeugung*, hier nicht mehr zum Guten wirken zu können. Solange ich übrigens noch das Ruder führe, wird die gleiche Lust, dasselbe unermüdete Streben bis auf den letzten Augenblick mein Handeln bezeichnen, und glauben Sie, daß ich stets und überall die herzlichste Achtung und Freundschaft für Sie als Künstler und Mensch mir bewahren werde. 1815

Versuch eines Entwurfes, den Stand einer deutschen Operngesellschaft zu Dresden in tabellarische Form zu bringen, mit kurz erläuternden Anmerkungen[60]

Einleitende Bemerkungen

Die italienische Oper hat ihre feststehenden Figuren und Gesangsfächer für die Opera seria und buffa, die französische desgleichen. Von einer deutschen Operngesellschaft aber verlangt man nebst dem ihr Eigentümlichen auch die Vereinigung alles obigen, da die Werke der beiden genannten Nationen in Übersetzungen auf die deutsche Bühne gebracht werden.
Hieraus folgt ein mehrzähligeres, vielseitigeres, und daher schwer bis zu einem gewissen vollkommenen Grade zusammenzubringendes Personal.
Bei der Wahl desselben ist besonders darauf zu sehen, daß die Individualität der Mitglieder sich zu vielseitiger Benutzung darbiete. Man kann ein schönes Talent be-

Notwendige Individuen	Deren Fach und Benutzung	Vorschlag zur allenfallsigen Besetzung	Gehaltsbetrag ungefähr
1. Eine erste Sängerin	Zu Gesangspartien, wo im gewöhnlichen Sinne des Wortes der Gesang das Vorherrschende ist	Mad. Grünbaum. Da diese aber selbst im Falle eines Übereinkommens erst in 1½ Jahren hier eintreten kann, so müßte unterdessen in der Wahl der Opern Rücksicht genommen und die nächste erste Sängerin vorzugsweise verwendet werden	3400 Tlr.
2. Eine erste Sängerin	Zu Charakterrollen, Männerrollen, Athalia, Iphigenia, Sextus, Sargino, auch mehr deklamatorischen Wesens wie Medea	Mad. Waldmüller, Lembert usw.	2000 Tlr.
3. Eine erste Sängerin	Für das naive muntre Fach. Savoyarde, Aschenbrödel, Zerline, Aline usw.	Mlle. Amberg, auch teilweise Julie Zucker †	1500 Tlr.
4. Eine Sängerin	Zu Anstands-, Mütter- und auch komischen Rollen	Frau von Biedenfeld, Mlle. Schubert †	
5. Eine Sängerin	Minder bedeutende Rollen, Vertraute usw.	Mad. Mieksch, Mlle. Emilie Zucker †	
6. Ein erster Tenorist	Zu ersten Liebhabern, Jugendhelden	Herr Stümer, Herr Gerstäcker	2000 Tlr.
7. Ein zweiter Tenorist	Zu dergleichen in geringerm Grade	Herr Bergmann †	
8. Ein Tenorist	Zu sogenannten Spielrollen, hauptsächlich bei französischen Opern. Johann von Paris, flüchtige Bedientenrollen usw.	Herr Wilhelmi †	
9. Tenor buffon	–	Herren Geyer, Burmeister	
10. Ein erster Bassist	Zu ernsten Singrollen, Herzog in Camilla, Maffeu, Sarastro	Diese beiden Fächer sind den Umständen nach durch die Herren Hellwig † und Genast zu besetzen, doch fehlt eigentlich noch ein erster, kräftiger Bassist	
11. Ein erster Bassist	Zu mehr Charakterrollen. Seneschall, Blaubart, Moritz in „Helene“ usw., wo das Spiel vorherrschend		1600 Tlr.
12. Ein Bassist	Zu Nebenrollen, komischen oder beschränktern Charakteren	Herr Metzner, auch Herr Huber	
13. Ein Sänger	Zu niedrig komischen Rollen	Herr Geiling	400 Tlr.

sitzen und doch wenig brauchbar sein, welches sich bei einigen sonst sehr achtbaren Künstlern bewährt.
Die Bemerkung benimmt überdies den Verdiensten und der Brauchbarkeit dieser Mitglieder nichts von ihrem Werte, sondern soll bloß die Notwendigkeit dartun, das Opernpersonal auf einen gerechten Forderungen gemäßen Stand zu bringen.
Die mit † bezeichneten Mitglieder sind teils Anfänger, teils werden sie vorzugsweise und zuviel zum Schauspiel benutzt, um gehörig ihr Talent zum Gesange ausbilden zu können.
Aus diesem Verzeichnisse ergibt sich, daß zwar schon vielerlei Hilfsmittel zum Ausfüllen und Ergänzen da sind, aber doch die eigentlich eine Oper begründenden Hauptteile gänzlich fehlen.
Diese Vermischung ist, wenige Fälle ausgenommen, schädlich, weil erstens der häufige Gebrauch der zum Sprechen notwendigen Stimmorgane der Ausbildung der zum Gesange notwendigen gänzlich im Wege steht (weshalb es, wie im Italienischen, eine große Erleichterung ist, eine ganze Oper hindurch zu singen) und zweitens der dadurch sich kreuzende Geschäftsgang alle dazu erforderliche Zeit und Kraft raubt.
Die letztern Gründe müssen mich auch veranlassen, auf eine bestimmte Trennung der deutschen und italienischen Operngesellschaft, in deren Grundprinzipien und Bestimmungen nämlich, anzutragen; einzelne Fälle zur Vervollständigung der einen oder der andern Gattung natürlich ausgenommen.
Vorstehendes Verzeichnis erschöpft keineswegs die höchsten Forderungen an den Bestand eines deutschen Opernpersonals und ist nur das unumgänglich Nötige, um eine dergleichen Gesellschaft zu konstruieren, denn den vorhandenen Fähigkeiten gemäß die Wahl der auszuführenden Opern zu bemessen, ist die Sache desjenigen, der die Leitung derselben hat.
Durchaus notwendig und zu engagieren sind demnach Nr. 1, 2, 3, 6, 10.

Bei Nr. 1 tritt der Fall ein (wie beinah bei den meisten), daß erst von Michaelis an in einem Jahre auf deren Besitz zu hoffen ist. Dieser Zeitraum muß durch das Engagement einer zweiten ersten Sängerin, die früher zu haben und sodann auch beizubehalten wäre, ausgefüllt werden.
In dieser Beziehung und noch auf 3, 6, 10 sind nicht nur Korrespondenzen mit allen Talenten, die man für würdig der hiesigen Kunstanstalt hielte, angeknüpft, sondern auch zu genauerer und bestimmterer Kenntnis und Beurteilung derselben die Gastdarstellungen überhaupt gewählt und festgesetzt worden, da Zeit und Zufälle leicht dem Talent sowohl vorteilhafte als nachteilige Richtung in kurzem geben können.
Zu Erlangung ausgezeichneter Subjekte gehört auch glücklicher Zufall und die Macht, denselben festzuhalten, wo er sich zeigt. Die vorzüglichen Künstler sind so selten, und von allen Seiten so gesucht, daß meist nur eine schnelle bestimmte Entscheidung sie gewinnen kann.
Die notwendig gewordene Aufstellung eines eigenen Chores bringt auch die Anstellung eines Musikmeisters oder Korrepetitors für denselben sowohl als für die weniger musikalischen Mitglieder der Oper mit sich, wie dies bei allen, selbst den kleinsten Theatern der Fall ist.
Ein stehender Theaterchor wird insofern von großem Gewinne sein, daß erstens durch gehörige Anleitung und stetes Üben ein Ensemblespiel hervorgebracht werden wird, das der größten Wirkungen fähig ist, und zweitens und hauptsächlich, daß auch hieraus eine förmliche Pflanzschule entspringt, deren hervorstechende Talente man weiter befördert und bildet.
Zur vollständigen Erreichung dieses Zweckes wäre, nächst dem Singemeister, ein Tanzmeister notwendig, der ohne Ausnahme alle in den ersten Elementen des theatralischen und mimischen Tanzes zur Ausschmükkung einzelner Szenen und zu wirkungsvollen Gruppie-

rungen unterrichtete. Diesem könnten auch Kinder zum Tanzunterrichte gegeben werden, deren Anzahl sich alle drei Jahre erneute, und zwar in dem Maße, daß die Eltern sich verpflichteten, ihre Kinder für den zu genießenden Unterricht die ersten drei Jahre unentgeltlich beim Theater figurieren zu lassen, die nächsten drei Jahre aber gegen ein bestimmtes geringes Quantum. Die im nächsten Termine Eintretenden würden dann die später Abgehenden wieder in gleichem Maße ersetzen und somit immer die Hälfte unentgeltlich benutzt werden können.

Wenn der Gehaltsanschlag der Sänger zu hoch scheinen dürfte, so erlaube ich mir bloß zu bemerken, daß dabei als Maßstab der Gehalt der italienischen Sänger angenommen ist, und zwar nicht sowohl aus innerer Überzeugung der Notwendigkeit als der Gewißheit, daß jeder neu anzustellende Künstler denselben vor Augen haben und – fühlt er seine Vorzüge in künstlerischer und jugendlicher Hinsicht, die längere Brauchbarkeit verspricht, auch demnach mit Recht glauben wird, nicht unbescheiden in seinen Forderungen gewesen zu sein.

1817

Dramatisch-musikalische Notizen[61]

Als Versuche, durch kunstgeschichtliche Nachrichten und Andeutungen die Beurteilung neu auf dem Landständischen Theater zu Prag erscheinender Opern zu erleichtern

Vorwort

– – Der rohe Mensch ist zufrieden, wenn er nur etwas vorgehen sieht; der Gebildete will empfinden, und Nachdenken ist nur dem ganz Ausgebildeten angenehm. – –

Goethe.

– – Der Lauf der Begebenheiten hat dem Genius der Zeit eine Richtung gegeben, die ihn je mehr und mehr von der Kunst des Ideals zu entfernen droht. Diese muß die Wirklichkeit verlassen und sich mit anständiger Kühnheit über das Bedürfnis erheben; denn die Kunst ist eine Tochter der Freiheit, und von der Notwendigkeit der Geister, nicht von der Notdurft der Materie, will sie ihre Vorschrift empfangen. Jetzt aber herrscht das Bedürfnis und beugt die gesunkene Menschheit unter sein tyrannisches Joch. Der Nutzen ist das große Idol der Zeit, dem alle Kräfte frönen und alle Talente huldigen sollen. Auf dieser groben Waage hat das geistige Verdienst der Kunst kein Gewicht, und aller Aufmunterung beraubt, verschwindet sie vor dem lärmenden Markte des Jahrhunderts. Schiller.

Die trefflichen Worte Goethes und Schillers mögen hier zur Einleitung dienen, und es wird zugleich der Leser – auf dessen Nachsicht ich bei meinen Versuchen rechne – es mir nicht verdenken, wenn ich hinter den Äußerungen großer Männer zugleich eine Art von Schutzwehr bei meinem neuen, etwas gewagten Unternehmen suche. Ich fühle mich zu demselben durch die Stelle, auf der ich stehe, aufgefordert, indem die schöne Pflicht auf mir ruht, durch die freundlichen Leistungen der Kunst auf die Gemüter und den Geschmack des Publikums zu wirken.

Die schöne Zeit, wo die Segnungen der allgemeinen, dauernden Ruhe jeden Menschen befeuerten und aufmunterten, seine freien Stunden den schönen Künsten und Wissenschaften zu widmen – wo die Erscheinung eines neuen Kunstwerkes das Gespräch des Tages und aller geselligen Kreise war, wo jedermann – nicht von stürmischen Anregungen von außen gedrängt – sich frei und gern mit dem Höhern des Lebens beschäftigte als Bedürfnis einer fühlenden Seele und Nahrung des Geistes: diese schöne Zeit war uns lange geraubt und dadurch natürlich auch die notwendig teilnehmende Aufmerksamkeit des Publikums auf die Erzeugnisse der Kunst.

Ein wahrhaft gutes Werk bewährt freilich in der Länge der Zeit seine Vorzüge und weiß sich die Teilnahme der Menge zu verschaffen, indem es endlich durch wiederholte Anklänge zum Gemüte spricht. Ganz anders ist aber doch die Wirkung, wenn das Gemüt schon gleichsam vorbereitet auf den Genuß ist, der seiner wartet.

Es ist mit allen Verhältnissen im Leben so. Sucht nicht jeder in den Kreis einer Gesellschaft von einem schon geachteten Teile derselben eingeführt zu werden, während dieser durch einige bezeichnende Worte das Wesen seines Eingeführten der Gesellschaft kenntlich zu machen sucht? Von der Geburt bis zum Tode haben wir Patenstelle vertretende Freunde.

Es sei also auch mir erlaubt, die meiner Obhut und Pflege anvertrauten Werke bei ihrem Erscheinen demjenigen zu empfehlen, dessen Dienst, dessen Erheiterung, dessen Bildung sie geweiht sind.

Ich habe dabei freilich mich vorzüglich vor einer gefährlichen Klippe zu hüten, nämlich davor, daß – indem ich die ihn vorzüglich bezeichnenden Eigentümlichkeiten, den Kunstlebenslauf und Charakter meines Pfleglings und dessen Schöpfers berichte – nicht etwa das, was bloß einen Gesichtspunkt zur richtigen Beurteilung desselben aufstellen soll, schon als ein vorgegriffenes Urteil über ihn erscheine. Dies hieße die schönsten und heiligsten Rechte der Volksstimme verletzen.

Indem ich die Gefahr kenne, glaube ich sie auch schon halb überstanden zu haben, und mein Streben, die Klippe zu umgehen, wird es beweisen.

Dessenungeachtet halte ich es für notwendig, auch hier auf Nachsicht für den Eifer zu rechnen, der mich vielleicht zuweilen für die gute Sache zu weit führen möchte, indem auch hier nur der Enthusiasmus, der den Künstler belebt und den er so gern aller Welt einzuflößen wünschte, mich zuweilen über die Grenzen des trockenen Berichts leiten könnte.

Vor allem wird mir eine heilige Wahrheitsliebe das erste Gesetz sein; sie ist die strengste Pflicht vor dem Richterstuhl des Publikums. Ich werde die früheren Schicksale der erscheinenden Werke nicht mit Stillschweigen übergehen, ohne dabei für ihr künftiges besorgt zu sein. Nicht jede Pflanze gedeiht in jedem Boden. Was ihr in einem Klima Blüten und Schönheit schenkt, kann ihr im andern verderblich werden. Eine sorgfältige Pflege wird wenigstens Mißgestalten verhüten, und in dem Streben zum Guten sollen mich auch einseitige Meinungen einzelner, die, ohne ein eigenes Urteil zu besitzen, nur vergleichungsweise zu richten imstande sind, nicht irremachen, denn die Erfahrung hat gelehrt, daß die Gesamtstimme des Publikums beinahe immer gerecht sei. 1815

„Alimelek", Oper von Meyerbeer

„Alimelek", *„Wirt und Gast"*, oder *„Aus Scherz Ernst"*. Komische Oper in zwei Akten, gedichtet von Wohlbrück, in Musik gesetzt von Meyerbeer.

Es ist mir sehr erfreulich, sogleich zum Anfange einen Gast einführen zu können, der gewiß selbst seine Zuhörer bewirten wird und dem man auch deshalb eine verdoppelte Aufmerksamkeit gern schenkt, weil er ein echtes deutsches Originalwerk ist.

Ungern blickt Ref. auf das Repertoire der deutschen Bühnen, das er überschwemmt mit fremden Erzeugnissen sieht, die uns noch meistens durch schale Übersetzungen, lokal-notwendig scheinende Verstümmelungen, von der Laune eines einzelnen gewichthabenden Mitgliedes oft erzeugt, nicht einmal in ihrer ganzen Eigentümlichkeit erscheinen und größtenteils ihren glücklichen Erfolg dem Rufe von außen zu verdanken haben.

Der Dichter dieser Oper, Herr Wohlbrück, ist selbst Schauspieler; früher in Hamburg, gegenwärtig Mitglied des königl. Hoftheaters zu München. Ein vielseitig gebildeter Mann, der als trefflicher, einsichtsvoller Künst-

ler überall geliebt und geschätzt ist. Kenntnis des Theaters, sprechende Zeichnung der Charaktere und Herrschaft über die Sprache sind ihm eigen. Außer diesem Operngedicht verdankt ihm die deutsche Bühne noch mehrere andere Werke, die ich später zu berühren Gelegenheit finden werde.
Der Kritik zu begegnen, muß ich bemerken, daß man die im ersten Finale erscheinenden Sklavinnen (als eine große Verletzung der türkischen Sitten) nicht dem Dichter zur Last legen darf, sondern daß sie erst in Wien, wahrscheinlich um das – Theater zu füllen und Weiberstimmen zum Chore zu gewinnen, eingeschaltet worden sind.
Der Komponist, Herr Meyerbeer, einer der ersten, wenn nicht vielleicht *der* erste Klavierspieler unserer Zeit, ist der Sohn eines geachteten Hauses in Berlin und hat sich aus reiner Liebe zur Sache ganz der Kunst geweiht.
Nebst einer vorzüglichen literarischen Bildung und Sprachkenntnis ist er einer der wenigen Komponisten neuerer Zeit, die sich das *ernste Studium der Kunst* in ihren geheimsten Tiefen angelegen sein ließen. Nächst eigenem Denken und Forschen verdankt er auch dem zweijährigen Umgange des Abts Vogler einen großen Teil seiner Bildung. – Lebendige, rege Phantasie – liebliche, oft beinahe üppige Melodien – richtige Deklamation – musikalische Haltung der Charaktere – reiche, neue Harmoniewendungen – sorgfältige, oft in überraschenden Zusammenstellungen gedachte Instrumentation – bezeichnen ihn vorzüglich Als Anerkennung seiner [vorzüglichen] Talente ernannte ihn schon vor drei Jahren S. K. H. der Großherzog von Hessen-Darmstadt aus eigenem Antriebe zu seinem Kammerkompositeur.
Diese Oper ward zuerst für das Königl. Hoftheater zu Stuttgart geschrieben und mit Beifall aufgenommen. Später arbeitete sie der Komponist in Wien nach den vorhandenen Lokalrücksichten um.
Sie erschien auf dem Theater nächst dem Kärntnertore und mißfiel, oder vielmehr die eingetretenen ungünsti-

gen Umstände erlaubten ihr nicht, sich mit dem Publikum vertraut zu machen, da sie nur einmal gegeben wurde.
Ohne im ganzen der dortigen Aufführung dieser durch ihre höchst mannigfaltigen feinen Nuancen, die beinahe den Ensemblevortrag eines Quartetts erfordern, schwierigen Musik zu nahe treten zu wollen, bemerke ich bloß folgende Haupttatsachen: Die Rolle des Alimelek war für den Sänger Herrn Ehlers geschrieben und berechnet, eingetretene Verhältnisse hinderten diese Besatzung, Herr Forti übernahm die Rolle. Die Melodieformen wurden geändert und ihres ursprünglichen Reizes beraubt, ganze Musikstücke transponiert, und – nachteillos für die Verdienste des Herrn Forti sei es gesagt – das für die Individualität des Herrn Ehlers so passende Spiel und Leben der ganzen Rolle konnte nicht auf dieselbe Weise hervortreten, wodurch dieser letztere Künstler sich so lange die Gunst des Publikums erworben hatte.
Mlle. Buchwieser hatte aus physischen Ursachen an dem Abend nicht die Kraft, ihre Rolle so gut zu geben, wie man es von dieser trefflichen Meisterin gewohnt ist, und zog sich – der Liebling des Publikums – jenen Tag den laut ausgesprochenen Unwillen desselben zu.
Daß dergleichen Zufälle hinreichend sind, ein Kunstwerk, dessen Gedeihen und Leben an so zarten Fäden hängt, für den Augenblick zu stürzen, ist klar. Tausend andere Nebenumstände ungerechnet, die so leicht ungünstig einwirken, wozu ich, nach meiner Ansicht, sogar auch die Anwesenheit eines Komponisten selbst rechne. Die Persönlichkeit erregt zu viele vorgefaßte Meinungen dagegen und dafür, und Partei entsteht eher als die Sache selbst.
Die Zeit reift alles und ist der natürliche Aliierte der guten Sache.
„*Don Juan*" wurde bei der ersten Vorstellung in Frankfurt ausgezischt. „*Joseph in Ägypten*" in Wien vor einigen Jahren beinahe ebenso: – jetzt – entzückt er das Publikum. – –

1815

„Die Jugend Peters des Grossen", Oper von Weigl

Dienstag, den 26. Dezember, erscheint zum ersten Male auf unserer Bühne: *„Die Jugend Peters des Großen"*, eine Oper in 3 Akten nach Bouilly, frei bearbeitet von F. Treitschke, mit Musik von Weigl.

Ich brauche wohl nur den Namen des Komponisten zu nennen, um damit eigentlich aller weiteren Erklärung und Andeutung überhoben zu sein. Das Publikum, das sich Herr Kapellmeister Weigl durch seine liebliche Ideenfülle und Effektkenntnis gewonnen hat, wird mit Vergnügen einem der letzten Erzeugnisse seiner Muse entgegensehen, die nach einer Art von ruhendem Stillstande von der Komposition der *„Schweizerfamilie"* an eine neue Richtung und Gang gewonnen zu haben scheint, wenn man ihre Schöpfungen seit dieser Zeit mit den früheren Epochen dieses Künstlers zusammenhält. Es ist immer anziehend, zu sehen, wie Künstler und Publikum sich gegenseitig formen, bilden und leiten. Wie *ein* gelungenes Werk, das die Aufmerksamkeit der Welt auf sich zog, nicht nur Nachahmer und Nachäffer von allen Seiten entstehend macht, sondern wie es auch den Schöpfer desselben bestimmt, auf dem einmal mit Erfolg betretenen Wege fortzuschreiten und sich lieber den sicher den Effekt bewirkenden Mitteln zu vertrauen und sie beizubehalten, als durch neue Versuche den schönen lockenden Beifall des Augenblicks und der Zeitgenossen aufs Spiel zu setzen.

Die in die erste und italienische Epoche dieses Meisters fallenden Werke unterscheiden sich bedeutend von seinen letzteren in Stil und Haltung. Beide haben ihr Publikum gefunden, und auch in Prag sind *„Der Korsar aus Liebe"* und *„Die Schweizerfamilie"* Lieblinge der Theaterbesuchenden. Der Ton und die Farbe, die in letzterer Oper lebt, hat sich im Komponisten auch bei dieser neuen fort erhalten. Einfach schmeichelnde Melodie mit allem Reiz der ihm seit erwähnter letzteren Epoche eigentümlich gewordenen Instrumentation wer-

den auch *ihr* Freunde sichern. Vor allem muß ich der Ouvertüre als eines ungemein klar gehaltenen, feurig strömenden Musikstückes voll Instrumentaleffekt erwähnen, die ich für eine der gelungensten dieses Meisters halte.
In Hinsicht der Behandlung des Stoffes, der die interessante Zeit des sich selbst zum Schiffszimmermann machenden Zars, der kein Mittel zur Beförderung seines großen Zwecks für ihn erniedrigend hält, umfaßt, ist die Hand des sie ursprünglich bearbeitenden Franzosen unverkennbar, der seine Nationalgalanterie gern selbst dem rauhen kräftigen Herrscher angemodelt hätte. Herr Treitschke hat dagegen manches neueren Beziehungen näher zu rücken versucht, wozu auch die Zeit, in der die Oper geschrieben wurde, nämlich während der Anwesenheit der erhabenen Monarchen in Wien, veranlaßt haben muß und dem Interesse des Ganzen nur zuträglich sein kann, da alles zunächst Liegende und ihn Umgehende der Mensch willig in freundlicher Anregung wieder vor sich sieht und durch Phantasie so gerne Vorzeit und Gegenwart beziehend vereinigt. 1815

„Faust", Oper von Spohr

Sonntag, den 1. September, zum ersten Male: *„Faust"*, romantische Oper in zwei Aufzügen von J. C. Bernard, in Musik gesetzt von Louis Spohr. Dem Prager Theater gebührt die Ehre, dieses schöne Erzeugnis deutscher Kunstweise zuerst auf die Bühne zu bringen. Obschon im Jahre 1814 von dem Verfasser laut dem gedruckten Buche für das k. k. privilegierte Theater an der Wien bestimmt und eigens geschrieben, erlebte es doch dort keine Aufführung und teilt dieses Schicksal mit einer großen Anzahl Werke, die für die Wiener Theater geliefert wurden und aus hier nicht zu erörternden Gründen unbeachtet und liegengeblieben sind.

Der bekannte so reichhaltige Stoff ist von Herrn Bernard ganz abweichend von allen früheren Behandlungen desselben bearbeitet worden, und es scheint in dem Reichtum Darbietenden desselben das Eigentümliche zu liegen, daß vorzüglich alle dramatische Bearbeitungen auf so ganz verschiedenem Wege ihren Zweck, Wirkung hervorzubringen, zu erreichen suchten; und abermals in diesem Reichtum mag auch der Grund zu finden sein, daß jede Phantasie noch größere Forderungen an das aus ihm gezogene Gebilde stellt, als bisher noch durch irgendeine Bearbeitung (für den theatralischen Gebrauch) geleistet worden ist. In musikalischer Beziehung hat Herr Bernard ein schönes Feld eröffnet, und es dünkt Ref. auch, daß dieses nicht leicht in bessere Hände hätte kommen können als eben dieses Komponisten.
Herr Spohr hat sich durch seine trefflichen Leistungen in Instrumentalkompositionen aller Art einen so achtungswerten Platz in der Kunstwelt erworben, daß gewiß jeder Künstler mit freudiger Verehrung seinen Namen nennt.
Als Opernkomponist kennt ihn zwar die Menge nicht in ebendiesem Grade, doch hat er sich auch in diesem Fache mehrfältig versucht und daher schon die Erfahrungen voraus, die man nur als Parteiloser *beobachten*, durch eigene Versuche *sammeln* kann. Das „*Duell mit der Geliebten*" für das Hamburger Theater (und andere) sind Ref. am erinnerlichsten davon. Der Charakter des vorliegenden Stoffes liegt offenbar dem Geiste, der sich meistens in den Arbeiten Herrn Spohrs ausspricht, sehr nahe; und diese romantische düstere Geisterwelt entspricht recht der inneren Tonwelt dieses Komponisten. Hieraus entwickelt sich also leicht das Resultat einer schönen Farbengebung des ganzen Werkes, großer theatralischer und musikalischer Effekte von vorzüglicher Lieblichkeit und Anmut in den einzelnen Teilen und erschütternder Kraftäußerungen in den Ensembles und Chören.
Die Ausführung der einzelnen Gegenstände musikali-

scher Bearbeitung, als Instrumentation und Harmonienfülle, ist mit der ausgezeichneten Sorgfalt und Strenge gearbeitet, die man an diesem Meister gewohnt ist. Glücklich und richtig berechnet gehen einige Melodien wie leise Fäden durch das Ganze und halten es geistig zusammen. In dieser Beziehung wird die effektvolle Ouvertüre erst nach dem Anhören der Oper ganz verständlich, von der der Komponist selbst als Vorwort in dem gedruckten Buche folgendes zu äußern nötig fand.

„Der Tonsetzer hat in der Ouvertüre Fausts innere Lebenszustände der Phantasie des Zuhörers durch Tonbilder anschaulich zu machen versucht."

„Im Allegro vivace ist das sinnliche Leben Fausts und der Taumel der Schwelgerei in diesem bezeichnet, denn der Überdruß daran weckt das Bessere in ihm und erzeugt Gewissensvorwürfe, die von der mächtigen Sinnlichkeit wieder betäubt werden."

„Im Largo grave ist sein endliches Ermannen, das Bestreben, dem Bösen zu entsagen, und im Fugato das allmälige Aufkeimen guter Vorsätze angedeutet. Doch bald unterliegt er neuen und stärkeren Lockungen der Sinnlichkeit – tempo primo – und überläßt sich, von der betrügerischen Macht des Bösen verblendet, mehr als je den ungezügeltsten Lüsten."

Die großen Schwierigkeiten, die sich übrigens in dieser wie in allen Arbeiten Herrn Spohrs der Ausführung in musikalisch-technischer Hinsicht vorfinden, mögen freilich die Aufführung dieses schönen Werkes mancher Bühne erschweren; Ref. genießt aber die Freude, das kunstliebende Publikum aufmerksam machen zu dürfen, wie der Wille und Eifer des gesamten Opernpersonals, Chors und Orchesters keine Anstrengung für zu groß hält, um neue und oft schon deshalb schwierigere Kunstwerke demselben vorzuführen. 1816

Als Versuche, durch kunstgeschichtliche Nachrichten und Andeutungen die Beurteilung neu auf dem Königl. Theater zu Dresden erscheinender Opern zu erleichtern

An die kunstliebenden Bewohner Dresdens

Indem die Bewohner Dresdens durch die huldvolle Vorsorge und bewährte Kunstliebe ihres erhabenen Monarchen vermöge der vorsichgehenden Gründung einer deutschen Opernanstalt eine schöne Bereicherung ihres Lebensgenusses erhalten sollen, scheint es dem Gedeihen der Sache zuträglich, ja vielleicht notwendig, daß derjenige, dem die Pflege und Leitung des Ganzen derzeit übertragen ist, die Art, Weise und Bedingung zu bezeichnen sucht, unter welcher ein solches Unternehmen ins Leben treten kann.
Es tritt des Menschen Herzen das näher, was es gründen, wachsen und fortschreiten sehen kann. Es wird ihm das lieber und werter, was es auch in seinen Teilen und Bau beobachten lernt; und was soll ihn zunächst freundlicher ansprechen als das Treiben und Wirken der Kunst: das schöne Erzeugnis des erhöhten Lebens, zu dem jeder einzelne im Volke eine unsichtbar mitwirkende Triebfeder ist und sich auch als solche gewiß fühlt.
Es ist daher sogar den Verwaltern des ihnen anvertrauten öffentlichen Kunstschatzes Pflicht, dem Publikum zu sagen, was es zu erwarten und zu hoffen habe und in wiefern man auf freundliche Aufnahme und Nachsicht von seiner Seite rechnen müsse.
Leicht und schnell sind große Erwartungen erregt, schwer ist es, vermöge der Natur der Sache, selbst nur gerechte Forderungen zu befriedigen.
Die Kunstformen aller übrigen Nationen haben sich von jeher bestimmter ausgesprochen als die der Deutschen. In gewisser Hinsicht nämlich. – Der Italiener und Franzose haben sich eine Operngestalt geformt, in der sie sich befriedigt hin und her bewegen. Nicht so der Deutsche. Ihm ist es rein eigentümlich, das Vorzügliche

aller übrigen wißbegierig und nach stetem Weiterschreiten verlangend an sich zu ziehen: aber er greift alles tiefer. Wo bei den andern es meist auf die Sinnenlust einzelner Momente abgesehen ist, will er ein in sich abgeschlossenes Kunstwerk, wo alle Teile sich zum schönen Ganzen runden und einen.

Hieraus folgt, nach der Ansicht des Verfassers, daß die Aufstellung eines schönen Ensembles die erste Notwendigkeit ist.

Hat eine Kunstdarstellung es erreicht, in ihrem Erscheinen nichts Störendes mitgebracht zu haben, so hat sie schon etwas Verdienstliches, das Gefühl der Einheit, bewirkt. Dieses ist durch Eifer, Liebe zur Sache und richtige Benutzung der dabei beschäftigten Kräfte zu erreichen.

Schmuck, Glanz und Enthusiasmus werden einer Kunstanstalt nur durch ausgezeichnete hohe Talente verliehen. Diese sind in der ganzen Welt selten. Bewahrt und festgehalten, wo sie sind, sind nur die Zeit und der Segen, der jedem menschlichen Beginnen allein Gedeihen bringen kann, imstande, diese in der Folge zu verschaffen. Wenn daher jetzt von Eröffnung der deutschen Opernvorstellungen die Rede ist, so können solche nur als Versuche zur Bildung eines Kunstkörpers einesteils betrachtet werden, andernteils als Mittel, fremde Talente, darin erscheinend, würdigen und kennenzulernen, und endlich als eröffnete Laufbahn zur weiteren Kunstbildung.

Was mit den schon vorhandenen Mitteln geleistet werden soll, empfehle ich der freundlich nachsichtsvollen Güte des richtenden Publikums. Durch die spätere Bereicherung des Personals wird nicht nur manches schon gegenwärtig Vorzügliche, zweckmäßig an seinen Platz gestellt, im vorteilhaftesten Lichte erscheinen, sondern überhaupt dann erst ein planmäßiger Gang in Hinsicht der Wahl der Opern und deren abwechselnder Folge, sich auf Musikgattung und szenische Tendenz beziehend, eintreten können, der dem Publikum das Beste aller Zeiten und Orte mit gleichem Eifer wiederzugeben suchen soll.

Um die Anschaulichkeit dieses Willens den Kunstfreunden näherzubringen, hoffe ich durch nachfolgende Notizen, die jedesmal dem Erscheinen einer neuen Oper vorangehen werden, wenigstens mein Verlangen an den Tag zu legen, das Gute so weit zu fördern, als meine Kräfte es erlauben, und möge mir dabei der Wunsch nicht verargt werden, dies nicht mißdeutet, sondern mit Liebe aufgenommen zu sehen.

Dresden, den 27. Januar 1817 1817

„Joseph in Ägypten", Oper von Méhul

Donnerstag, den 30. Januar, erscheint zum ersten Male auf unserer Bühne die Oper: *„Jakob und seine Söhne in Ägypten"*, nach dem Französischen des Alex. Duval. Musik von Méhul.

Méhul behauptet unstreitig nächst Cherubini den ersten Rang unter den Komponisten, die auf ihrer künstlerischen Laufbahn in Frankreich sich vorzugsweise entwikkelten und bildeten und durch die Wahrheit ihrer Leistungen endlich ein Eigentum aller Nationen wurden. Wenn vielleicht Cherubini noch für genialer zu halten ist, so tritt dagegen bei Méhul mehr Besonnenheit, die weiseste Berechnung und Anwendung seiner Mittel und eine gewisse gediegene Klarheit hervor, die deutlich das angelegentliche Studium der ältesten italienischen Meister und vorzugsweise der Gluckschen dramatischen Schöpfungen beurkundet.

Große dramatische Wahrheit und lebendiges Fortschreiten ohne zweckwidrige Wiederholungen, die Erreichung großer Effekte mit den oft einfachsten Mitteln und eine Ökonomie der Instrumentation, die gerade nur das gibt, was durchaus notwendig ist, sind ihn vorzüglich bezeichnende Eigenschaften.

Von seinen Hymnen und Liedern sind in der Revolutionszeit viele ins Volk übergegangen, und namentlich schreibt man ihm die Marseiller Hymne zu. Von einigen

zwanzig Opern, die er geliefert, haben hauptsächlich „*Euphrosyne*“ (zuerst 1791 in Paris gegeben), „*Adrien*“, „*Ariodant*“, „*Une Folie*“, „*Helena*“, „*Joseph*“ und „*Die Blinden von Toledo*“ seinen Ruf begründet und ihn als Meister der Kunst in den verschiedensten Musikgattungen bewährt. Enthusiasmus erregte auch besonders seine „*Ouverture du Jeune Henri*“, obwohl diese Oper selbst ganz durchfiel und nur die Ouvertüre viele Tage nacheinander allein, und jedesmal da Capo gerufen, gegeben werden durfte. In Deutschland haben sich beinahe alle oben benannten Werke verbreitet; am wenigsten „*Adrien*“ und „*Ariodant*“; am meisten „*Une Folie*“, unter dem Titel: „*Je toller je besser*“, oder „*Die beiden Füchse*“ überall mit ausgezeichnetem Beifall aufgenommen; dann „*Helena*“ und „*Die Blinden von Toledo*“, neuestens aber die Oper „*Joseph*“ oder „*Jakob und seine Söhne in Ägypten*“, die uns hier zunächst angeht.
Wer die leichtfertige Lieblichkeit, das fröhliche volkseigene Aufjauchzen und den durchaus heiter gaukelnden Sinn in der Musik zu „*Une Folie*“ kennt und achten gelernt hat, wird mit Recht die Vielseitigkeit des Geistes und Gefühls dieses Meisters bewundern, wenn er „*Joseph*“ hört.
Ein wahrhaft patriarchalisches Leben und Farbengebung erscheint hier mit echt kindlich rein frommem Sinn gepaart. Haltung der Charaktere und erschütternde Wahrheit des leidenschaftlichen Ausdruckes ist unverkennbar mit großer Meisterschaft, Theaterkenntnis und klarer Anschauung des dem Ganzen Notwendigen gegeben.
Aller unnötige Klingklang und Flitterstaat ist hier vom Komponisten verschmäht; die Wahrheit war sein Streben, und schöne, rührende Melodien führte ihm sein Genius zu.
Die Anzeige ist der Verf. noch den Zuhörern schuldig, daß der Schluß der Oper mit dem kurzen Sologesange des Joseph und darauffolgendem Chore vom Herrn Musikdirektor Fränzl in München, ganz dem Geiste Méhuls sich anschmiegend, dazukomponiert ist. Der Verfasser

ist ein erklärter Widersacher aller Einschiebsel, Weglassungen und sonstigen Verstümmelungen des Originalwerkes und wird darüber später öfter Gelegenheit haben, sich auszusprechen.[62] Wenn er es aber hier erduldsam findet, so liegt dieses in einer lokalen Kunsteigenheit aller französischen Opern, deren Schlußchöre durchaus beinahe bedeutungslos sind, weil der rege Sinn der Franzosen nach Lösung des Knotens gleich alles unbedeutend finden und, es nicht beachtend, fortstürmen heißt. Der Deutsche läßt sich gern noch in den erzeugten angenehmen Gefühlen wiegen und folgt teilnehmend dem Darlegen derselben von den ihm liebgewordenen Charakteren auf der Bühne. Die Rücksicht also, daß die Oper wirklich durch diesen Zusatz gewonnen habe, und die geringere, daß sie so in ganz Deutschland gegeben wird, bewogen ihn, es in dieser Gestalt zu lassen.
Méhul privatisiert jetzt, seit der Auflösung des Nationalinstituts und Musikkonservatoriums, wo er Mitglied und Professor war, in Paris und arbeitet dem Vernehmen nach an einer großen Oper. 1817

„Helena“, Oper von Méhul

Bei der Anzeige der Dienstag, den 22. April 1817, zum ersten Male auf unserer Bühne erscheinenden Oper *„Helena“*, nach dem Französischen des Bouilly von Treitschke, Musik von Méhul, habe ich bloß, auf die von mir in den letzten Januarblättern dieser Zeitung bei Gelegenheit der Oper *„Jakob und seine Söhne“* versuchte Bezeichnung der Eigentümlichkeiten dieses trefflichen Meisters zurückweisend, noch zu bemerken: daß *„Helena“* um fünf Jahre früher als *„Jakob und seine Söhne“* geschrieben wurde und uns heiteres, ländliches Leben mit dem schön eingeflochtenen Gegensatze leidenschaftlicher Erregung und Charaktere zu vernehmen gibt.
Obwohl in ganz anderer Gattung und Kolorit, wird doch dem aufmerksamen Hörer auch hier wieder das sich selbst

treu Bleibende und Selbständige des Komponisten unverkennbar sein.

Dem musikalischen Gastrechte zufolge, das dem *Fremdlinge* gern vergönnt, alle Mittel zur größeren Entfaltung seines Talents anzuwenden und zu benutzen – werden Herr und Madame Weixelbaum, die die Rollen des Konstantin und der Helena geben, eine Kavatine, ein Duett und eine Arie von italienischen Meistern einlegen. Dieses anzuzeigen fordert die Achtung, die dem Schöpfer eines Kunstwerks gebührt, zur richtigen Beurteilung desselben.

Nicht überflüssig dünkt es mir, bei dieser Gelegenheit wiederholt ins Gedächtnis zurückzurufen; daß wir die Ehre, eine deutsche Operngesellschaft genannt zu werden, in diesem Augenblicke noch ablehnen müssen und daß alle Vorstellungen in dieser Beziehung nur als Versuche zur Bildung eines Kunstkörpers (aber ja nicht als ein schon wirklich existierender) betrachtet werden müssen, die uns Mittel geben, fremde Talente würdigen und zu späterer Benutzung kennenzulernen, und als eröffnete Laufbahn zur weiteren Kunstbildung der schon vorhandenen.

Nur die Zeit bringt Rosen. 1817

„Johann von Paris", Oper von Boieldieu

Sonnabend, den 3. Mai, zum ersten Male: *„Johann von Paris"*, Oper in zwei Aufzügen nach dem Französischen des St. Just, mit Musik von Boieldieu.

Die Gattung, welcher diese Oper angehört, hat sich seit einem Jahrzehnt und darüber in Frankreich gebildet und von da auch über Deutschland verbreitet. Man hat sie mit der Benennung von Konversationsopern zu bezeichnen gesucht, da sie meist ohne Rücksicht auf ihre historischen Beziehungen – durch welche sie uns zuweilen sehr fern gerückt werden – doch nur das eigentliche Geselligkeitsleben der jetzigen oder vielmehr zunächst der französischen Welt enthalten.

Sie sind die musikalischen Schwestern der französischen Lustspiele und geben uns, wie diese, das an jener Nation Liebenswürdigste. Heitere Laune, spielender, fröhlicher Witz, auf angenehme Weise durch einige hübsche Situationen herbeigeführt, sind diesen Opern eigentümlich und durch den Geschmack der Nation so zur Hauptsache erhoben, daß man (wie bei ihren Lustspielen) eine sehr große Zahl derselben nennen könnte, die sich in Hinsicht der Art der Erfindung, in Zuschnitt, Behandlung und Charakterzeichnung beinahe völlig gleichen und nur durch die mehr oder minder glückliche Behandlung des einmal beliebten Materials voneinander unterschieden und anziehend werden können.
Sie treten, im Gegensatze des dem deutschen und italienischen Gemüte eigenen tiefern leidenschaftlichen Gefühls, als Repräsentanten des Verstandes und Witzes auf. Namentlich und hauptsächlich in musikalischer Hinsicht. So wie der deutschen innigen Phantasie ein einzeln gegebener Gedanke genügt, sie aufzuregen, um in herrlichen Massen ein Tongemälde auszuführen, der glühenden italienischen oft das einzelne Wort: Liebe, Hoffnung usw. dasselbe erzeugt (was dann auch allenfalls wieder, dieser Worte entkleidet, doch noch als sprechendes Seelenbild allein durch sich bestehen würde, wie die höhere Instrumentalmusik z. B.) – so ist es der französischen Musik eigen, nur meist durch das Wort *allein* Wert zu haben, da sie, ihrer Natur und Nationalität nach, witzig ist.
Den ausgezeichneten Meistern der Kunst bleibt es vorbehalten, diese Gattungen, von einzelnen Nationalcharakteren erschaffen, einander zu nähern, zu verschmelzen und so der *Welt* angehörig zu machen. Unter diesen wenigen möchte Boieldieu wohl fast den ersten Rang unter den jetzt in Frankreich lebenden Komponisten behaupten, wenngleich der Beifall des Publikums ihm Isouard an die Seite setzt. Beiden sind herrliche Talente verliehen, aber Boieldieu wird durch seinen fließenden, schön geführten Gesang, durch die planmäßige Haltung der einzelnen Stücke wie des Ganzen, durch die treffliche, sorg-

same Instrumentierung und die Korrektheit, die, den *Meister* bezeichnend, allein Anspruch auf Dauer und klassisches Leben in der Kunstwelt gibt – immer weit allen seinen Mitbewerbern vorgehen.
Wenn er darin Méhul gleichzuachten ist, so zieht ihn anderntheils seine Neigung mehr zu heiteren italienischen Formen, und er stellt das Musikalisch-Melodische höher, ohne der Wahrheit des Wortausdruckes deshalb etwas zu vergeben.
Dieser charakteristische Zug seiner Kunstschöpfungen ist ein doppelt großer Beweis seines selbständigen Talents, da er, als Verehrer Cherubinis, den größten Teil seiner Studien bei diesem Meister gemacht haben soll.
Die ersten Grundlagen erhielt er von Broche, dem Organisten der Domkirche seiner Vaterstadt Rouen, wo er um das Jahr 1770 geboren wurde.
In den neunziger Jahren kam er nach Paris, erhielt die Stelle als Lehrer des Pianofortes am Konservatorium der Musik und zog bald die Aufmerksamkeit des Publikums durch mehrere gelungene theatralische Werke und eine Anzahl vielgesungener und beliebt gewordener Romanzen auf sich.
Von zehn bis zwölf Opern, die in diese Epoche fallen, haben sich in Deutschland am meisten verbreitet *„Ma tante Aurore“* und *„Le Calife de Bagdad“*. 1813 wurde er in Petersburg zum Kaiserlichen Kapellmeister ernannt, ist aber seitdem wieder nach Paris zurückgekehrt.
Das bedeutendste Aufsehen machte sein *„Johann von Paris“*, der überall Verehrer fand und dessen Erscheinen auf unserer Bühne wir der trefflichen Künstlerin, Madame Grünbaum, gebornen Müller, ersten Sängerin des Ständischen Theaters zu Prag, die die Prinzessin von Navarra als Gastrolle geben wird, zu verdanken haben.
Neuerdings gefielen von Boieldieu: *„Le nouveau Seigneur de Village“* und neuestens eine *„Fête du village voisin“*. Eine große Oper: *„Isaure de France“* und eine komische: *„Le chaperon rouge“* von ihm werden jetzt auf der Pariser Bühne erwartet.

Als Instrumentalkomponisten kennt man ihn durch verschiedene Sonaten, Konzerte usw. für Pianoforte und Harfe, die aber seinem Verdienste eben keinen namhaften Zuwachs zu verschaffen imstande sind, das sich um so erfreulicher für das Dramatische entfaltet hat. 1817

„Raoul Blaubart", Oper von Grétry

Sonntag, den 18. Mai, zum ersten Male: *„Raoul Blaubart"*, Oper in drei Akten, nach dem Französischen des Sedaine von Dr. Schmieder, Musik von André Erneste Modeste Grétry.

Die Gastdarstellungen der trefflichen Meisterin des Gesanges, Madame Grünbaum, schenken uns diese interessante Oper als ihren Schlußstein für jetzt; und somit möchten sie wohl den Zweck der Künstlerin, sich in den verschiedensten Gattungen der Gesangsarten zu zeigen, erreicht haben.

Die reine Natursprache eines sich die eigene Bahn brechenden Genius, der, durch die Glut seiner Phantasie zuweilen in dem Labyrinthe des Regelrechten sich verwirrend, nur wieder auf ganz eigentümliche Weise, die seinen Irrtümern meist einen hohen, seltsamen Reiz verleiht, die Schranken überspringt, hat den Werken Grétrys ein so eindringliches Interesse zu verschaffen gewußt, daß man von ihm eine eigene Kunstepoche in Frankreich berechnen kann, indem seine Melodieformen und Behandlung der dramatischen Musikstücke eine Art von feststehendem Typus für alle übrigen wurden, die die Gunst des Publikums besitzen wollten.

1741 in Lüttich geboren, in Rom 1759 Musik studierend, erkannte er, einer Äußerung in seinen „Mémoires, ou Essais sur la Musique" (Paris 1797)[63] zufolge, nur den Komponisten Casali daselbst für seinen wahren Lehrer an und sprach dabei seine ganze spätere Ansicht und Arbeitsweise durch die Bemerkung aus, daß dieser alles auf den *Effekt* hingeleitet habe.

Dies ist das Bezeichnendste und in der damaligen Zeitepoche, den sechziger Jahren, neu Hervortretendste in der Grétryschen Musik: nämlich, das Streben, der Wahrheit des Wortausdruckes und der die Charaktere treffend bezeichnenden Melodien aufs vollkommenste zu genügen, worin ihn seine Zeitgenossen Pergolese gleichstellten, der aber bei weitem korrekter und mehr Herr aller Mittel war als Grétry, welcher sich auf keinerlei Weise in Erreichung dieses Zieles durch Beschränkung irgendeiner Art hindern ließ und daher oft in der Verlegenheit, seine Ideen den Grundsätzen des harmonischen Baues anzuschmiegen, die seltsamsten Auswege erfand, deren wahrhaft kindlich naive Querstände doch immer lebendig das Suchen nach innerer Wahrheit genial aussprachen.
Vielleicht ist Grétry der einzige der in Frankreich erblühten Komponisten, der bedeutend lyrischen, ja sogar oft romantischen Sinn hatte. Die mitunter wirklich rührende Unschuld seiner Melodien, deren Rhythmen sich immer nach dem Bedürfnisse des Augenblicks und nicht nach festgestellten Formen richteten und erzeugten, sind vergeblich zu erreichen versucht worden. Überstrahlt haben seine Werke alle die seiner Zeitgenossen Monsigny, Dalayrac, Martini usw., welche auch jene von ihm eröffnete Bahn betraten, die für die komische und lyrische Oper, nur etwas dem Zeitgeiste genähert, noch jetzt von Berton, Le Sueur, Boieldieu usw. verfolgt wird und deren Musikgattung selbst durch die musikalische Revolution des riesenhaften Gluck. der der großen Oper eine neue Welt eröffnete, keine bedeutende Veränderung in ihrem innern Wesen erlitten hat.
Grétry hat gegen siebzig dramatische Werke geschrieben. In allen Teilen Deutschlands sind davon die meisten unzählige Male gegeben. Ich nenne nur: *„Le Tableau parlant“*, *„Les deux Avares“*, *„Zemire et Azor“*, *„La Rosière de Salency“*, *„Le jugement de Midas“*, *„Richard Cœur-de-Lion“* usw. Am wenigsten kennt man seine *„Pierre le Grand“*, *„Guillaume Tell“*, *„Amphitryon“* usw.
Der Stoff des Fürst Blaubart ist aus dem uralten Märchen

gleichen Namens entlehnt und hat sich nebst „Richard Löwenherz" und „Zemire und Azor" am meisten beliebt erhalten, ja, ist am wiederholtesten von den Theaterdirektionen hervorgesucht und erneut auf die Bühne gebracht worden.
Bei einer ähnlichen Veranlassung in Wien hat man es dem Bedürfnisse des Zeitgeschmackes gemäß und für nötig erachtet, die würzigere, reichere Instrumentation, die ihm eigen, auch diesem Werke zu erhöhter Wirkung desselben beizugeben.
Diese Bearbeitung hat der verstorbene Kapellmeister Fischer mit großer Liebe und Einsicht übernommen, und wenn es gleich dem Kunstkenner unstreitig werter sein würde, die Oper ganz in ihrer Originalgestalt zu hören, so ist es doch von der andern Seite nicht zu leugnen, daß sie durch diese Bearbeitung dem Sinne unserer jetzt lebenden Musikwelt nähergebracht worden, ohne der Eigentümlichkeit ihrer Ideen beraubt worden zu sein. Shakespeares, Calderóns und anderer Werke leiden unter demselben Drucke.
Daß *wir* es so geben, beruht auf mehreren Gründen, vorzüglich aber auch auf der Überzeugung, den Manen Grétrys dadurch nicht unwürdig zu begegnen, ja, es der Fassungs- und daher Würdigungsgabe des dermaligen musikalischen Publikums vertrauter und lieber gemacht zu sehen.
Auch als politischer Schriftsteller hat sich Grétry 1801 („De la Vérité", 3 Vol.) gezeigt. Seine musikalischen Abhandlungen aber beweisen die gänzlichste Unwissenheit in der musikalischen Literatur und wie sehr er alles aus eigenem Gefühle geworden und gefunden, indem er Dinge, die in Deutschland fast jeder Chorknabe seit Jahrzehnten kennt, für ganz neu gemachte Entdeckungen ansieht.
Doch das gehört in das große Register der französischen Gelehrsamkeit. 1817

„Lodoiska", Oper von Cherubini

Donnerstag, den 24. Juli, erscheint auf dem Königl. Hoftheater zum ersten Male *„Lodoiska"*, große Oper in drei Akten. Musik von Cherubini.

Einer der wenigen Kunstheroen unserer Zeit, der, als klassischer Meister und Schöpfer neuer, eigener Bahnen, ewig in der Geschichte der Kunst hell erglänzen wird.

Die Tendenz seiner Geisteskraft gehört, gleich der Mozarts und Beethovens – obwohl jeder auf seine ihm rein eigentümliche Weise – dem in unserer Zeit Vorherrschenden, dem Romantischen an.

Ernst, oft bis zum düstern Brüten – stets die schärfestbezeichnendsten Mittel wählend, daher glühendes Kolorit – gigantisch groß im Auffassen des Ganzen und der einzelnen Situationen – kurz und energisch – manchmal scheinbar abgerissen, die Ideen hingeworfen, die aber, in dem tiefgedachtesten innern Zusammenhange stehend, mit dem üppig gewürztesten harmonischen Reichtume geschmückt, recht das wahrhaft Bezeichnende dieses Tonschöpfers ausmachen, und die Tiefe seines Gemütes – das, bei den großgedachten Konturen und Massen, die reichlichst ausgestattete Ausführung jedes scheinbaren Nebenzweiges sorgfältig berücksichtigt beurkunden: das ist seine Weise.

Aus letzterem entspringt es oft, daß der, welcher nicht imstande ist, das Ganze auch mächtig zu überblicken, häufig in Versuchung kommt, einen Teil fürs Ganze zu nehmen und so auf Abwege zu geraten, die ihn die Absicht des Komponisten nicht erraten oder zerstückelt erscheinen lassen. Dies geschieht vorzüglich in der unglückseligen Klasse der selbstzufriedenen Halbkenner. Den unbefangenen Kunstfreund wird es ergreifen, selbst wenn ihm manche Mittel unerhört fremdartig gewählt vorkommen und er hinterher den Kopf schüttelt, es fast sich selbst übelnehmend, daß ihn sein Gefühl so seltsam überrascht habe, gegen allen musikalischen Anstand, den er bisher in der gewöhnlichen Opernmusik gelernt zu haben glaubt.

Ein Anflug von Schwermut ist allen Arbeiten Cherubinis beigemischt, und seine humorreichsten und heitersten Melodien werden immer etwas Rührendes in ihrem Innern tragen.

Bei seiner Art zu arbeiten läßt sich am allerwenigsten die ohnedies so einseitig bezeichnende und das Kunstwerk so elend in zwei Hälften teilen wollende Redensart: dies oder jenes Musikstück sei besonders schön instrumentiert, anwenden. Ein wahrer Meister hat im Augenblicke des Empfindens auch alle ihm zu Gebote stehenden Mittel als Farben vor Augen. Er denkt sich sowenig als der Maler eine nackte Gestalt, die er erst später mit glänzenden Lappen und Steinchen aufputzen möchte. Ja, unter dem reichen Faltenwurfe entdecke man allerdings die innere Ursache desselben in der ihn erzeugenden Muskel usw.; aber das *Ganze* muß *ganz* gedacht sein, sonst bringt es auch nur Halbheit vor das Auge oder Ohr des Genießenden, ist ein angeputzter Gliedermann und keine lebende Gestalt.

Bei Cherubini geht dieses Verschmelzen aller Mittel zum Totaleffekt oft so weit, daß man ihm häufig, aber gewiß mit Unrecht, Mangel an Melodie vorgeworfen hat, und es ist nicht zu leugnen, daß er der Melodie des ganzen Musikstückes oft das gewöhnlich als eigentlich melodieführend angenommene Mittel des Sängers untergeordnet hat.

Wenn dies allerdings nicht in seinem ganzen Umfange zur Nachahmung zu empfehlen ist, so liegt auch wohl großenteils (namentlich in Arien, wo es am wenigsten zu billigen) Entschuldigung für ihn darin, daß er für *französische* Sänger, sive Schreier, schrieb, die den Ausdruck des Affektes mehr in der durch die Orchesterbelebung höher potenzierten Deklamation suchen, da hingegen der Italiener mehr durch sich und durch den eigenen Gefühlsausdruck wirken will und der Deutsche (Mozart) abermals beides in sich zu vereinen sucht.

Obige Vermutung findet ihre Gründe in den verschiedenen Werken Cherubinis. Diejenigen derselben, deren

Charakter die höchste Leidenschaftlichkeit erfordert, sind ganz in diesem Stile geschrieben, der auch seiner Natur am innigsten verwandt und lieb ist. Das erste dieser Gattung war *„Lodoiska“* (Paris, 1791); ihr folgte, am meisten hervorragend, *„Elisa“*, 1794; *„Medea“*, 1797. Andere Gefühlsart heischend und aller Herzen gewinnend erschien 1800 *„Les deux Journées“* oder der allgemein hochgeliebte *„Wasserträger“*. In *„Faniska“* (1806, Wien) verschmolzen beide Gattungen in eins, nur scheint es mir manchmal, als habe Cherubini sich doch zuweilen etwas Zwang angetan, um auf den weichlich gewöhnten Wiener Geschmack einige Rücksicht zu nehmen.

Wahrscheinlich hätte sein Genius eine andere Richtung genommen (jedoch gewiß immer eine höchst eigentümliche), wäre er in seinem Vaterlande Italien, wo er zu Florenz 1760 geboren ist und bei Sarti seine bedeutendsten Studien machte, geblieben.

Merklich unterscheiden sich seine von 1780 mit *„Quinto Fabio“* begonnenen theatralischen Werke von diesen späteren, deren Epoche mit *„Lodoiska“* begann, obschon derselbe tiefe Ernst schon auf jenen ruhte.

Die Wirkung, die Mozarts und Haydns Werke auf sein Gemüt machten, bestimmte ihn, einen neuen Weg zu gehen, so wie das wahre Genie immer bei Bewunderung des Fremden nicht dessen Nachahmer wird, sondern nur dadurch den schönen Anstoß erhält, neue Bahnen zu finden.

Seine letzten Opern, *„Pygmalion“* und die *„Abenceragen“*, haben sich noch nicht in Deutschland verbreitet; die bereits genannten aber desto mehr.

Im Kammerstile hat man mehrere Kantaten usw. von ihm; eine dreistimmige große Messe und eine vierstimmige soll vollendet sein.

Als einer der Inspektoren des Konservatoriums zu Paris, dankt die Kunst viel seinem Eifer und seiner echt künstlerischen Strenge.

Er lebt still eingezogen im Kreise der Seinigen, ist so bescheiden als groß und beurkundet auch als Mensch den *wahren* Künstler, der nur in Reinheit des Herzens und der daraus entspringenden inneren Ruhe ganz sich dem innersten Heiligtume der Kunst nahen kann. 1817

„Die Entführung aus dem Serail", Oper von Mozart

Mittwoch, den 17. Juni 1818, erscheint zum erstenmal auf dem Königl. Hoftheater Mozarts herrliche Oper *„Die Entführung aus dem Serail"*.

Es gibt wohl nicht leicht eine wichtigere Angelegenheit für den Kunstfreund, als den Entwicklungsprozeß der großen, ihre Zeit gestaltenden und beherrschenden Geister zu beobachten, der sich doch am lebendigsten und sprechendsten in der Zeitfolge ihrer bedeutenden Werke entfaltet.

Von früher Jugend in die Geheimnisse der Kunst mit Ernst eingeweiht, ihrem anhaltenden Studium ergeben und mit dem schöpferischsten Geiste begabt, mußte doch auch bei Mozart das gesammelte wie das gottgeschenkte Material erst die Zeit verarbeiten und abgären, ehe die Klarheit tagen konnte, die in dieser Oper herrscht.

Durch eine Art von wunderbarem Kunst-Volksglauben wird sie fast allgemein für Mozarts erste Oper gehalten, und ist doch seine vierzehnte. Aber hier, wie immer, liegt einer so durchgehends fest geglaubten Meinung ein inneres, tief gefühltes Wahrheitsprinzip – die unbekannten Obern göttlichen Ursprungs im richtenden Menschen – zugrunde, denn so wie im früheren *„Idomeneo"* (1780 zu München) fast aller Farbenstoff der späteren Mozartschen Werke wie auf der Palette dargelegt mir erscheint, und das Gewicht des Wissens mit des Genius Freiheitslust zu kämpfen beginnt, so trägt in der *„Entführung"* (1782 zu Wien) die heitere Jugendfrische den Sieg davon – obwohl mit Lust auch die Meisterschaft der Harmonie hin und wieder gern streng beweisend oder über die Gebühr ausspinnend in jugendlicher Überschwenglichkeit und gefälligem Wiegen in dem Selbsterzeugten (z. B. die große

Arie der Konstanze, die aber hier, nach Mozarts eigenem späterem Beispiele, abgekürzt erscheint) – und ist so das erste Werk oder die erste Stufe *der* künstlerischen Vollendung Mozarts geworden, die die Welt in ihm ehrt, anstaunt und nach ihm nennt.

Merkwürdig zeigt sich in der *„Entführung“* die vollkommenste Auffassung dramatischer Wahrheit und charakterisierender Deklamation vermischt mit dem hin und wieder noch nicht ganz gelungenen Lossagen von dem damals in Form und Schnitt Herkömmlichen, was später in ganz abgeschlossener Überzeugung, mit männlicher Kraft und Besonnenheit, bloß der *Wahrheit* huldigte. (*„Figaro“*, 1786, Wien; *„Don Juan“*, *„Zauberflöte“*, *„Titus“* usw.) Meinem persönlichen Künstlergefühle ist diese heitere, in vollster, üppiger Jugendkraft lodernde, jungfräulich zart empfindende Schöpfung besonders lieb. Ich glaube in ihr das zu erblicken, was jedem Menschen seine frohen Jünglingsjahre sind, deren Blütenzeit er nie wieder *so* erringen kann, und wo beim Vertilgen der Mängel auch unwiederbringliche Reize fliehen. Ja, ich getraue mir, den Glauben auszusprechen, daß in der *„Entführung“* Mozarts Kunsterfahrung ihre Reife erlangt hatte und dann nur die Welterfahrung weiterschuf. Opern wie *„Figaro“* und *„Don Juan“* war die Welt berechtigt, mehrere von ihm zu erwarten; eine *„Entführung“* konnte er mit dem besten Willen nicht wieder schreiben.

Der Wunsch des uns freundlich willkommenen Gastes und Landsmannes, Herrn Tenorsängers Gerstäcker, die Rolle des Belmonte zu geben, bringt zunächst diese Oper auf unserer Bühne und veranlaßt zugleich dadurch den ersten Versuch eines bei uns erblühenden Talentes.

Mlle. Hähnel, Mitglied des Singechors, wird die Rolle der Konstanze singen, und ich darf mit fröhlichem Vertrauen auf den freundlich teilnehmenden Sinn des gebildeten Dresdener Publikums rechnen, wenn ich seiner Nachsicht ihre Schüchternheit und seiner Aufmerksamkeit ihre vorzüglichen Naturanlagen zu gütig wohlwollender Teilnahme zu empfehlen wage.

Es gereicht mir dabei zum besonderen Vergnügen, die kaum neun Monate bestehende Anstalt des Singechors, ihrer wahren, inneren Bestimmung gemäß als Pflanzschule für die Oper, durch die Mitwirkung kenntnis- und willenvoller Männer schon solche Blüten treiben zu sehen, die die schöne Hoffnung nähren lassen, aus eigenen, vaterländischen Kräften das nach und nach zu schaffen, was andere Kunstanstalten, nur vom Zufall und dem vielfarbigen Rufe abhängig, mit Gold aufwiegen müssen.
In bezug auf die hier besprochene Oper finde ich noch nötig zu bemerken, daß die hohe Tonlage der Rolle der Konstanze außer dem Stimmumfange liegt, den man gewöhnlich billigerweise von einer Sängerin zu fordern berechtigt ist. Dies für die wenigen, die nur das gut finden können, was auch unumgänglich nötig ist, und die doch auch am Ende zugeben müssen, daß es sehr unrecht wäre, wenn zum Beispiel der Bassist X. es dem Tenorist Y. übelnehmen wollte, daß er, X., nicht auch Tenor sänge.
Gott durch sein Naturgeschenk und dann der Komponist durch seine Kompositionen weisen jedem seinen Wirkungskreis an. Und auch dieses sei ein wiederholter Entschuldigungs- und Empfehlungsgrund – wenn dessen vonnöten –, daß Mlle. Hähnel es wagt, die ihr zugeteilte Rolle auszuführen. 1818

„Emma di Resburgo“, Oper von Meyerbeer

Wenn man den Gang der Kunsterscheinungen und deren Erfolge auf den Theatern Deutschlands beobachtet, so drängt sich gewaltsam die trübe Überzeugung auf, daß meistens nur Zufall und Glück das Gelingen der ersteren bestimmen.
Die Wahl derselben folgt oft einem ebenso zufällig entstandenen Rufe, als es nur dem Glücke anheimzustellen ist, ob auch *die* Mittel an dem Orte der Aufführung vorhanden, die, gerade zum Zwecke führend, das Kunstwerk

in allen seinen Teilen, der ursprünglich dabei vorwaltenden Idee gemäß, wiedergeben können.

Wo ist aber auch die Theaterverwaltung zu finden, die, ohne Einwirkungen von oben, unten, außen und innen, frei einem auf wahre Kunstprinzipe begründeten Plane folgen könnte?

In allem diesen möchte wohl die Lösung des scheinbaren Rätsels liegen, wie in so entschiedenen Gegensätzen hoher Beifall und gänzliches Mißfallen ein und dasselbe Werk treffen können; und wie glücklich dagegen der Komponist in Frankreich und Italien sei, wo der Erfolg fast ganz in seine Hände gelegt ist – hält er nämlich Gefallen für seinen höchsten Zweck – und wo er dann nur gewandt genug sein darf, alle ihm dargelegten Mittel wirksam aufzustellen und zu verwenden.

Hat er aber auch in einem einzelnen Lande Lorbeeren errungen, will er nun der Welt angehören, verbreiten sich seine Werke: Wer steht ihm dafür, daß gerade dasjenige am dritten Orte gewählt werde, das am sprechendsten ihn bezeichnet, aus seiner besseren, vollendeteren Epoche genommen sei? Abermals der Zufall, das Glück. Und diesen beiden möge es auch der Komponist Meyerbeer verdanken, daß das Zusammentreffen mancher Umstände die Aufführung von zwei seiner Opern fast zu gleicher Zeit bedingt hat.

Wir erhalten im Laufe nächster Woche von ihm:

„Emma di Resburgo“, Opera seria. Italienisch.

„Alimelek“, komische Oper. Deutsch.

Zwei der verschiedenartigsten Blüten seines reichen, herrlichen Genius, die ihm hoffentlich den Beifall der Freunde der italienischen und der deutschen Tongestaltungen und den des wahren Kenners, der inmitten dieser Parteien steht und das Gute würdigt, es komme, woher es wolle, es von dem Standpunkt des Erzeugers desselben beurteilend, erwerben werden.

Herr Meyerbeer aus Berlin machte schon in seinen Kinderjahren Epoche als Klavierspieler, welches Talent er späterhin zu einer Vollkommenheit ausbildete, die ihm den Rang unter den ersten, wenn nicht gar den des ersten Klavierspielers unserer Zeit anweist. Unabhängig von Sorgen für seine Existenz, weihte er sich mit voller Liebe der Musik, deren ernstes Studium in ihren geheimsten Tiefen er sich angelegen sein ließ. Dem zweijährigen Umgange des verewigten Abt Vogler dankt er nächst eigenem Forschen den größten Teil seiner musikalischen Bildung, die, auf den Grund einer sorgfältigen Erziehung in literarisch-wissenschaftlicher Hinsicht und Kenntnis fremder Sprachen gebaut, ihm das verlieh, was jedem Künstler, dem es ernst ist mit der Kunst, nie als Basis fehlen sollte. In dieser Epoche (1811, Darmstadt) schrieb er ein Oratorium: *„Gott und die Natur"*, gedichtet von Schreiber. (Aufgeführt im Mai 1811 in Berlin.)

Ein treffliches, feuerloderndes Werk voll tiefer, harmonischer Schönheit und kontrapunktischer Verwicklungen, ohne dabei der reizendsten Melodien zu entbehren. Doch natürlich das durch Studium Liebgewordene vorherrschend. Ungefähr in demselben Geiste schrieb er die große, ernste Oper *„Jephta"* (ebenfalls von Schreiber gedichtet) für München; und wenn die Haltung derselben damals manchem Kenner etwas bunt erschien, so lag das wohl in dem Bestreben, dem Sänger überhaupt mehr zu genügen, das mit der Überfülle harmonischer Verflechtung, besonders in den Chören, einen Zwiespalt, durch Nachgiebigkeit und innere Überzeugung im Gegensatze, vorblicken ließ.

Schon im Jahre 1813 ernannte S. K. H. der Großherzog von Darmstadt aus eigenem Antriebe, als Anerkennung der Talente Meyerbeers, denselben zu seinem Kammerkompositeur.

Für Stuttgart zunächst schrieb er nun die Oper *„Alimelek"* (welche er später in Wien umarbeitete und die besonders in Prag viel Glück machte), ging dann zu Vervollkommnung seiner Bildung, nachdem er Deutschland durchkreuzt hatte, nach Frankreich und von da nach Italien, wo er in Padua die Oper *„Romilda e Constanza"* mit Erfolg auf die Bühne brachte, neuestens aber durch *„Emma*

di Resburgo" in Venedig einen unglaublichen Enthusiasmus erregte, den alle öffentlichen Blätter bestätigen.
Dem Wunsche des Komponisten zufolge, wird bei uns diese Oper den Reihen eröffnen. Ich erlaube mir aber, zuerst von „*Alimelek*" als dem Erstgeborenen zu sprechen.
Der anziehende, heitere und gemütvolle Stoff (der erwachte Schläfer aus „*Tausendundeiner Nacht*") ist vom Dichter, Herrn Wohlbrück (dermalen in Leipzig), mit vieler Theaterkenntnis, Laune und musikbegünstigend geschrieben. Der Komponist hat in Einheit und Haltung des Ganzen und Zeichnung der Charaktere sich als Meister bewiesen. Dabei entfaltet er die Beweise seines ernsten musikalischen und dramatischen Studiums durch die schöne Verbindung selbständiger Melodieformen. Alles voll reger, lebendiger Phantasie, ohne Weitschweifigkeit immer schnell in der Handlung fortrückend, bloß die möglichst dramatische Wahrheit vor Augen habend, treffliche Deklamation, liebliche, oft üppige Melodien, reiche, neue Harmoniewendungen, oft in überraschender Zusammenstellung gedachte Instrumentation, die, mit vieler Zierlichkeit verschlungen, auch freilich fast die Sorgfalt eines Quartettvortrages erfordert: dieses möchte das Bezeichnende dieses Werkes sein und es ganz als deutsches Kunstwerk stempeln.
„*Emma di Resburgo*" trägt hingegen ganz das Gepräge des Himmelstriches, unter dem sie geschaffen wurde, und des jetzt da herrschenden Musikgeistes.
Ich glaube, daß der Komponist es sich zum Ziele gesetzt hatte, gefallen zu wollen, um so zu zeigen, daß er als Herr und Meister über alle Formen schalten und gebieten könne.
Es muß recht tief hinein böse sein mit dem Verdauungsvermögen der italienischen Kunstmägen, daß der gewiß aus eigener, selbständiger Kraft schaffen könnende Genius Meyerbeers es für notwendig erkannte, nicht nur süße, üppig schwellende Früchte auf die Tafel setzen, sondern sie auch gerade mit diesen Mode men verzuckern zu müssen.

Es versteht sich von selbst, daß oben berührte Vorzüge des Komponisten, soweit als in der Gattung tunlich, in diesem Werke sich auch wieder finden und daß es dem Beobachter höchst merkwürdig sein wird, ein so ganz verschiedenartiges Streben in diesen beiden Werken auf gestellt zu sehen, wie ich bei keinem andern Komponisten ein ähnliches Beispiel nachweisen könnte.

Herr Meyerbeer hat nun also das Vielseitige seines gewiß originell sein könnenden Talentes bewiesen und daß er vermöge, was er wolle.

Darf der Schreiber dieses einen Wunsch aussprechen, so ist es der, daß Herr Meyerbeer nun, nachdem er die Kunst in ihren vielseitigen Abzweigungen nach der Gefühlsweise der sie pflegenden Nationen studiert und seine Kraft sowie die Geschmeidigkeit seines Talents erprobt hat, ins deutsche Vaterland zurückkehren und mit den wenigen, die Kunst wahrhaft Ehrenden, auch mit fortbauen helfen wolle an dem Gebäude einer deutschen Nationaloper, die gern von Fremden lernt, aber es in Wahrheit und Eigentümlichkeit gestaltet wiedergibt, um uns so endlich auch den Rang unter den Kunstnationen festzustellen, dessen unerschütterlichen Grund Mozart in der deutschen Oper legte. 1820

„Die Bergknappen", Oper von Hellwig

Wenn man die in jeder Hinsicht geringe Aufmunterung berücksichtigt, die dem Opernkomponisten in Deutschland zuteil wird, so muß man sich fast verwundern, daß es Tonkünstler gibt, die diese gefahrvolle, Zeit, Anstrengung und langwierige Erfahrung vorzugsweise vor allen andern Kunstzweigen bedingende Bahn noch zu betreten Lust haben. Diese Wahrheit ist vom Publikum und von den Direktionen anerkannt. Jeder dieser Teile will dem andern die Schuld davon zuschieben. Sollten aber nicht vielleicht *beide* dieselbe auf sich geladen haben?

In Italien füllen die unausgesetzten Wiederholungen von

zwei oder drei Opern eine ganze Jahreszeit (Stagione) aus. Da kann die Direktion ihre Kräfte und Mittel gern und erfolgreich anwenden. Nicht ganz auf dieselbe Weise, aber eben so weitwirkend und umfassend sind die Resultate eines gelungenen Kunstwerkes in Frankreich. In beiden Ländern aber ist, und dieses bleibt der Haupthebel, die Erscheinung einer neuen Oper Nationalangelegenheit. Die regste Teilnahme vor und nach der Aufführung stellt den Komponisten auf den hohen Standpunkt, von dem aus er die Bedeutendheit seines Unternehmens fühlen und von ihm entweder ganz erhoben oder – reicht seine Kraft nicht – unbedingt in den Staub geworfen werden muß. Enthusiasmus nebst reichlichem Ehrensolde winken und sichern ihm eine Existenz qua Komponist.

In Deutschland will man Neues! Multum. – Ist es gut: nun, das ist gut – ist es schlecht: nun, es kann nicht alles gut sein. – So muß die kühle Gemessenheit in Lob und Tadel das Feuer des Künstlers ungenährt lassen und die Abnahme des Besuches bei öfterer Wiederholung den Direktionen die Mittel und den Willen nehmen, die Komponisten so aufzumuntern und zu lohnen, als es wohl sein sollte.

Ich breche ab, indem dieses reichhaltige Thema (die Lust nach Neuem) mich zu weit führen würde, wenn ich auch nur das ihm zunächst Liegende noch berühren wollte, zum Beispiel die daraus hervorgehenden, wirklich bis ans Unnatürliche grenzenden Forderungen an die Sänger einer deutschen Opernbühne, wo man das Gute *aller Länder,* abwechselnd vorbeigeführt, verlangt – also den Gesang des Italieners, das Spiel des Franzosen in der leichteren Gattung und den Ernst des Ausdrucks und korrekten Gesanges der deutschen Musik in *einem* Individuum vereint sehen und hören will. –

Ich komme zu dem, was mich zu bevorstehender Ergießung verleitete. Es ist die Bemerkung: dem deutschen Künstler sei vorzugsweise der wahre Eifer eigen, im stillen die Sache, eben um der Sache willen, zu tun. Freilich kann er es oft erst dann, wenn er durch andere sogenannte

Lohnarbeit, Unterricht usw. seine bürgerliche Existenz notdürftig gesichert sieht. Denn, gelänge ihm auch ein Bühnenwerk, welchen Ehrensold hat er in Deutschland zu erwarten? Ein halbes Dutzend Bühnen (wenn es hoch kommt) honorieren ihn mit doppelten Kopiaturkosten allenfalls, die andern wissen es sich noch wohlfeiler unterderhand zu verschaffen, und zu diesem Erfolge gelangt er auch nur, wenn sein Werk auf einer bedeutenden Bühne schon Glück gemacht hat. Sonst wagt sich schon gar keine Theaterunternehmung daran. Wenige Ausnahmen zählen hier nicht.

Also auf gut Glück schließt sich der arme Komponist, der sich dazu getrieben fühlt, in sein Kämmerlein und setzt seinen Fleiß, seine Nächte, sein Herzblut und die bangste, peinigendste Erwartung daran, seinen bis dahin gut erworbenen, musikalischen Leumund durch eine, so vielen Zufällen preisgegebene Aufführung vielleicht auf lange Zeit zerstört zu sehen. Aber nun, er tut es, weil in ihm das *Muß* wohnt – und läßt den Himmel weiter sorgen.

Hier wird uns in der Oper *„Die Bergknappen“* (den 27. April 1820 zum ersten Male auf der Königl. Bühne), von Th. Körner noch gedichtet, ein aufs anspruchloseste und mit stiller Liebe geschaffenes Werk gegeben. Herr Ludwig Hellwig (Bruder des geehrten Künstlers in unserer Mitte, Herrn Regisseurs Hellwig) ist der Komponist derselben. Geboren 1773 in Kunnersdorf bei Wriezen an der Oder, kam er im dreizehnten Jahre nach Berlin und widmete sich der Tonkunst. Bei dem verewigten Gürrlich erwarb er sich Harmoniekenntnis, und der Eintritt in die Singakademie in seinem zwanzigsten Jahre gab seinem musikalischen Wirken die eigentliche Richtung, die sich auch in dieser Oper hinsichtlich der Vorliebe, mit der die Chöre und mehrstimmigen Gesangstücke bearbeitet sind, darlegt. Mit Achtung und Rührung spricht er es selbst aus, wieviel er diesem herrlichen Institute und seinem würdigen Direktor (Herrn Zelter) verdanken zu müssen glaubt.

Selbst mit einer wohlklingenden Stimme begabt, schenkte

man ihm Zutrauen als Gesangslehrer mit vollem Rechte. Das Studium der besten Meister in ihren Werken und später eigene kontrapunktische Übungen mit Abraham Schneider gaben ihm Gewandtheit und Reinheit in Stimmführung und thematischer Bearbeitung. Als Liederkomponist in der ein- und mehrstimmigen Gattung gewann er viele Teilnahme. Für die Singakademie schrieb er unter andern einen Psalm und ein Requiem; außerdem die Oper *„Don Silvio di Rosalba"*, die er aber selbst nie zur Aufführung bringen wollte, mehrere einzelne Arien mit Orchesterbegleitung usw.

Welches Zutrauen man in seine Kenntnisse und seinen Eifer setzte, beweist sich dadurch, daß der hochzuehrende Lenker der Singakademie, Herr Zelter, ihm meist in seiner Abwesenheit die Zügel anvertraute, und neuerlich hat sich die günstige öffentliche Meinung durch seine Anstellung als Musikdirektor am Dome zu Berlin wiederholt bewährt. 1820

„Heinrich der Vierte und d'Aubigné", Oper von Marschner

Es ist eine eigene, feierliche Sache um das erste Erscheinen eines Komponisten vor dem größeren Publikum. Wieviel hängt von dem Erfolge desselben für ihn ab! Wie leicht kann ihn ein Mißlingen irre an sich selbst, an seinem Berufe machen!

Kommt ihm gleich, als sich Neuversuchendem, einesteils die Nachsicht der Hörer zugute, so ist ihm dagegen die Nichtbeachtung und die sich nicht tief eingehender Aufmerksamkeit hingebende Stimmung derselben, einem unberühmten Namen gegenüber, fast noch verderblicher, besonders wenn ihn sein Talent auf eigener Bahn führt, die natürlich anfangs des Unebenen und noch nicht ganz zweckmäßig Geordneten manches haben muß. Das eben ist des Rufes größter Vorteil, daß die Erzeugnisse des Namens, den er mit seinem Glanze hervorhebt, mit sicherer Erwartung von etwas Vorzüglichem empfangen werden und man selbst Sonderbarkeiten mit der schon einmal hegenden Achtung ins Gleichgewicht zu bringen und ihren Grund aufzusuchen sich die Mühe nicht verdrießen läßt.

Nun, nicht jedem wird es so gut, vor einem Dresdner Publikum seinen ersten Ritterdank verdienen zu dürfen.

Ein wahrhaft vaterländisches Erzeugnis tritt in die Schranken. Heinrich Marschner, geboren 1794 in Zittau, ist der Komponist der Oper *„Heinrich der Vierte und d'Aubigné"*, die den 12. Juli 1820 zum ersten Male auf dem Königl. Theater erscheint. Mit Freuden wird man den Landsmann mit lebendiger, eigentümlicher Erfindung, blühender Melodie und reicher, fleißiger Ausführung ausgestattet sehen, und ich erlaube mir, meinerseits den Glauben auszusprechen, daß uns aus solchem Streben nach Wahrheit, aus so tiefem Gefühle entsprungen, ein gewiß recht achtungsvoller dramatischer Komponist erblühen wird.

Im neunten Jahre trat Marschner ins Gymnasium und den Singchor zu Zittau ein. Er wurde bald Konzertist, und schon in diesem Alter entzündeten ihn die Werke unserer besten Meister, daß er oft schnell nach Hause lief, um auch so etwas zu machen – aber ach, es war ja nicht einmal Gelegenheit da, den Generalbaß zu erlernen. Da kam Hering nach Zittau und erteilte dem Wißbegierigen, wenn auch nur selten, Unterricht. Nach so, nur etwas gebrochener Bahn suchte er selbstforschend in Büchern und Partituren zu lernen. 1813 ging er nach Prag und Leipzig. Dem Hören größerer Werke und der Gewogenheit unseres trefflichen Schicht glaubt er fast alles zu danken zu haben. Seine Ideen wurden heller, die dunklen Bilder traten ins klare Bewußtsein. Einige Sonaten, Kantaten und Lieder usw., die er hier schrieb, erschienen auch in der Leipziger Musikhandlung. Aber die Oper und in ihr Mozarts Genius zogen ihn vor allem an. Er ging anfangs 1816 nach Wien und nahm bald darauf ein Engagement bei dem Grafen Joh. Zichy in Preßburg an, wo er Muße hatte, größere Werke anzufangen. Aber wo ein

Buch hernehmen? Aus Verzweiflung und im Drange, die Flügel zu regen, bearbeitete er die der Leipziger Ausgabe beigefügte deutsche Übersetzung der Oper „*Titus*". Natürlich auf ewig von ihm vergraben. Im November 1816 komponierte er den „*Kyffhäuser Berg*" in 1 Akte, und endlich 1817 erhielt er von Heinrich Alberti (ich glaube, der nicht unrühmlich, besonders in Bayern, gekannte Dichter Eckschläger) das Buch zum „*Heinrich*". 1818 schrieb er die ernste Oper „*Saidar*" von demselben Dichter, die in Preßburg mit Beifall aufgenommen wurde und hoffentlich künftigen Winter dem Publikum Gelegenheit geben soll, in den verschiedenen Gattungen der Konversations- und ernsten Oper seinen Mitbürger beurteilen zu können. 1820

Einige Bemerkungen, das vom Buchstaben C über die Aufführung der „Vestalin" den 14. Januar in Nr. 19 der Abendzeitung Niedergeschriebene betreffend[64]

Es ist eine schöne Sache um den Enthusiasmus. Dem Künstler muß er besonders teuer sein, und ich ehre ihn, selbst wenn er sich, in südlich helle Dunkelheit und alle erdenklichen Blumendüfte gehüllt, hinreißen läßt, seine Puppe mit dem purpurfarbensten Glanze zu umgeben.
Wenn nun aber dieses zarte Pflänzchen – vom Auslande oft mit verwundernden Blicken betrachtet – bei uns, von allen Wohldenkenden und Unterrichteten bisher recht freundlich geduldet, im fetten Boden nun gar zu ungestört so heranwächst, daß es glaubt, alles was es ausduftet, sei auch wirklich wahr und richtig, weil es noch keinen Widerspruch empfunden, so muß ich zur Steuer der Wahrheit und mit offenem Helme – wie ich es gewohnt – ihm begegnen.

Möge es ruhig die Begegnung empfangen und glauben, daß sie wahrhaft wohlwollend für den Buchstaben C. sei, von dessen Willen zum Guten ich gern überzeugt sein will, der aber nur immer die fast entgegengesetzt wirkenden Mittel wählt.
Ich kann mich bei dieser Gelegenheit mit um so größerer Beruhigung aussprechen, als das mir gespendete Lob bei weitem den Tadel überwiegt und es desto klarer am Tage liegt, daß ich nicht persönlich beleidigt, sondern nur als Anwalt der Wahrheit auftrete, die gegründete Urteile fordert.
Es ist alten Herkommens, daß man die Sache, die man beurteilen will, auch verstehen soll. Sollte dies hinlänglich bei dem Buchstaben C. der Fall sein???
Was das *Klassische* des gewiß hochzuehrenden, genialen und feuriglodernden Spontini betrifft, höre man das Wort Försters:

„Das Klassische.
Hier erfreut der Geist und dort der Reiz der
Gestaltung,
Aber im Klassischen schmilzt Wesen zusammen
und Form."

Der lobenden Anerkennung der Sängerleistungen die Steuer der Wahrheit und freundlichen Dank für das dem weiblichen Chor und mir Gespendete.
Die Chöre dieser Oper überhaupt betreffend, so treten der Sache gemäß die Weiberchöre herrschend hervor und stellen die der Männer in Schatten, wenn auch sonst die vereinte Stimmenzahl in gutem Verhältnis gegenseitig stünde. In Dresden mangelte früher der weibliche Chor gänzlich, daher das heute in überwiegendem Lichte Hervortreten desselben, welches sonst umgekehrt der Fall war. Bei den vorigen Chören, wie bei dem jetzigen, fehlte den Männern, namentlich den Bässen, die kräftige Fülle, die nur das mit dem männlichen Alter sich erzeugende physische Vermögen geben kann. Dieser Mangel muß mit dem Verlauf jedes Tages weniger fühlbar werden, welches bei den sich halbjährig stets erneuenden Kreuzschüler-

chören[65] nicht möglich war, künftige größere Auswahl ungerechnet.
Rücksichtlich des Fehlens des Männerchors hat der Buchstabe C. wohl etwas bemerkt, aber nicht gewußt, wo es herkam, noch wie es entstand. Eben der *weibliche Chor* war es, der *zu spät* eintrat und den unmittelbar daran sich schließenden Männerchor zu demselben veranlaßte.
Wer aber das falsche Eintreten des Weiberchors veranlaßte, auszusprechen, verbietet mir die Achtung und Nachsicht, die jedem unwillkürlichen Versehen gebührt und die jeder wahre Kritiker – freilich nicht der *Krittler* – hat und haben muß.
Alles so ins Blaue hinaus wallende Loben oder Tadeln ist gleich wirkungslos zum Guten, und der grundlose Tadel kann höchstens bewirken, daß ein Teil gezwungen wird, zur Selbstverteidigung Dinge zu entwickeln, die nicht für das größere Publikum gehören, oder als Ankläger der andern aufzutreten. Zum Beispiel sollten sonst wirklich die Chöre nicht gewankt haben???
Die Stellung der Instrumente eines Orchesters richtet sich nach dem Bedarf der jeweiligen Oper, und ihr Haupterfordernis ist, daß kein Instrument wirkungslos versteckt stehe, der Direktor Bühne und Orchester gleich gut übersehen und ebenso von allen einzelnen Gliedern wieder gesehen werden könne. Die Wirkung ist auf das ganze Haus berechnet. Die Bänke dicht hinter dem Orchester sind in allen Theatern am übelsten beraten, aber eine Kunstanstalt kann keine so höflichen Rücksichten wie ein Gesellschaftszirkel beachten.
Hält der Buchstabe C. es vielleicht für besser, wenn die Trompeten und türkische Musik so unter den Bogen versteckt sind, daß sie weder sehen noch hören und immer außer dem Takte sein müssen, wie ich öfter gehört habe? Sollen die so sehr bedeutenden Violoncellfiguren, auf deren Wirkungen Spontini so viel hält, ferner auch noch bloß von *einem* Violoncell gespielt werden, das mühsam unter und über dem Arm des Dirigierenden sich ängstlich durchwinden muß, um seine Noten zu erhaschen?

Die Zeiten sind vorbei, wo der Baß einer italienischen Oper so friedlich acht oder zehn Takte auf die nämliche Note gelagert und durch unzählige Proben fast auswendig gelernt war, daß er gefahrlos aus der Partitur gespielt werden konnte, überhaupt der am Klavier Sitzende nur sein höflicher Blattumwender war und das meiste dem Primo Violino überlassen blieb. Dies alles geht bei den Musiken unserer Zeit nicht mehr oder höchst unsicher, in Deutschland und Frankreich nirgends mehr, nur noch in Italien kaum.

Doch würde es sehr weit führen, zu rechtfertigen, was eigentlich keiner Rechtfertigung bedarf, und was hier ausgesprochen wurde, geschah aus Achtung gegen Etwas, das der öffentlichen Meinung angehörig ist, und meiner Überzeugung, akustischen und anderen langjährigen Beobachtungen und Erfahrungsgründen gemäß angeordnet wurde.

Endlich erlaube ich mir noch die Frage: Warum der Buchstabe C. nur so ganz ausschließlich den italienischen Leistungen des Königl. Theaters seine Tinte geweiht hat? Es ist ein übel Ding um einseitigen Enthusiasmus. Er gereicht fast immer dem Lieblingskinde zum Schaden, und die Kunst ist eine gute Mutter, *die alles mit gleicher Liebe, gleicher Strenge umfaßt.*

Festes, gegründetes Urteil gebt, und ladet durch anderes nicht den Verdacht der Parteilichkeit auf Verwaltung, Publikum und Redaktion. Will letztere doch individuelle Entzückungen drucken lassen, so möge der Entzückte nur auch sagen: *Der bin ich.* 1818

Carl Maria von Webers Berichtigung der Bemerkungen in Nr. 13 des „Literarischen Merkurs“ über seine dramatisch-musikalischen Notizen in Nr. 17 und 18 der Abendzeitung[66]

Angriffe auf meine Persönlichkeit, wären sie auch noch bitterer ausgesonnen und unterhaltender ausgesprochen, als von dem Herrn Bemerker geschehen, würden mich wahrlich nicht vermögen, die Feder zur Gegenrede zu ergreifen, wenn nicht der Herr Bemerker es mit wahrhaft bewundernswürdiger Dreistigkeit gewagt hätte, ein paar derbe Unwahrheiten in so bestimmtem Tone hinzustellen, daß man nur zu deutlich die Absicht erkennt, er wolle mit diesem Gewaltstreiche die Stimme des Publikums für sich gewinnen.

So eine Zusammenstellung von Wahrem und Unwahrem, halb Erzähltem und ganz Verschwiegenem bedarf also einer Beleuchtung vor der dem Künstler am höchsten stehenden Instanz, vor den Augen des richtenden Publikums.

Der Herr Bemerker beginnt mit folgender groben Unwahrheit oder geflissentlichen Entstellung meines Strebens zum Guten: „Sobald Herr v. W. nach Dresden kam, begann er auch, unzufrieden mit dem musikalischen Geschmacke des dasigen Publikums, wie früher in Prag, das Kunsturteil zu lenken und jeden im voraus zu überzeugen, daß nur die Kompositionen, welche er empfahl und beschützte, Lob und Bewunderung verdienten.“

Habe ich das wirklich getan? Da hätte ich ja wahrhaft übermenschliche Kraft auf die Gemüter zu wirken gehabt.

Aber ich verstehe wohl, was Herr Bemerker meint: Ich werde es wohl nur *gewollt* haben sollen; denn hätte ich es wirklich zuwege gebracht, so müßte ja der Herr Bemerker auch mit überzeugt worden sein und hätte nie seine Bemerkungen bemerkt, wie auch ich gerne getan.

Welche dreiste Verdrehung oder Vergessenheit dessen, was ich vierzehn Tage nach meiner Ankunft in Dresden – eine Zeitfrist, in der wohl niemand den Geschmack eines Publikums beurteilen lernen, also damit weder zufrieden noch unzufrieden sein kann – drucken ließ. (Siehe Abendzeitung Nr. 25, 1817.)
Wie kann man so eine Anmaßung aus ebenbenanntem Aufsatze herauslesen? Ich erlaube mir, hier das Wesentlichste davon zu wiederholen. Der Unbefangene urteile. Als Einleitung sprach ich:

„An die kunstliebenden Bewohner Dresdens

Indem die Bewohner Dresdens durch die huldvolle Vorsorge und bewährte Kunstliebe ihres erhabenen Monarchen vermöge der vorsichgehenden Gründung einer deutschen Opernanstalt eine schöne Bereicherung ihres Lebensgenusses erhalten sollen, scheint es dem Gedeihen der Sache zuträglich, ja vielleicht notwendig, daß derjenige, dem die Pflege und Leitung des Ganzen derzeit übertragen ist, die Art, Weise und Bedingung zu bezeichnen sucht, unter welcher ein solches Unternehmen ins Leben treten kann.
Es ist den Verwaltern des ihnen anvertrauten öffentlichen Kunstschatzes Pflicht, dem Publikum zu sagen, was es zu erwarten und zu hoffen habe und inwiefern man auf freundliche Aufnahme und Nachsicht von seiner Seite rechnen müsse. Die Kunstformen aller übrigen Nationen haben sich von jeher bestimmter ausgesprochen als die der Deutschen. In gewisser Hinsicht nämlich. Der Italiener und Franzose haben sich eine Operngestalt geformt, in der sie sich befriedigt hin und her bewegen. Nicht so der Deutsche. Ihm ist es rein eigentümlich, das Vorzügliche aller übrigen, wißbegierig und nach stetem Weiterschreiten verlangend, an sich zu ziehen: aber er greift alles *tiefer*. Wo bei den andern es meist auf die Sinnenlust einzelner Momente abgesehen ist, will er ein in sich abgeschlossenes Kunstwerk, wo alle Teile sich zum schönen Ganzen runden und einen.

Was mit den schon vorhandenen Mitteln geleistet werden soll, empfehle ich der freundlich nachsichtsvollen Güte des richtenden Publikums. Durch die spätere Bereicherung des Personals wird nicht nur manches schon gegenwärtig Vorzügliche, zweckmäßig an seinen Platz gestellt, im vorteilhaftesten Lichte erscheinen, sondern überhaupt dann erst ein planmäßiger Gang in Hinsicht der Wahl der Opern und deren abwechselnde Folge, sich auf Musikgattung und szenische Tendenz beziehend, eintreten können, der dem Publikum das Beste aller Zeiten und Orte mit gleichem Eifer wiederzugeben suchen soll.
Um die Anschaulichkeit dieses Willens den Kunstfreunden näherzubringen, hoffe ich durch nachfolgende Notizen, die jedesmal dem Erscheinen einer neuen Oper vorangehen werden, wenigstens mein Verlangen an den Tag zu legen, das Gute so weit zu fördern, als meine Kräfte es erlauben, und möge mir dabei der Wunsch nicht verargt werden, dies nicht mißdeutet, sondern mit Liebe aufgenommen zu sehen."
Hierauf folgten die dramatisch-musikalischen Notizen, als Versuche, durch kunstgeschichtliche Nachrichten und Andeutungen die Beurteilung neu auf dem Königl. Theater zu Dresden erscheinender Opern zu erleichtern.
„Ein wahrhaft gutes Werk", hieß es darin, „bewährt freilich in der Länge der Zeit seine Vorzüge und weiß sich die Teilnahme der Menge zu verschaffen, indem es endlich durch wiederholte Anklänge zum Gemüte spricht. Ganz anders ist aber doch die Wirkung, wenn das Gemüt schon gleichsam vorbereitet auf den Genuß ist, der seiner wartet.
Es ist mit allen Verhältnissen im Leben so. Sucht nicht jeder in den Kreis einer Gesellschaft von einem schon geachteten Teile derselben eingeführt zu werden, während dieser durch einige bezeichnende Worte das Wesen seines Eingeführten der Gesellschaft kenntlich zu machen sucht? Von der Geburt bis zum Tode haben wir Patenstelle vertretende Freunde.
Es sei also auch mir erlaubt, die meiner Obhut und Pflege

anvertrauten Werke bei ihrem Erscheinen demjenigen zu empfehlen, dessen Dienst, dessen Erheiterung, dessen Bildung sie geweiht sind.
Ich habe dabei freilich mich vorzüglich vor einer gefährlichen Klippe zu hüten, nämlich davor, daß – indem ich die ihn vorzüglich bezeichnenden Eigentümlichkeiten, den Kunstlebenslauf und Charakter meines Pfleglings und dessen Schöpfers berichte – nicht etwa das, was bloß einen Gesichtspunkt zur richtigeren Beurteilung desselben aufstellen soll, schon als ein vorgegriffenes Urteil über ihn erscheine. Dies hieße die schönsten und heiligsten Rechte der Volksstimme verletzen.
Indem ich die Gefahr kenne, glaube ich sie auch schon halb überstanden zu haben, und mein Streben, die Klippe zu umgehen, wird es beweisen.
Demungeachtet halte ich es für notwendig, auch hier auf Nachsicht für den Eifer zu rechnen, der mich vielleicht zuweilen für die gute Sache zu weit führen möchte, indem auch hier nur der Enthusiasmus, der den Künstler belebt und den er so gerne aller Welt einzuflößen wünschte, mich zuweilen über die Grenzen des trocknen Berichts leiten könnte.
Nicht jede Pflanze gedeiht in jedem Boden. Was ihr in einem Klima Blüten und Schönheit schenkt, kann ihr im andern verderblich werden. Eine sorgfältige Pflege wird wenigstens Mißgestalten verhüten, und in dem Streben zum Guten sollen mich auch einseitige Meinungen einzelner, die, ohne ein eigenes Urteil zu besitzen, nur vergleichsweise zu richten imstande sind, nicht irremachen, denn die Erfahrung hat gelehrt, daß die Gesamtstimme des Publikums beinahe immer gerecht sei."
Ferner sagt der Herr Bemerker: „Seinen Lieblingen (des Herrn C. M. v. Weber) nur sollte man huldigen."
Wo steht das geschrieben? Oder: Aus was geht das hervor? Vielleicht aus den Werken, die ich bis jetzt aufzuführen die Mittel und Gelegenheit hatte?
Laßt uns doch diese Meister besehen, um meine Einseitigkeit und Liebhaberei kennenzulernen. Méhul, Fischer,

Grétry, Weigl, Cherubini, Catel, Boieldieu, Isouard, Mozart, Dittersdorf, Schmidt, Dalayrac, Spontini, Himmel, Solié, Fränzl usw.
Nun, das sind eben keine schlechten Leute, ich hätte mich meiner Lieblinge nicht gerade zu schämen, und sie wären wohl auch mannigfaltiger Art genug. Oder hätte ich vielleicht Rossinis „*Elisabeta*“ und „*Italiana in Algeri*“ nicht mit derselben Sorgfalt und Eifer aufzuführen gesucht wie die andern Opern? Nein, ich ehre gewiß alles Gute, es komme *von welchem Volke es wolle.* Ja, ich suche mich bei Beurteilung desselben auch immer auf den Standpunkt zu setzen, von dem der Erzeuger des Werkes ausgegangen, um ihn gerecht würdigen zu können. Aber blind abgöttische Verehrung der einen oder anderen Gattung muß man keinem Künstler zumuten und noch weniger die Verleugnung seiner Ansichten und des Glaubens an dasjenige, was seiner Überzeugung nach der Wahrheit – und es gibt nur eine – am nächsten gelangt ist oder sie gar erreicht hat.
Was der Herr Bemerker von Haydn, Mozart usw. sagt, ist mir aus der Seele gesprochen und unterschreibe ich von ganzem Herzen. Aber er mißversteht mich mit Gewalt (was überhaupt seine Liebhaberei zu sein scheint), wenn er glaubt, daß ich Herrn Meyerbeer deshalb so hoch stelle, weil er *so* schreiben konnte. Ach nein, ich muß es nur ehrlich heraussagen: daß er das *wollen* konnte, hat mir schmerzlich wehe getan, und ich glaube es nicht, daß man nur dadurch in Italien gefallen könne; denn wer wird so unsinnig sein, behaupten zu wollen, daß in dem Wiegenlande des echten Gesanges und schmelzenden Gefühles nicht unter den Besseren, Gebildeteren noch der wahre Geschmack sich ebenso finden müsse wie in Wien, Dresden, München, Berlin usw.? Daß aber in Italien, wie in den eben genannten Städten, der große Haufe lieber ein Feuerwerk als ein Gemälde von Raphael sieht, wird niemand leugnen.
Wer wird nicht gern Rossinis lebendigem Ideensturme, dem pikanten Kitzel seiner Melodien lauschen? Wer wird aber auch so verblendet sein, ihm dramatische Wahrheit

einräumen zu wollen? Oder meint der Herr Bemerker, daß diese ein dramatischer Komponist nicht brauche? Da würde er den ältern italienischen Meistern Paesiello, Cimarosa usw. ein schönes Kompliment machen.
Aber wo gerate ich hin!? Der Herr Bemerker will ja nicht Kunstansichten austauschen und um der Kunst willen reden, *ich* soll nur nicht davon sprechen. Oder soll man überhaupt gar nicht mehr wagen dürfen, auch nur zu vermuten, daß der Geschmack jetzt in Italien verdorben sei? Weiter habe ich doch nichts getan. Da lese der Herr Bemerker die italienischen Blätter selbst und andere deutsche Zeitschriften. Mir scheint aber, ich werde auch mir es schwerlich auf diese Art verbieten lassen.
Gibt es eine Grundidee in seinem Aufsatze, so ist es nur die, das Publikum zur Partei gegen meine Ansichten zu stimmen, und dann freilich wehe dir, armer *„Alimelek"*, über den der Herr Bemerker sich so viel Halbes erzählen ließ. Er hat meinen Aufsatz in der Prager Zeitung schwerlich gelesen, oder tat er es, so hat er sehr unrecht, zu verschweigen, was ich darin sagte. Aber er ist ja so flink mit Zitaten aus der ihm wohlbekannten Leipziger Musikalischen Zeitung. Warum zitiert er denn nicht meinen Aufsatz über *„Alimelek"* in [eben] dieser Zeitschrift, den ich nach den ersten drei Vorstellungen der Oper in Prag den 22., 24. und 30. Oktober 1815, in derselben abdrucken ließ? Wahrscheinlich, weil das, was er darin bemerkte, nicht zu eben für ihn jetzt brauchbaren Bemerkungen Anlaß gab. Ich werde mir also die Freiheit nehmen müssen, ihm bei seinen Zitaten zu helfen, und das möge er nur gütigst annehmen, denn sobald möchte er mich nicht wieder zum Gehilfen bekommen.
Auf die Leipziger Musikalische Zeitung, als allgemeiner gekannt, verweise ich unmittelbar die Teilnehmenden und führe hier bloß die Prager Zeitung an, die dasselbe, nur in anderen Worten enthält.
„Prager Zeitung Nr. 294 vom 21. Oktbr. 1815. – – sie erschien (die Oper *‚Alimelek'*) auf dem Theater an der Wien und mißfiel, oder vielmehr die eingetretenen un-

günstigen Umstände erlaubten ihr nicht, sich mit dem Publikum vertraut zu machen, da sie nur einmal gegeben wurde. Ohne im ganzen der dortigen Ausführung dieser, durch ihre höchst mannigfaltigen feinen Nuancen, die beinahe den Ensemblevortrag eines Quartetts erfordern – schwierigen Musik zu nahe treten zu wollen, berichte ich bloß folgende Haupttatsachen. Die Rolle des Alimelek war für den Sänger Herrn Ehlers (Tenorist) geschrieben und berechnet. Eingetretene Verhältnisse hinderten diese Besetzung. Herr Forti (Bassist) übernahm die Rolle. Die Melodieformen wurden geändert und ihres ursprünglichen Reizes beraubt, ganze Musikstücke transponiert, und nachteillos für die Verdienste des Herrn Forti sei es gesagt, das für die Individualität des Herrn Ehlers so passende Spiel und Leben der ganzen Rolle konnte nicht auf dieselbe Weise hervortreten, durch welche dieser letztgenannte Künstler sich so lange die Gunst des Publikums erhalten hatte. Mlle. Buchwieser hatte aus physischen Ursachen diesen Abend nicht die Kraft, ihre Rolle so zu geben, wie man es von dieser trefflichen Meisterin gewohnt ist, und zog sich, der Liebling des Publikums, jenen Tag zum ersten Male den laut ausgesprochenen Unwillen desselben zu. Daß dergleichen Zufälle hinreichend sind, ein Kunstwerk, dessen Gedeihen an so zarten Fäden hängt, für den Augenblick zu stürzen, ist klar, tausend andere Übelstände ungerechnet, die so leicht ungünstig einwirken."

Allerdings ist die Oper *„Alimelek"* mit den *„Zwei Kalifen"* in Wien und *„Wirt und Gast"* in Stuttgart ein und dasselbe Werk. An letzteren Ort schickte sie Meyerbeer von München aus stückweise, und sie wurde in wenig Tagen einstudiert. Da konnte sie denn nicht gehen, wie sie gehen sollte, und sie gefiel nicht, ohne eben zu mißfallen.

Was beweist dies aber für oder gegen das Werk? *„Tankred"* zum Beispiel hat Wien entzückt, Dresden und Berlin hingegen ganz kaltgelassen.

Wie es nun dem *„Alimelek" hier* ergehen wird, wer kann es wissen? An Versuchen, ihn schon im voraus dem

Publikum gehässig zu machen, fehlt es ja augenscheinlich nicht. Der Herr Bemerker wird aber doch gestehen müssen, daß einige Überzeugung dazu gehört, eine Oper, die in der Hauptstadt Wien mißfallen hatte, gleich darauf in der Schwesterstadt Prag auf die Bühne zu bringen? Der Erfolg hat bewiesen, daß ich dem richtigen Gefühle des ruhig abwartenden Publikums nicht mit Unrecht vertraut hatte. Übrigens bin ich weit entfernt, *„Alimelek"* für ein vollendetes Werk zu halten (wie viele gibt es überhaupt deren?), aber für das eigentümliche Erfindungsvermögen des Komponisten zeugt er gewiß.
Was will denn nun aber der Herr Bemerker eigentlich? Die Tugenden der Italiener auf Kosten seiner Landsleute erheben? Denn er scheint doch, einiges in seinem Geschreibe abgerechnet, ein Deutscher zu sein –. Die Italiener sind als Nation ebenso achtungswert als jede andere, haben aber, trotz der – „ihnen eigenen Billigkeit und Freundlichkeit gegen Ausländer schon manchen, zum Beispiel Himmel, ausgepfiffen, hingegen die Nachsicht gegen Meyerbeer bis zur einige und siebenzigmal wiederholten Aufführung der *„Emma"* getrieben (nach der Wiener Theaterzeitung); wie kommt das – da sie nach dem Urteile des Herrn Bemerkers nur ein zusammengestoppeltes Ding ist?
Doch nun genug, um meine hohe Achtung für alles der Öffentlichkeit Angehörige ausgesprochen zu haben, und vom ersten bis letzten Buchstaben zuviel, wäre es um meinet- oder des Herrn Bemerkers willen geschehen. Deshalb möge er es auch gütigst verzeihen, wenn es mir gar nicht darum zu tun ist, mit ihm über jede seiner Zeilen mündlich mich zu besprechen. Da ich weiß, wie er *einsieht*, bin ich gar nicht begierig zu wissen, wie er *aussieht*. –
Nur noch die trübe Bemerkung kann ich nicht unterdrükken, wie schmerzlich es doch für den deutschen Künstler sein müßte, sähe er seine wahrhaft aus dem reinsten Willen für das Gedeihen der Sache überhaupt hervorgehenden Bestrebungen durchaus so gewaltsam verkannt und angefeindet, bis zur pasquillantenhaften Persönlichkeit.

Das Talent, was Gott mir vielleicht verliehen, selbst wägen zu wollen, wäre Frevel gegen die Gabenverteilung des Gebers alles Guten. Die Welt wird es an den Platz stellen, wohin es gehört. Meine Pflicht war nur, das mir Anvertraute durch Fleiß, Studium und unermüdete Anstrengung soviel wie möglich auszubilden. Dies nach meiner besten Kraft, Ausdauer und mit rücksichtslosem Streben getan zu haben, fühle ich beruhigend in der Brust und werde so fort und fort wandeln, nach meiner Überzeugung, ebensogern jeden echten Tadel ehrend als bloße hämische Anfälle verachtend.

Nachschrift

Vorstehender Aufsatz war bereits zum Druck befördert, als sich mir, ebenso willkommen als unerwartet, im letzten Stücke der „Allgemeinen Musikalischen Zeitung" ein Bundesgenosse zeigte, dessen Kompetenz der Bemerker sicher am wenigsten zu bestreiten geneigt sein möchte. Es ist dies – Rossini selbst, der während seines Aufenthaltes zu Mailand auf des dortigen Berichterstatters Klage, „daß die heutige italienische Opernmusik im höchsten Grade weichlich sei, bloß dem Ohre zu schmeicheln suche und die daraus entstehende Apathie durch den mechanischen Lärm der Instrumente zu verjagen trachte", ganz schlicht entgegnete: „Glaube mir, es ist vergebene Mühe, in Italien höhere Musik zu schreiben, die Zuhörer schlafen dabei ein."

C. M. v. Weber

Unsere Leser haben nunmehr Mittel genug in Händen, ihre Ansichten über das eigentliche Grundthema dieser, keinem wahren Kunstfreunde gleichgültigen Verhandlung zu läutern, und wir müssen demnach, da wir nichts weniger als geneigt sind, unser Blatt zu rein polemischen Händeln, ohne mutmaßlichen Gewinn für Wissenschaft und Kunst, herzugeben, die Akten in dieser Angelegenheit bei uns für geschlossen erklären.

Die Redaktion [des Literarischen Merkurs]

1820

DER LEHRER

Das musikalische Konservatorium zu Prag[67]

Gegen das Ende des vorigen Jahrhunderts blühte wohl von allen dem Heiligen Römischen Reiche einverleibten Ländern in keinem die Tonkunst so schön und wurde so sorgsam gepflegt als in Böhmen. So war es damals – in hundert Klöstern fand man ebenso viele Pflanzschulen der Musik; alle Großen hielten Kapellen in ihren Palästen; das Ausland verschrieb seine ausübenden Musiker meistens aus Böhmen, Mozart schrieb am liebsten für das Prager Orchester und für das Prager Publikum, welches sich mit Recht rühmen kann, das erste gewesen zu sein, welches den Geist des unsterblichen Sängers zu fühlen und zu würdigen verstand. In Böhmen war Gluck geboren, Benda, Dussek, Wranitzky, Gyrowetz und so viele andere, denen im Pantheon der Tonkunst keine untergeordneten Plätze gebühren – das ganze Land schien musikalisch zu sein, und in jeder heitern Sommernacht verhallten in allen Straßen Serenaden und Notturnen. Diese schöne Zeit ging vorüber, die ausgezeichneten Künstler wurden seltner und die ausübenden Instrumentisten lauer; aber wenngleich Böhmen seinem Rufe nicht mehr entsprach, so war doch der Verfall unserer Kunst noch nicht so entschieden, daß uns nicht noch viele einzelne, ausgezeichnete Musiker geblieben wären, und es bedurfte nur einer Verbindung und Anregung, um eine neue Blütenzeit der Tonkunst in Böhmen herbeizuführen.

Der Gedanke, daß ein Volk, welches von der Natur mit Hang und Anlage für die Musik so reich ausgestattet ist, das so viele Helden der Tonkunst unter seinen Söhnen zählte, welches auch selbst noch in der Abnahme Musiker in seiner Mitte besaß, die in andern Verhältnissen vieles leisten könnten – der Gedanke, daß dieses Volk diese Vorzüge mehr oder weniger verlieren sollte, schien einigen kunstliebenden Großen des Reichs so verletzend, daß sie einen Verein zu dem schönen Zwecke bildeten, die sinkende Kunst zu unterstützen. Dieser schöne Verein zur

Beförderung der Tonkunst in Böhmen, der im März 1810 entstand, gründete noch in demselben Jahre das Konservatorium der Musik zu Prag. An der Spitze der Teilnehmer zu diesem schönen Zwecke steht der Gouverneur von Böhmen, Graf von Kollowrat, als Protektor, und mit patriotischem Vergnügen liest der Böhme die Namen der edelsten Stämme des Königreichs, des Fürst-Erzbischofs, der Fürsten von Auersperg, Clary, Colloredo-Mansfeld, Dietrichstein, Kinsky, Lobkowitz, Rohan, Schwarzenberg, Sinzendorf, Taxis, Thun, Trautmannsdorf und Windischgrätz; der Grafen von Althan, Bucquoi, Canal, Cavriani, Clam-Gallas und Clam-Martinitz, Colloredo, Czernin, Desfoues, Dohalsky, Firmian, Harrach, Hartig, Kinsky, Klebelsberg, Kolowrat, Lazansky, Ledebour, Millesimo, Nostitz, Pachta, Rey, Salm, Schlick, Schönborn, Stadion, Stampach, Sternberg, Swerts, Szapary, Thun, Waldstein, Windischgrätz, Wratislaw, Wrbna und Wrtby; der Herrn Äbte von Strahov und Ossegg und der Freiherrn von Hildprandt, Kotz und Zesner. Zu Vorstehern des Bundes sind erwählt: Graf Johann von Nostitz als Präsident und als Beisitzer die Grafen Clam-Gallas, Klebelsberg, Nostitz (Friedrich), Pachta, Schönborn und Wrtby.

Dieses Institut, welches durch den herrlichsten Fortgang dem Zwecke der Gründer vollkommen entspricht, wird durch subskribierte Beiträge der genannten Vereinsmitglieder erhalten. Jedes Mitglied hat das Recht, Schüler mit einigen musikalischen Vorkenntnissen zur Aufnahme vorzuschlagen, und die Gesellschaft wählt nach Stimmenmehrheit; jeder Schüler muß den Unterricht durch sechs Jahre fortsetzen, von denen er drei in der ersten und drei in der zweiten Klasse zubringt. Die Direktoren halten ihre Sitzungen, so oft es die Umstände erheischen, und nehmen alle verhandelten Gegenstände zu Protokoll, welches nach aller Unterzeichnung versiegelt wird. Jedes Jahr einmal, in den Wintermonaten, ladet die Direktion alle in Prag anwesenden Mitglieder zu einer Hauptversammlung ein, um denselben über den Fortgang, die

Verwaltung des Instituts und den Stand der Kasse Auskunft zu geben Der Hauptlehrgegenstand des Instituts ist die Instrumentalmusik, da sein Zweck ist, tüchtige Musiker zu bilden, und es werden alle zu einem vollkommenen Orchester erforderlichen Instrumente, von eigens hierzu angestellten Lehrern, in abgesonderten Lehrzimmern, täglich durch zwei Stunden gelehrt. Außerdem werden die sämtlichen Zöglinge im Gesange, insofern er ein allgemeines Erfordernis musikalischer Bildung ist, täglich eine Stunde lang unterrichtet (seit einigen Monaten ist auch damit eine eigene Unterrichtsklasse für sechs Sängerinnen verbunden); auch wird die Theorie der Musik in ihrem ganzen Umfange gelehrt.

Das System, nach welchem hier Jünglinge zu Künstlern gebildet werden, beruht auf einer wohlberechneten Stufenfolge vom Leichteren zum Schwereren und auf der ungetrennten Verbindung der theoretischen Kenntnisse mit den praktischen Fertigkeiten. Von beiden müssen die Zöglinge in den öffentlichen Prüfungen (nach Ostern und vor den Herbstferien) Proben ablegen; jeder einzelne muß die schwere Aufgabe lösen, sein Instrument ohne Begleitung hören zu lassen, bis sich endlich alle diese jugendlichen Kunstzöglinge vereinigen, um durch eine vollständige Symphonie Zufriedenheit und Bewunderung der Kenner und Zuhörer hervorzubringen.

Die Leitung des ganzen Unterrichts steht unter dem Direktor des Instituts, dem im In- und Auslande rühmlichst bekannten Kapellmeister Friedrich Dionys Weber, dessen rastlosen Bemühungen das Konservatorium die hohe Stufe der Vollkommenheit verdankt, deren es sich schon im siebenten Jahre seiner Dauer erfreut; dieser trägt zugleich die Theorie der Musik vor. Außer in diesen musikalischen Zweigen werden die Zöglinge auch in den notwendigsten literarischen Gegenständen, als in der deutschen und italienischen Sprache, Mathematik, Geographie, Naturgeschichte, Geschichte, deutschen und italienischen Prosodie und Metrik, Ästhetik und Mythologie wie auch der Religionslehre unterrichtet.

Alle drei Jahre werden 39 Schüler aufgenommen, so daß die ganze Zahl aus 78 Schülern besteht; diese sind, rücksichtlich der Lehrgegenstände, in zwei Klassen eingeteilt; jede Klasse hat für die Violine und Viola dreizehn Schüler, für das Violoncell drei, Kontrebaß drei und für jedes Blasinstrument vier. Jeder Schüler darf sich nur einem Instrument widmen, ausgenommen jene der Saiteninstrumente erlernen zugleich, wenn sich ihr Körperbau dazu eignet, auch die Trompete und Posaune. Nach dem dritten Jahre tritt die niedere Klasse in die höhere und zugleich in die Orchesterübungen ein, welche sich in dem Verhältnisse mehren, als die abgesonderten Unterrichtsstunden sich vermindern; dort werden sie im Vortrage großer Instrumental- und Solostücke unter der Leitung des Direktors geübt.
Zur Richtschnur und Aufrechterhaltung der innern Ordnung sind eigne Disziplinarregeln vorgeschrieben.
Nach geendigtem sechsjährigem Kurs treten die Schüler aus, und jene, welche bei der, dem Austritt vorhergehenden, strengen Prüfung aus allen Lehrgegenständen wohl bestehen, erhalten von der Direktion zu ihrer weitern Empfehlung und Ausweis ein Zeugnis. Durch die obenerwähnte Klasse für den Gesang und den Umstand, daß schon mehrere der im vorigen Jahre absolvierten Zöglinge in das Theaterorchester aufgenommen, steht dies Institut in einer Art von Verbindung und Wechselwirkung mit der Bühne, die für die Zukunft beiden Teilen sehr vorteilhaft werden muß.
In der Fastenzeit gibt das Konservatorium der Musik gewöhnlich drei musikalische Akademien, welche große Feste für die Liebhaber der Instrumentalmusik im höhern Sinn des Wortes sind. 1817

An seinen Schüler Julius Benedikt[68]

Mein lieber Julius,

es drängt mich, vor unserm Scheiden noch mit Ihnen zu sprechen und Ihnen schriftlich im wesentlichen das zu wiederholen, was ich so unzähligemal mündlich eindringlicher und ausführlicher Ihnen ans Herz zu legen gesucht habe. Daß Sie mein Schüler geworden, gab mir Gefühl der Pflichten für Ihr Wesen überhaupt, denn ich kann die Kunst nicht vom Menschen trennen, der in ihr lebend erst recht eigentlich das ganze Leben ehren lernen soll. Sie wissen, wie sehr ich jene sogenannte Genialität verachte, die in dem Künstlerleben einen Freibrief für alles zügellose Treiben und das Verletzen alles Sittlichen, bürgerlich Achtungswürdigen zu besitzen glaubt. Es ist keine Frage, daß das sich Hingeben die Phantasie weckt, daß vorsätzliches und notwendiges Einwiegen in jene bunten Träume sich nur gar zu gern in das wirkliche Leben überträgt. Es ist gar zu süß, sich so ganz gehenzulassen – aber hier muß sich nun die eigentliche Kraft des Menschen bewähren, ob er die Geister beherrscht und sie nur frei walten läßt in dem ihnen von ihm angewiesenen, gezogenen Kreise oder ob er, von *ihnen* besessen, sich als Wahntoller wie ein Fakir zum Preise des Götzendienstes dreht.

Um diese dämonischen Einwirkungen aber zur reinen Begeisterung zu läutern, ist beharrlicher Fleiß der erste Zauberspruch. Wie töricht ist es, zu glauben, daß das ernste Studium der Mittel den Geist lähme. Nur aus der Herrschaft über dieselben geht die freie Kraft, das Schöpferische, hervor, nur vertraut mit allen schon betretenen Bahnen und frei sich auf ihnen bewegend kann der Geist neue finden.

Seit mehr als zwei Jahren gab ich Ihnen Unterricht. Alle Erfahrungen, die mir der Himmel erlaubt zu machen, habe ich unverhüllt Ihnen mit jener Lust dargelegt, die so gern dem Freunde selbst ertragene Mühen spart. – Kann ich Sie nun mit der Beruhigung entlassen, daß Sie dies alles in sich aufgenommen haben? Kann ich sagen: hier steht einer, der das Seinige gelernt hat, und was nur Welt und Umstände ihm für Leistungen anmuten werden, er kann ihnen Rede stehen, der Grund ist fest?!

Lieber Julius, Sie haben so viel Scharfsinn, so viel Ehrgeiz, so viel Talent, Sie versündigen sich gegen Gott, Eltern, Kunst, sich und mich, wenn Sie sich ferner diesem träumerischen Forttaumeln überlassen, wenn Sie nicht lernen, mit fester Beharrlichkeit und jener Ordnung, die allein eine wahrhaft ehrliebende Seele kundgibt, der Welt und in der Welt zu leben. Ihre Unzuverlässigkeit, Ihre Nichtachtung alles Versprechens und Bestimmens ist zum Sprichworte unter allen Ihren Bekannten geworden. Es ist die Zierde des Mannes, der Sklave seines Wortes zu sein. Täuschen Sie sich nicht mit dem Wahne, man könnte in sogenannten Kleinigkeiten unwahr und unzuverlässig und bei bedeutenden Dingen das Gegenteil sein. Die erstern machen das Leben aus und geben dem Zuschauer den Maßstab, und die furchtbare Macht der Gewohnheit läßt später selbst den besten Willen nicht zur Tat werden.

Mein lieber Julius, sosehr es Sie schmerzen mag, dies alles nochmals von mir zu hören, mich kränkt es gewiß noch tiefer. Sie sind ein Teil meines Ichs geworden, Sie stehen mir so nahe, und *solches* muß ich Ihnen noch sagen?

Ich vertraue aber auf den, der alles zum Guten lenkt. In jedem Leben gibt es Wendepunkte, die für die Dauer desselben entscheiden. Lassen Sie einen solchen eintreten. Legen Sie sich einen die Kunst herausfordernden Mangel auf, setzen Sie Ihre Ehre darein, selbständig zu sein, und reichlich werden Sie sich durch Ihr Selbstgefühl für alle Entbehrungen entschädigt und belohnt fühlen.

Ich umarme Sie von Herzen und gebe Ihnen meine innigsten Wünsche auf den Weg mit. Mögen Sie alles hier Gefürchtete unwahr machen und mir einst von der Höhe herab die Hand reichen können.

Des Himmels bester Segen über Sie von

Ihrem treuen Lehrer und Freunde.

1824

Schreiben an Herrn Aloys Fuchs in Wien[69]

Durch das hingebende Vertrauen, mit dem Sie mir nahen, fühle ich mich berechtigt, zu Ihnen mit jener Offenheit zu sprechen, die man überhaupt dem Leben und der Kunst schuldig ist, die aber in ihrer Ungeschminktheit leicht von einem heißen, jugendlichen Gemüte für Kälte und Härte angesehen wird. Ich wünsche daher zu Ihrem Besten und zu meiner Beruhigung, daß Sie alles, was ich Ihnen sage, dem herzlichsten Wohlwollen entsprungen glauben mögen.

Sie wollen sich der Kunst weihen. Es ist meine Pflicht, Sie auf die unendlichen Schwierigkeiten aufmerksam zu machen, die Sie dann zu überwinden haben. Ich kenne das Talent nicht, das Ihnen Gott verliehen hat, ich weiß nur, daß selbst das außerordentliche noch der günstigen Umstände bedarf, um Bedeutendes zu leisten und in der Welt etwas zu gelten. In Ihrem Alter, wo das kritische Vermögen schon immer sehr die Oberhand gewonnen hat (bei mehr Bildung, um so stärker), ist es ungemein schwer, Rückschritte zu tun und den technischen und grammatischen Teil der Kunst auf solche Weise und mit solchem Erfolge nachzuholen, daß man nicht ob der Anstrengung erlahmt oder irre an dem eigenen Talent wird. Man weiß schon zu sehr, was und wie die Kunst wirkt, als daß man sie bloß um ihrer selbst willen in *der* Unschuld triebe, die am Ende allein die Herrschaft über alle Mittel gibt. Man will gleich selbst Wirkung hervorbringen; man singt nicht seiner selbst unbewußt wie der Vogel, weil er nun eben Vogel ist, man hat den Erfolg des Sanges gesehen und will ihn auch erzwingen.

Die Sache geht von außen nach innen, statt daß sie ihrer wahren Natur nach von innen nach außen gehen soll. Zugegeben, daß Ihre Anlagen und Ihr Fleiß dies alles überwinden und Sie ein tüchtiger Künstler werden: Sind Sie denn auch schon überzeugt, daß Sie es auch der Welt werden beweisen können, daß Sie nicht dem Drucke der tausendfältig dem Künstler entgegentretenden Verhältnisse erliegen? Wie manches Große geht so unter, und wer weiß, ob nicht mancher, der auf eine Höhe gelangt ist, mit Freuden seinen Ruhm für das hingäbe, was er ihn gekostet und was täglich mit zunehmendem Drucke auf ihm lastet, ihn sich und den Seinigen und am Ende auch der Welt vielleicht raubt. Was gibt das wirkliche Leben denn dem Künstler? Und wie darf er hoffen, durch seinen Stand sich einen Platz im bürgerlichen Verhältnisse zu erwerben?

Sind Sie ausübender Künstler: Ein Platz in einer Kapelle, der schwer zu erlangen, auf jeden Fall dürftig besoldet ist, oder ein geisttötender Lebenserwerb durch Unterrichtgeben sind Ihre Aussichten.

Sind Sie Komponist: Welche Jahre gehen darüber hin, ehe das Publikum Sie beachtet, Verleger Sie bezahlen, Direktionen Ihre Werke aufführen; im glücklichen Falle doch wieder eine kärgliche Existenz.

Es gibt Ausnahmen von allem diesen; aber was berechtigt Sie zu glauben, dazu zu gelangen? Und wodurch sind diese Ausnahmen glücklich? Nur in dem, wodurch es jeder tüchtige Mensch ist! In dem Gefühle der erfüllten Pflicht nach Vermögen und Einsicht und dem ruhigen Vertrauen auf Gott in allen Anfeindungen, Verkennen ihres redlichen Wollens und leichtsinnigen Überschätzungen oder Nichtbeachtungen der Welt.

Nehmen Sie alles hier Gesagte weder für ein Ab- noch Zuraten. In solchen für das ganze Leben entscheidenden Fällen muß die innere Stimme der einzige Richter sein.

Beharren Sie bei Ihrem Entschlusse, so rufe ich Ihnen aus Grund des Herzens die besten Wünsche zum Gedeihen Ihres Strebens zu! Der jetzt eben in Wien zum Domkapellmeister ernannte Joh. Gänsbacher oder der Kapellmeister und Operndirektor des Theaters an der Wien, Ritter von Seyfried in Wien, scheinen mir die Männer zu sein, die Sie mit kundiger Meisterhand auf den wahren Weg führen können. 1824

Schreiben an Herrn Pastenaci, der um Beurteilung seiner Walzer gebeten hatte[70]

Eine sehr langwierige Krankheit hat mich seit Monaten von allen Geschäften entfernt. Sehen Sie darin die Ursache meiner verzögerten Antwort auf ihre geehrte Zuschrift vom 1. Mai.

Mit Teilnahme habe ich das mir Übersendete durchgesehen, und Ihre vertrauensvolle Offenheit hat mich herzlich angesprochen. Ich gebe Ihnen dafür, was jedem Menschen das Heiligste sein muß – Wahrheit, soweit meine Einsicht nämlich sie mir zu geben erlaubt, und nach meiner Überzeugung. Ich würde Ihres Vertrauens nicht wert zu sein glauben, wenn ich es nicht täte. Könnte ich doch Aug in Auge Ihnen gegenüberstehen und der herzliche Ton des treu meinenden Freundes meinen Worten die Wärme geben, die Sie von der Reinheit meiner Absicht, Ihnen nützlich zu sein, überzeugen und vielleicht manchem bittern Tropfen die scheinbare Schärfe nehmen könnte, die von dem kalten Papier so starr und teilnahmslos den Leser anblickt.

Ihre Arbeiten zeugen von fleißigem Studium, das Sie so weit gebracht, als man ohne Rat und Erfahrung kommen kann. Sie wühlen in Harmonienfülle und finden sich wohl in Aufsuchung der wohlklingendsten Lagen. Dies beweist Sinn für das wahre Grundgebäude der Kunst, aber meist geht darüber die Sorgfalt für das eigentlich Melodische verloren, für die eigentliche Erfindung und für die Haltung des Ganzen. Fremde Eindrücke haben Sie aufgeregt, so etwas wollen Sie auch machen. Nun ja, das ist der erste Anstoß des Genius, der erste Schritt zum Ziele, das er wirklich schauet, aber erst viel später frei sich bewegen und nach dem Idealen hin streben lernt, was ihn dann aus sich selbst sprechen lehrt und nicht mehr seine Gedanken in die vorhandenen Formen preßt. Die Werke jedes Anfängers wimmeln von Reminiszenzen. Zu jedem Stück kann man das Vorbild finden, nach dem es zugeschnitten. So auch bei Ihnen. Sie gestehen, keinen Harmonieunterricht gehabt zu haben, und leider bestätigt sich dies fast auf jeder Zeile. Falsche, unrichtige Schreibart des in sich Richtigen findet man häufig, und zwar so gestellt, daß es nicht mit einem Federstrich gutgemacht ist.

So wie die mir übersendeten Arbeiten jetzt sind, kann ich Ihnen nicht zur Herausgabe raten. Es tut mir herzlich weh, Ihnen das so offen sagen zu müssen, denn Sie hoffen auch Erwerb davon, aber ich kann nicht anders. Wollen Sie sich gedruckt das sagen lassen, was ich Ihnen jetzt allein und mit Liebe sage? Wollen Sie durch ein vielleicht zu hartes Urteil sich selbst und für künftig jeden Verleger zurückschrecken lassen? Ich glaube aus Ihrem Briefe zu entnehmen, daß Sie vielleicht wünschen, ich solle diese Arbeit reinigen und sie dann in die Welt fördern. Das kann ich nicht, lieber Freund. Ja, wären Sie bei mir, könnte ich Sie selbst zur Verbesserung anleiten, mit Freuden würde ich es tun. Aber so ist es eine Arbeit, die mir meine Zeit und Verhältnisse nicht erlauben, und wo anderteils die Werke noch nicht genug den Stempel der eigenen Schöpfung tragen, um durch das Vertilgen einiger Flecken zu etwas Selbständigem oder Bedeutendem zu werden.

Lassen Sie sich hierdurch nicht abschrecken. Glauben Sie nicht, daß ich Ihnen Erfindung abspreche. Nein, Sie haben schon zuviel des Achtungswerten eingesogen und geleistet, um es fahrenzulassen, aber schlagen Sie künftig den Weg ein, die Partituren klassischer Meister ihrem Plan und ihren Anlagen nach zu studieren. Beobachten Sie den Gang, den Fluß der Rede. Sehen Sie, wie die Hauptgedanken entwickelt, nicht *hereingeführt* sind. Vor allem aber suchen Sie sich gründliche Harmoniekenntnisse zu erwerben.

Wenn man nicht Herr über die Mittel sich auszusprechen ist, wie soll da nicht der Ideenfluß jeden Augenblick gehemmt werden? Wer schon erst daran denken oder sich vornehmen muß: hier soll ein Übergang kommen – der geht über, aber wer wird es ihm Dank wissen? Er wird immer erscheinen wie einer, der zur Gesellschaft sagt: „Geben Sie acht, jetzt werde ich wahrscheinlich einen guten Einfall haben."

Ihre Walzer enthalten viel Löbliches. Es sind aber doch mehr Redensarten als eigentliche Gedanken. Im Rhythmus ist manches fehlerhaft. Zum Beispiel Nr. 1: Schluß des zweiten Teils fünf Takte statt vier, weil Ihr Gefühl den Hauptakzent auf den Takt

fallen ließ, und zwar ganz richtig; dann nimmt aber das Gefühl des Hörers den ersten Takt

stets für eine Art Auftakt, wodurch das Ganze eigentlich die Haltung von $^{6}/_{8}$-Takt bekommt: daraus folgt, daß die dem $^{3}/_{4}$-Takt eigentümlich rhythmische Bewegung verfehlt ist. Der harmonischen Unrichtigkeiten sind viele, wenn ich auch manches nur für Stichfehler und noch anderes für Härten passieren lassen will.

Auch muten Sie der Spannung der Hände zuviel zu; ein Fehler, den man mir auch häufig vorwirft, obwohl ich es mir nur da erlaube, wo es mir unausweichbar zur Wesenheit des Gedankens nötig scheint. Nun, es wird Ihnen auch überall nötig vorgekommen sein.

Der Klavierauszug scheint mir, soviel ich mich, ohne die Partitur zur Hand zu haben, erinnere, gut, vollständig, fast überfleißig verfaßt zu sein. Stellen, wie

muß man im Klavierauszug nicht schreiben, sie stören mehr in der Ausführung, als das Gelingen derselben Gewinn bringt. Sie irren sich, wenn Sie glauben, die Tonart des Themas der Variationen in Es verändert zu haben. Sie ist ursprünglich also, und zwar von Umlauff und nicht von Hiller, aus der Oper „*Der Irrwisch*" und heißt: „Zu Steffen sprach im Traume", auch Mozart hat es variiert. In dem Augenblicke, wo ich dies schreibe, sehe ich, daß ich mich irre und daß „Als ich auf meiner Bleiche" eine solche Ähnlichkeit durch die Versetzung in Es mit dem Steffen bekommen hat. Das Scherzo gefällt mir im ganzen recht wohl, doch wendet und dreht sich alles gar zu harmonisierend. Das Trio ohne allen Unterschied fast wie das erste. Nichts als Würze, darüber schmeckt man am Ende das eigentliche Fleisch gar nicht. Der zweite Teil entfernt sich gar zu schnell weit von der Haupttonart und verlöscht das Gefühl derselben. In dem Takt 5, 6, 7, 8 des zweiten Teils sind die reinen Oktaven trotz der Vorhalte nicht zu vertilgen und die Oktaven der Bratsche mit dem Baß ganz unstatthaft. Dagegen hat das Ganze Feuer und Leben.

Mein lieber, junger Komponist, ich wünsche nichts sehnlicher, als daß Sie, was ich Ihnen hier zu sagen mich gedrungen fühlte, auch richtig würdigen mögen, daß es Sie weder abschrecken noch mutlos machen oder wohl gar erbittern möge. Lassen Sie es sich Fingerzeige zum weiteren Fortschreiten auf einer wirklich ehrenvoll betretenen Bahn sein und glauben Sie, daß es viel lohnender und leichter ist, mit ein paar nichtssagenden Phrasen einen Kunstjünger abzuspeisen, als ihn auf die dornenvollen Schwierigkeiten des Kunstwegs aufmerksam zu machen. Ich gab Ihnen aus treuem Herzen meine Ansicht, nehmen Sie sie auch so auf, wohl uns beiden; wo nicht, so müßte ich Sie zur Masse der übrigen rechnen, was ich nicht gern möchte. Gewiß aber werde ich immer an jedem Emporstrebenden wahren Teil nehmen und also auch an Ihnen, dem ich Heil, Glück und Ausdauer und Geduld wünsche zum ferneren Fortschreiten. 1819

DER FEUILLETONIST

Ansicht des gegenwärtigen Zustandes der Kunst und Literatur in Stuttgart[71]

Unstreitig haben wenige Städte Deutschlands sich so vieler vorzüglicher Köpfe und Talente in ihren Ringmauern zu erfreuen als Stuttgart, wo der stille bescheidene Geist in sich selbst fortwirkt und, zufrieden mit seiner Wissensfülle, wenig nach Prunk und Ruf von außen strebt und wo – durch nichts aufgemuntert – um desto mehr die eigene Kraft und das Streben nach oben erkannt und hervorgezogen zu werden verdient. Alle bedeutenden Städte Deutschlands erfreuen sich schreibender mitteilender Seelen, die von ihren Umgebungen sprechen und die Aufmerksamkeit der Welt auf sich zu leiten suchen; aber beinahe noch nie erinnert sich Ref. irgendwo eine ausführliche Notiz von Stuttgart gelesen zu haben. Es ist freilich auch schwer, das Gute in Stuttgart zu finden, weil kein öffentlicher Vereinigungspunkt irgendeiner Art Gelegenheit darbietet, die Bewohner kennenzulernen, und keinem Fremden ist es daher zu verübeln, wenn er mit der schiefsten Ansicht Stuttgart verläßt und nur auswärts durch bedeutendere Werke, indem er sich nach ihrem Verfasser erkundigt, zu seinem Erstaunen erfährt, daß er in Stuttgart – vielleicht kaum von seinen täglichen Gesellschaftern als Schriftsteller gekannt – lebt.

Dem Literator bleibt freilich noch immer eher der Trost, sich von seinem Schreibpult aus mit der Welt bekannt und vertraut zu machen, und insofern kann er leichter das ausgedehntere Gesellschaftsleben entbehren; obwohl auch für ihn und andere manches Mittel zur weiteren Bildung und Menschenkenntnis, was offenbar nur durch gesellige Kreise, die Brennpunkte gegenseitiger Ideenauswechslungen, erreicht werden kann – verloren ist. Aber doch kann die sogenannte eigentliche Gelehrsamkeit immer noch eher ohne dies bestehen als die Kunst. Diese Tochter des menschlichen Umgangs lebt nur in demselben, denn es ist gewiß, daß kein Gemälde gemalt, kein Schauspiel gedichtet und keine Musik komponiert würde, wenn nicht der Trieb, auf andere zu wirken, im Menschen läge und ihn dazu bestimmte. Ein gewisser äußerer Anstoß ist ihm unumgänglich nötig hierzu, das bloße Wissen genügt ihm nur halb, und bald würde alles Streben ohne diesen äußeren Antrieb erschlaffen.

Das vor einiger Zeit errichtete Museum versprach manche Beförderung des Kunstsinnes; schon in der kurzen Zeit seiner Existenz konnte man das Erwachen manches geweckten Talentes bemerken und sich zu schönen Erwartungen berechtigt fühlen, da doch ein Punkt vorhanden war, durch den man auf den Geschmack der Menge wirken konnte. Seit der Einschränkung dieses Instituts zum bloßen Lesezirkel aber bleibt uns nur noch das Theater, welches trotz des rühmlichen Fleißes des Direktors aus tausend Ursachen nicht imstande ist, bloß die Bahn des wahrhaft Guten und Schönen zu wandeln, sondern teils zur Füllung der Kasse, teils aus anderen Rücksichten beinahe nur geben kann, was gefällt.

Liebhabertheater, Liebhaberkonzerte existieren hier gar nicht. Fremde Künstler finden ihre Rechnung nicht, ihre Besuche werden immer seltener, und alles ist folglich auf kleine häusliche Zirkel beschränkt.

Daß hieraus im allgemeinen Beschränktheit und ein gewisses Erschlaffen der Urteilskraft hervorgehen müsse, ist klar und spricht sich besonders im Theater aus; das Publikum, entwöhnt, selbst von seinem Urteil und Geschmack Gebrauch zu machen, hört auf, selbst über die dargestellten Kunstprodukte zu denken, läßt sich gehen, ist zufrieden, sich – amüsiert zu haben, und äußert sich deswegen auch stets nur (und zwar meistens über ein und dasselbe Kunstwerk) in den beiden Extremen von Urteilen: Das Stück ist schlecht oder – vortrefflich.

In literarischer Hinsicht ist das Morgenblatt gewiß eine der angenehmsten und interessantesten Erscheinungen und hat als vielgelesenes Blatt mächtigen Einfluß auf allgemeine Bildung. Auch sind beide Redakteure desselben, die Herren Reinbeck und Haug, schon zu sehr als vorzügliche Schriftsteller und Männer von Geist und Einsicht bekannt, als daß sich unter ihren Händen nicht etwas Gediegenes sollte bilden können. Aber auch auf dieses Blatt scheinen die allwaltenden Verhältnisse manchen Einfluß zu haben und dadurch es an seiner gleichen Vollendung und allgemeineren Nützlichkeit für diesen Ort zu verhindern.

Nach alle diesem, ich wiederhole es, ist es um so erfreulicher, so viele eigene Kraft hier zu finden, die durch keinen Drang von außen auf ihrer Bahn gehemmt werden kann; und Ref. freut sich daher, eine Reihe von Köpfen aufzählen zu können, die als Schriftsteller, Dichter, Komponisten und Künstler überall einen würdigen Rang zu fordern und zu behaupten berechtigt sind.

Abeille, Konzertmeister, Komponist von *„Amor und Psyche"*, *„Peter und Ännchen"* und vieler Lieder usw. Lieblich schöner Gesang, mit fleißiger Behandlung des Ganzen verbunden, bezeichnen ihn und verdienten mehr gekannt und hervorgezogen zu werden.

Von Arand, Oberjustizrat. Behauptet als brillanter, äußerst fertiger Klavierspieler hier den ersten Rang und hat auch mehrere Klaviersachen geschrieben.

Fräulein Charlotte von Bauer. Ein höherer Kunstgenius beseelt sie und spricht sich in ihr als gleich vortreffliche Malerin und Klavierspielerin aus, welche Talente durch das schöne Weibliche in der Haltung derselben noch veredelter wiedergegeben werden.

Prof. Dannecker, Ritter des k. Zivilverdienstordens. Wer kennt diesen Namen nicht, der unstreitig nebst Canova genannt zu werden verdient. Seine Ariadne, sein Schiller, von welchem er drei verschiedene Büsten ausgeführt, wovon eine kolossal ist, nebst mehreren vortrefflichen Schöpfungen seines Meißels berechtigen ihn hierzu.

F. Danzi, Kapellmeister. Sein Ruf als einer unserer jetzt lebenden bedeutendsten Komponisten ist schon zu allgemein, als daß man mehr als seinen Namen zu nennen brauchte. Der einzige Wunsch bleibt Ref. übrig, daß er seine größeren Werke, als seine *„Iphigenia"* usw., der

Welt schenken und überhaupt durch seine vortrefflichen Kompositionen dem Mangel an deutschen Originalopern abzuhelfen suchen möge.

Madame Duttenhofen, geb. Hummel. Hat äußerst interessante neue Versuche mit Vasenformen gemacht, indem sie nach Blumen und Blättern Vasen ausschneidet, die in ihrer Gestalt so viel Ähnlichkeit mit den hetrurischen und griechischen haben, daß Mad. Duttenhofen, die in Rom Gelegenheit hatte, Erfahrungen darüber zu sammeln, behaupten zu können glaubt, die Alten hätten ebenfalls ihre Vasen- und Urnenformen von Blumen und Blättern entlehnt. Nächstens erscheint ein Heft solcher Vasenformen radiert, als Probe.

Leutnant Faber. Karikaturzeichner voll Kunstkenntnis und Witz.

Grüneisen, Generalsekretär. Ein Mann von vielem Verstand, Witz und Gelehrsamkeit. Diejenigen Geistesprodukte, welche er in dem engeren Zirkel seiner Freunde denselben mitteilt, lassen bedauern, daß er der Welt nichts davon schenkt.

F. C. Haug. Der bekannte geachtete Epigrammatist. Hat zwei Teile Gedichte und Epigramme – „Herz und Geist", „Ein Taschenbuch" – „Elbondokani", eine Operette – „Skizze von Zumsteegs Leben" – mit Weißer, eine epigrammatische Anthologie – und viele andere zerstreute Gedichte herausgegeben. Ein Bändchen Erzählungen, ein neuer Band Gedichte – Glossen, Gnomen und Paradoxen usw., haben wir von ihm zu erwarten. Eine außerordentliche Gewandtheit der Sprache, welche es ihm zur größten Leichtigkeit macht, dem unbedeutendst scheinenden Satz ein schönes poetisches Gewand zu verleihen, und ein wirklich seltener Wortwitz – bezeichnen seine Geisteskinder.

Professor Hetsch, Galeriedirektor. Historienmaler, dessen neuestes großes Gemälde „Brutus" viele Sensation erregt hat und sich ausgezeichneten Beifalls erfreut; steht auch als Porträtmaler auf einer hohen Stufe.

F. K. Hiemer. Als Übersetzer mehrerer französischer Opern als *„Adolph und Klara"*, *„Uthal"*, *„Vetter Jakob"*

usw. hat Herr Hiemer sich verdient um das deutsche Theater gemacht. Der Mangel an guten Operndichtern, die Kenntnis des Theaters und der Musik haben, ist so bedeutend, daß es herzlich zu wünschen wäre, Herr H. beschäftigte sich mehr mit Originalwerken dieser Art. Sein Dialog ist fließend und natürlich, seine Verse sehr musikalisch und doch nicht (wie manche wähnen, es müsse sein) ohne poetischen Wert. Er bearbeitet jetzt die Oper „*Silvana*“, welche das hier Gesagte vollkommen beweisen wird.
Fr. Gräfin v. Jennison. Einige Karten-Almanachs sind von ihrer Hand, und sie sind so geistreich und mit so viel Kunstkenntnis behandelt, daß sie rühmlichst erwähnt zu werden verdienen.
Dr. Lehr, Vorleser und Privatbiblioth. Sr. M. des Königs. Lange hielt Bescheidenheit ihn zurück, die Welt mit sich bekannt zu machen, und erst in dem „Baggesenschen Almanach für Liebende“ sehen wir einige Gedichte von ihm, deren gemütliches, inneres Gefühlsleben einen eigenen Weg wandelt und gewiß jeden lieblich anspricht. Wir haben ein Taschenbuch von ihm zu erwarten, wo sich gewiß sein Talent für das Sinnige, Zarte beurkunden wird.
Joh. Gotth. Müller, anerkannt als vorzüglicher Kupferstecher.
Fr. Müller, sein Sohn, ist erst kürzlich aus Italien zurückgekehrt und hat sich durch Bearbeitung des Johann. Evangel. von Domenichino als großer Künstler gezeigt.
Müller. Lieblicher Landschaftsmaler.
Prof. Reinbeck. Bekannt durch seine flüchtigen Bemerkungen auf einer Reise von St. Petersburg nach Deutschland, durch seine Briefe über Heidelberg, mehrere dramatische Werke und durch seine Erzählungen, von welchen nächstens wieder ein Bändchen zur Freude des gebildeten Publikums erscheinen wird. Er zeichnet sich besonders durch seine äußerst fließende Diktion aus, die natürlich und rein anspricht, welches unstreitig das höhere Talent des Erzählers beurkundet. Seine deutsche Sprachlehre verdient klassisch genannt zu werden und ist gewiß einzig in ihrer Art, sowie als Geistesspiel die Erklärungen zu

dem neuesten Karten-Almanach, welche unabhängig von der Idee des Zeichners erfunden sind, gewiß jeden Würdiger der schöpfenden Phantasie erfreuen werden.

Ludwig Schubart. Übersetzer des „Ossians", mehrerer Shakespearescher Stücke usw. und gegenwärtig Herausgeber einer Reihe Charakterzeichnungen, die Interesse und Unterhaltung versprechen. Besitzt ausgedehnte gründliche Kenntnis der neueren Sprachen und verbindet mit einer natürlichen Schreibart treffende Bemerkungen.

Seele, Privat-Galerie-Direktor. Historienmaler und besonders vorzüglich in Bataillenstücken.

Sutor, Konzertmeister. Komponierte die Oper *„Apollos Wettgesang"*, welche hier mit vielem Beifall aufgenommen worden ist.

H. Thouret, Hofbaumeister, besonders als sehr geschmack- und einsichtsvoller Dekorateur verdient.

Freiherr von Thumb. Ein junger Mann von Talent und dem eifrigsten Streben nach Vollendung. Seine Neigung zieht ihn vorzüglich zu dem Dramatischen, und einige Szenen aus einem bald erscheinenden Schauspiele „Alonzo" verdienen die Aufmerksamkeit des Publikums auf das Ganze und ihn.

Eberhard Wächter. Unbezweifelt einer der ersten Dichter als Maler. Sein „Hiob" und sein „Sterbender Sokrates", „Der schlafende Pindar" und „Der schlafende Horaz" – wie schön gedacht!

Präs. von Wangenheim, wirkl. adliger Geheimrat. Gleich verdient als Geschäftsmann, Kunstfreund und Schriftsteller; was er ergreift, ist sein. Keine Schwierigkeiten achtend, umfaßt er das Abstrakteste wie das Gefälligste mit gleicher Wärme, gleicher Kraft, so wie er eben jetzt sich als ein eifriger Beförderer der Pestalozzischen Erziehungsmethode beweist. In dieses Fach sowie in jedes, dessen er sich bemächtigt, ist er so tief gründlich eingedrungen, daß wir nächstens eine Abhandlung darüber erhalten. Als eifrigster Beförderer alles Guten und Schönen, als Freund und Vertrauter der Kunst, wünschen wir ihm langes Leben und Ausdauer. 1809

Mannheim[72]

Obwohl Mannheim nicht mehr auf der hohen musikalischen Stufe steht wie zu den glücklichen Zeiten Carl Theodors, so hat sich doch im allgemeinen *der* Sinn für Musik erhalten, der den Fremden freundlich anspricht und ihm, bei genauerer Bekanntschaft mit den bestehenden musikalischen Zirkeln, Mannheim lieb und wert macht. Besonders trägt hierzu der Teil von Kunstfreunden bei, der die musikalischen Anstalten im Museum erhält und pflegt. Mit ungemeiner Liebe und Wärme wird hier für die Kunst gearbeitet, und besonders zeichnen sich hierbei die Herren von Weiler, von Stengel und Weber aus, wovon besonders der letzte auch als denkender, gründlicher Komponist (obwohl es nicht sein Hauptgeschäft ist) Ansprüche zu machen berechtigt ist.
Ref. hatte Gelegenheit, mehreren Konzerten im Museum beizuwohnen, wo unter andern auch den 26. Mai eine Sinfonie von Herrn J. Gänsbacher aus Prag, einem Schüler Voglers, mit Beifall aufgeführt wurde. Herr G. entwickelt darin eine reiche Harmoniekenntnis, schöne Haltung und Ausführung seiner Themas. Besonders gefiel Ref. die sehr originelle Presto-Menuett und das feurige letzte Allegro. Das erste Allegro behagte Ref. etwas weniger, weil ihm des Guten darin zuviel getan schien. Die *Ausführung verführte* den Komponisten, und gedrungene Einheit ist wohl das Wesentlichste eines Kunstproduktes der höheren Gattung. Doppelt angenehm aber war Ref. der Genuß, den ihm eine Messe des Herrn G., den 3. Juni zum Jubiläumsfeste der katholischen Stadtkirche aufgeführt, gewährte. Eine herrliche, edle Ruhe, ein tiefes Gefühl liegt auf dem Ganzen. Nichts Profanes stört die andächtigen Empfindungen, und sehr verdient Herr G. als gründlicher und dabei melodiöser Kirchenkomponist hervorgehoben zu werden. Eine kräftig gearbeitete Fuge am Schlusse des Gloria, das Kyrie und Dona nobis haben Ref. am meisten ergriffen, besonders

letzteres ist ungemein herzlich. Herr G. hat auch mehrere Gesänge und Kanzonetten geschrieben, die mit italienischem fließenden Gesange deutsche Kraft verbinden und, besonders von *ihm* vorgetragen, hinreißend schön sind. Ich lege Ihnen hier das Kleinste als Probe bei und muß noch seine Gefälligkeit und Anspruchlosigkeit, die er bei allen Gelegenheiten zeigt, rühmen. – Die Aufführung der Messe, meist von Mitgliedern des Museums, war sehr brav, und es ist eine Freude, zu sehen, wie die Diskant- und Altpartien, mit lauter Liebhaberinnen besetzt, so gut exekutiert wurden. Auch in dieser Hinsicht verdienen das Museum und die darin mitwirkenden braven Künstler der Kapelle, die Herren Frey, Ahl, Dickhut, Arnold usw., von allen wahren Freunden der Kunst geehrt zu werden, daß sie sich der Kirchen- und Quartettmusik so tätig annehmen; und Ref. wünscht nichts herzlicher, als daß ihr Eifer nie erkalten, sie den Ruhm Mannheims erhalten und jedem Künstler dadurch so glückliche Tage verschaffen mögen, als Ref. da zu verleben so glücklich war. 1810

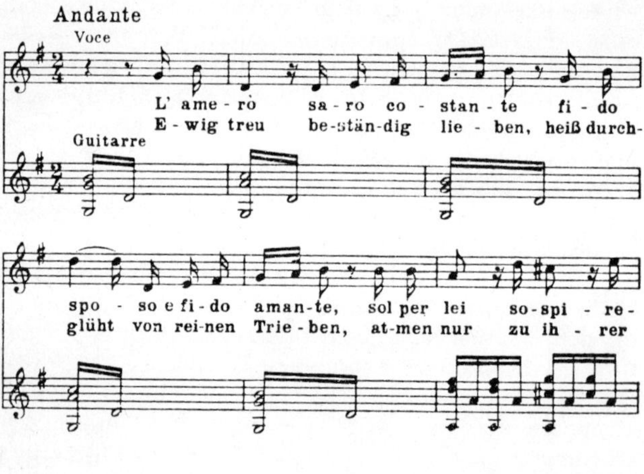

1.
rò sol per lei so-spi - re - rò,
Lust, at-men nur zu ih - rer Lust,
2.
rò. In si ca - ro e dolce og -
Lust. Von der Teu - ren stets um -
get - to la mia gioja e il mio di - let - to, la mia
ge - ben, nur in ih - ren Blik - ken le - ben; füllt mit
pa - ce io tro - ve - ro, la mia pa - ce io tro - ve -
Se - lig - keit die Brust, füllt mit Se - lig - keit die
rò, la mia pa - ce io tro - ve - rò.
Brust, füllt mit Se - lig - keit die Brust!
(Deutsche Übersetzung von C. M. von Weber)

Darmstadt[73]

[Ich möchte hier wohl mit dem Hettmann in *„Benjowsky"* sprechen, „wenn ich sage, Kunstzustand in Darmstadt, so verstehe ich darunter, daß die Kunst eigentlich gar keinen Zustand in Darmstadt hat", und so ist es auch leider bis jetzt beinahe gewesen und würde es auch noch geblieben sein, wenn nicht die Gründung des neuen Hoftheaters eine günstige Revolution hervorzubringen verspräche.]

Es gibt gewiß wenige Fürsten, die mit so vieler Wärme die Kunst pflegen als Se. Hoheit der Großherzog. Besonders in musikalischer Hinsicht, wo ihm als Kenner ein kompetentes Urteil zusteht, ist seit ein paar Jahren durch anhaltenden Eifer bedeutend viel geleistet worden; das Orchester zählt sehr brave Mitglieder (worunter der dirigierende Konzertmeister Mangold als achtungswerter Violinspieler besonders auszuzeichnen ist) und wird von einer Anzahl Liebhaber aus allen Ständen, von S. Königl. Hoheit dazu aufgemuntert, fleißig unterstützt – sowie ebenfalls, was den Gesang betrifft, außer ein paar fürs Konzert engagierten Sängern, auch aus lauter Dilettanten ein sehr zahlreicher schöner Chor gebildet ist, der gewiß jedem Fremden beim ersten Anhören erfreulich imponiert.

Mit diesen vereinten Kräften wurden sonst wöchentlich drei bis vier sogenannte Konzertproben im großherzogl. Schlosse veranstaltet, wo größere Musikstücke, als Opern, Oratorien, Kantaten usw., aufgeführt wurden und wozu nur wenigen Zuhörern der Eintritt gestattet war. Der Großherzog wohnte selbst allen diesen Proben bei und war, indem er in einer Partitur nachlas, aufs eifrigste für die Richtigkeit des Vortrags besorgt. Das Auffallendste war Ref. ein Piano, dergleichen er noch von keinem Orchester gehört zu haben sich erinnert, doch steht es auch manchmal, besonders nach Fortestellen, nicht an seinem Platze, weil die Mitteltinten verlorengehen und

es sich selbst seinen Eindruck schwächt. Auch vermißte Ref. ein kräftiges, tönendes Forte, aus Mangel an guten Ton aus ihren Instrumenten ziehenden Geigern und Violoncellisten; wird diesem Mißstande abgeholfen, wie man es von den Einsichten Se. Hoheit erwarten kann, so darf sich das Darmstädter Orchester zu den besten Deutschlands zählen. Die ungemeine Herablassung und Artigkeit, die Se. Hoheit der Großherzog übrigens bei allen diesen Gelegenheiten beweist, muß ihm gewiß die Liebe aller seiner Untergebenen erwerben.
Trotz aller dieser Aufmunterungen von seiten des Regenten ist doch nicht der eigentliche Musiksinn in Darmstadt zu finden, der sich in den kleinen häuslichen Zirkeln am lebhaftesten ausspricht, wo das Bedürfnis und der Drang zur Kunst die Menschen vereint, untereinander Quartette usw. zu veranstalten. Man sieht da die Musik gleichsam als eine Art von Dienstpflicht an, die man übt, um sich dem Herrn gefällig zu zeigen; und kaum ist die Probe vorbei, so ruht das Instrument bis zur nächsten.
Daß diese Kälte endlich schwinden und allgemeiner die Liebe für das Schöne erwärmen möge, wünscht Ref. von Herzen und hofft es auch nach und nach von dem wohltätig wirkenden Einflusse des Theaters und der dadurch notwendig größeren Anzahl von guten Künstlern, die Darmstadt bewohnen werden. Es ist zwar keine Kleinigkeit, ein neues Theater gut zu organisieren – und hier bedarf es vor allem eines tätigen, sachkundigen Direktors –, aber der feste Wille Se. Hoheit des Großherzogs, der dahin zu gehen scheint, eine wahrhaft gute Bühne zu besitzen, wird gewiß alle Schwierigkeiten besiegen.
An Herrn Wohlbrück hat man eine interessante Akquisition gemacht, und von solchen einzelnen braven Künstlern kann man den vorteilhaftesten Einfluß auf die Bildung des Ganzen erwarten. Auch Mad. Schönberger entzückte in einigen Rollen das Publikum, und die Darstellungen der *„Entführung aus dem Serail“* und der *„Drei Sultaninnen“*, die Ref. zu sehen das Vergnügen hatte,

waren wirklich schon recht gediegen und vielversprechend. Besonders sind die Chöre, die aus lauter der Kunst neugeworbenen Mädchen und Jünglingen bestehen und deren Anzahl an die fünfzig ist, unter Leitung des braven Sängers Markwort in der unglaublich kurzen Zeit von ein paar Monaten so gereift, daß binnen kurzem wenige Theater Deutschlands sich eines solchen Chores zu rühmen haben werden. Kurz, es fehlt durchaus an keinen Mitteln, einen schönen Zweck zu erreichen, und daß diese gehörig benutzt werden mögen, wünscht Ref. von Herzen, zur Freude des kunstliebenden Herrschers und zur Bildung des guten Geschmackes. 1811

Prag[74]

Es ist wahrlich hohe Zeit, daß auch einmal wieder von unserer Zeit ein Zeichen ihres Kunstlebens der musikalischen Lesewelt gegeben werde. Verhinderungen mancher Art haben mich einesteils in dem langen Zeitraum von zwei Jahren von ausführlichen Berichten abgehalten, und anderenteils wollte ich auch gern zugleich den Erfolg so mancher neuen Erscheinung, Anstrengung und Tätigkeit abwarten und bezeichnen. Habe ich lange geschwiegen, so sei mir nun auch der Versuch erlaubt, ehe ich zum einzelnen übergehe, ein Bild des Geistes, der im ganzen in unserer Stadt lebt, zu entwerfen, aus dem die Resultate sich von selbst ziehen lassen.

Es ist eine Zeit, wo die Hauptstadt Böhmens sich auch fast denselben Rang in der Tonkunst anmaßen durfte. Ein Publikum, das *zuerst* den Mozartschen Genius zu würdigen wußte[75], hatte allerdings ein gegründetes Recht hierzu. Dieses wirkliche Recht ist nun durch mancherlei Zeitergebnisse und die dadurch bewirkte Ummodelung, Ver- und Umstimmung des Publikums zum leeren Titularrecht geworden, und die Titularherren pochen, wie bekannt, immer strenger als die wirklichen auf ihre Vorzüge. Die großen, fürstlichen und adeligen Häuser, die ehemals eigene Kapellen hielten, die angesehenen bürgerlichen, die sich an Musikübungen vereinigten – alle diese folgten dem Zeitendrang und schränkten sich ein. Was diese *drängte, hob* andere, die nun an ihre Stelle in die Welt traten und das Publikum ausmachten. Das Bedürfnis vieler, größtenteils neu errichteter Regimentsmusiken verminderte die zahlreiche Musikerpopulation. Selbst der Tod tat das Seinige. Weder Unterstützung noch Anweisung ersetzten diesen Mangel, und da sank nach und nach die musikalische Bildung; mit ihr der Geschmack, und nichts erhielt sich als die Erinnerung an den Ruhm der alten Zeiten und deren Kenner, auf welchen ererbten Lorbeeren nun die junge tonangebende Welt als auf selbsterrungenen ruht und pocht. Man hat sie oft versichert, in Prag wisse man Musik wahrhaft zu beurteilen, und – siehe da – sie glauben's.

Jene Hauptquelle aller Bildung, Geselligkeit und Austausch der Ideen, fehlt hier gänzlich. Es gibt keine Vereinigungspunkte, kein großes, reiches oder gelehrtes Haus, aus dessen Zirkeln Ansichten hervorgingen oder die Stimmen der Tonangeber geleitet würden. Alle Stände – der Adel, der Kaufmann, der Bürger – sind streng voneinander abgesondert, ohne deshalb unter sich einen Körper zu bilden. Man kann behaupten, daß jede Familie abgeteilt für sich nur im Kreise ihrer nächsten Umgebungen oder Verwandten lebt. Ein Teil der Großen verzehrt sein Geld in Wien und bringt höchstens ein paar Wochen, durchreisend auf seine Güter, hier zu. Eine Masse von Fremden, die diese widerstrebenden Teile auf gewisse Weise binden und löten könnte, wie in Wien, Berlin usw., fehlt auch gänzlich, da die Lage Prags sie weder von selbst dahin bringt noch die Stadt übrigens Reize genug besitzt, sie um ihrer selbst willen hinzulocken. – Die wenigen hier lebenden Künstler und Gelehrten seufzen meistens unter einem Verhältnisjoch, das ihnen nicht den Sinn und den Mut geben kann, der den wahren, der Welt

angehörenden und daher freien Künstler so schön bezeichnet. Jeder dankt seine Existenz irgendeinem großen Hause, führt den Titel: Kompositeur bei Sr. Exzellenz dem Grafen N. N. usw. Seine Meinungen gehen gleichen Schritt mit denen seines Mäzens, und dieser beschützt nun wieder seinen Komponisten gegen die andern. So erlahmt der Mut, sich einer gemächlichen, das tägliche Brot sichernden Existenz zu entziehen, um auf dem offenen Kunstweltmeere neuen Entdeckungen und Versuchen entgegenzusteuern.
Nach alle diesem wird es Ihnen kaum glaublich scheinen, wenn ich sage, daß trotz den berührten, noch mit milden Farben gezeichneten Umständen doch noch im ganzen sich, durch das unermüdete Streben einiger weniger, Prag dreist mit den gerühmtesten Städten Deutschlands in Wetteifer einlassen kann und darf. Im hierüber zu führenden Beweis komme ich auf die hier bestehenden Kunstanstalten, unter denen, wie billig, das Theater, als am allerverbreitetsten wirkend, den ersten Rang einnimmt.
Der Unternehmer und Direktor desselben, Herr Karl Liebich, ist einer der seltenen Direktoren, denen die Kunst noch näher als der Geldbeutel am Herzen liegt, was seine Anstrengungen und Versuche, auf den Geschmack zu wirken, hinlänglich bezeugen. (Hierbei verdient aber auch die hilfreiche Mitwirkung der hohen Landesstelle und einiger trefflicher Männer des Ständischen Theaterausschusses die rühmlichste Erwähnung.) Dieses fortwährende Streben ist um so verdienstlicher, da das Publikum, mit einer guten Portion Kaltblütigkeit versehen, einen – wie einmal ein geistreicher Mann bemerkte – ins Blaue hinaus wünschenden, unruhigen Charakter hat, der nur immer mit fremdem Maßstabe mißt und niemals durch den so schön lohnenden, auflodernden Enthusiasmus Beifall der Direktion schenkt.
Bis zum Jahre 1813 hatte das Zepter unserer Oper Herr Wenzel Müller als Kapellmeister geführt. So sehr ich seine humoristischen Volksschöpfungen ehre, so wenig war er

doch bei uns auf seinem Platze, und Herr Liebich sah kein anderes Mittel, die Oper wieder in Aufnahme zu bringen, als sie gänzlich aufzulösen und für einige Zeit zu suspendieren. Er gewann Herrn Carl Maria von Weber, den eben seine Reisen wieder zu uns führten, für seine Anstalt und übertrug ihm die Leitung und Reorganisation des Ganzen. Herr von Weber – ich brauche keinem Ihrer Leser, wieviel weniger Ihnen selbst, diesen geist-, kenntnis-, erfahrungsreichen Künstler und wackeren, tätigen, vielseitig ausgebildeten Mann näher zu schildern: wer von jetziger Musik ernstlich Notiz nimmt, der kennt ihn, und wer ihn kennt, der wird ihm keines jener Beiworte versagen [76] –, Herr von Weber, sag' ich, griff die Sache mit dem Eifer und Nachdruck an, den man von einem Manne, der mit voller Liebe nur seiner Kunst lebt, erwarten konnte. Die Direktion tat ihr möglichstes, seine Vorschläge auszuführen: und so sahen wir, nach viermonatlicher Pause, den 9. September 1813 die Opernvorstellungen wieder mit *„Cortez"* von Spontini eröffnen.

Ein neuer Geist belebte das Ganze. Wir hörten endlich auch wieder Chöre. Das Orchester, das an Herrn Clement aus Wien einen Vorspieler gewonnen hatte, der an seinem Platze wohl nicht leicht vorzüglicher gefunden werden wird, spielte mit Liebe, Eifer und Sorgfalt und hat sich bis jetzt darin gleich rühmenswert erhalten. Den 19. erschienen die *„Vornehmen Gastwirte"* von Catel, den 26. darauf schon *„Joseph"* von Méhul und so ging es mit unermüdeter Tätigkeit fast Schlag auf Schlag fort, so daß, ungeachtet tausend später eingetretener ungünstiger Umstände – der Grenzsperre, des Krieges, des dadurch erfolgten Verlustes mehrerer erwarteter Mitglieder usw. –, ungeachtet vieler Störung durch Krankheiten, doch unser Opernrepertoire alle vorzüglich interessanten, neuesten und älteren Werke liefert.

Diese große Tätigkeit ist zugleich der sprechendste Beweis für die Willfährigkeit und den Eifer der Mitglieder, die, vereint und vertraut mit den Ansichten ihres Kapellmeisters, voll Lust und Liebe wirken. Ich werde später

Gelegenheit haben, Ihnen vielfältige Belege hierzu liefern zu können, welche mich diesmal zu weit führen würden. Nur unsre treffliche Mad. Grünbaum, geb. Müller, kann ich nicht umhin zu erwähnen, deren herrliches Talent und großer Fleiß noch lange nicht genug gewürdigt und in Deutschland gekannt ist. –

Das zweite, sehr interessante Institut, von dem wir uns schöne Früchte versprechen, ist das von den Herren Ständen errichtete Konservatorium der Musik, in dem, wie in dem Pariser, Zöglinge für alle Instrumente gebildet werden. Hier steht Herr Dionys Weber, ein geborener Prager, an der Spitze, ein als Theoretiker sehr achtungswerter Mann, der mit regem Eifer und gründlichem Fleiße die Aufsicht führt. Die übrigen Lehrer sind größtenteils aus dem Theaterorchester zu Professoren erwählt. Auch hier begnüge ich mich heute, den trefflichen Violinspieler Pixis auszuheben, der sein kraft- und geistvolles Spiel als feuriger Lehrer auch seinen Schülern mitzuteilen weiß. – Die Konzerte, welche diese erst seit wenigen Jahren bestehende Anstalt vergangenen Winter gab, berechtigen zu den schönsten Erwartungen für den Gewinn künftiger braver Künstler. –

Unsre Kirchenmusiken sind sehr im Abnehmen. Die vorzüglichsten sind bei den Kreuzherren und im Dom. Letzterer hat an dem als Klavierspieler und Komponisten bekannten Herrn Witasek eine Akquisition gemacht, die Verbesserung hoffen läßt. – Stehende Konzerte gibt es leider bei uns nicht, man müßte denn das im Sommer von den Musikern im offenen Gartensalon des Wallensteinschen Gartens zuweilen gegebene oder gar das vom Herrn Organisten Wenzel zum Turnier- und Exerzierplatze seiner Schüler errichtete Nachmittagskonzert für ein solches rechnen wollen. Quartettmusik bekommt man auch nur bei dem Bankier Herrn Kleinwächter wöchentlich einmal zu hören, der als achtungswerter Violinspieler und wahrer Freund der Kunst Fremden und Einheimischen rühmlichst bekannt ist.

Einen höchst vortrefflichen Zweig der praktischen Tonkunst unter uns kann ich Ihnen noch nennen, und zwar den der Tanzmusik, die man schwerlich außer Wien irgendwo besser und sorgfältiger gepflegt hören kann und die zu kultivieren auch kein kleiner Gegenstand der Aufmerksamkeit der hiesigen Musiker ist, da im Fasching manchen Abend 300 bis 400 – sage: drei- bis vierhundert – Bälle sind. Horribile dictu! Es läßt sich aber polizeilich erweisen. Ja, ja, die Musikliebhaberei geht seit Jahren immer mehr und mehr abwärts – in die Füße, und selten bleiben noch beträchtliche Reste oberwärts sitzen! –

Konzerte Fremder gibt es im ganzen wenige. Desto häufiger spricht sich aber der Wohltätigkeitssinn musikalisch aus. Wir können jeden Winter auf acht bis zehn Konzerte in dieser Beziehung rechnen, die meistens, von seiten des Theaterpersonals und des Operndirektors von Weber unterstützt, angenehme Genüsse gewähren. Die zwei großen Konzerte, welche die hiesigen Musiker alljährlich zum Besten ihrer Witwen und Waisen ausführen, könnten etwas sehr Vorzügliches geben, da die Teilnehmenden schon vermöge ihrer Zahl das Größte leisten könnten; da aber die Herren lieber Noten (Banknoten) einnehmen, als Proben halten, so ist immer von Glück zu sagen, wenn's nur geht. Künftig bitten wir sie aber doch, ja mit der Wahl ihrer Musikstücke vorsichtiger zu sein und das Gute nicht in der Länge und Quantität, sondern in der Qualität zu suchen.

Ich schließe mit dem Versprechen, Ihnen künftig detaillierter und in Reih und Glied unsre Kunstgenüsse vorzuführen. Möge meine Ausbeute reichlich sein und ich zugleich die Freude haben, Ihnen ein Fortschreiten des Geschmacks berichten zu können, zu welchem edlen Zweck schon so mancher schöne Versuch unwirksam und unbeachtet von dem Publikum geblieben ist.

1815

Baden-Baden[77]

Ich stieg aus dem Wagen, als ein Freund von mir eben in den seinen steigen wollte. „Wohin?" rief ich ihm zu. – „Nach Baden", war die Antwort, und fort ging's. Ich besuche einen alten Bekannten und finde ihn im Einpacken. „Sie verreisen?" – „Ja." – „Wohin?" – „Nach Baden." – Auf der Straße eilt mir höchst geschäftig ein anderer in die Arme und ruft: „Ach, daß Sie jetzt ankommen, da ich aufs schnellste fort muß, um noch Platz zu erhaschen; Sie können nicht glauben, wie voll es ist und wie dringend man mir schreibt, keine Zeit zu verlieren." – „Ja, wo denn, von was sprechen Sie denn?" – „Mein Gott, wie kann man von etwas anderm sprechen als von Baden. Leben Sie wohl, ich eile." Fort war er.

Wenn denn die ganze Welt nach Baden geht, dachte ich, so kannst du ja auch deinen Wanderstab dahin richten. Das schöne Geselligkeitsleben eines besuchten Bades, so manche froh durchlebte Stunde schwebte mir vor, und voll der Hoffnung, dieses alles in Baden in hohem Grade wieder erneut zu genießen, überließ ich mich den sorgenden Händen der Postillione, die mich auch glücklich am Badischen Hofe absetzten.

Menschen fand ich genug, so viele, daß nirgends mehr unterzukommen war, daß manche Nacht fünfzehn bis zwanzig Personen sich mit einem einfachen Strohlager begnügen mußten, bis andere Abgehende Platz machten oder ein gefälliger Freund sein Lager mit ihnen teilte. Doch erhöhen solche kleine Ungemächlichkeiten den Wert eines so errungenen Genusses, und doppelt hofft man sich dann im fröhlichen Gewirre des anderen Tages zu entschädigen. Aber leider fand ich darin meine Erwartung nicht befriedigt. Das gesellige offene Wesen, das jeden Tischnachbar zum alten Bekannten stempelt und so reizend über die gewöhnlichen steifen Verhältnisse des Lebens erhebt, habe ich sehr vermißt.

Die Anzahl der Badegäste ist so groß, daß sie sich in

kleinere Partien teilen muß, die nun wieder eine Art von geschlossenem Zirkel bilden, zwischen denen sich der Neuangekommene ganz allein sieht und welchen er sich nur nach längerer Zeit anschließen kann. Jedermann habe ich darüber klagen hören, aber ebensowenig habe ich jemand bemerkt, der etwas dagegen getan hätte.

Das Hauptübel besteht nun wohl darin, daß kein eigentlicher Vereinigungspunkt der Gesellschaft vorhanden ist, in welcher Hinsicht alle Bäder, die eine Brunnenkur notwendig machen, den Vorzug haben, die Gäste unwillkürlich zusammenzuführen und zu vereinen. Das Promenadehaus ist fast der einzige Sammelplatz, der wahrhaftig nichts anderes Anziehendes hat als etwa einen Rouge-et-noir-Tisch für Spiellustige, ein paar Zeitungsblätter für Politiker und daher auch wenig besucht ist; und dann das neu errichtete Kasino im „Badischen Hofe", welches mit einem äußerst schönen, freundlichen Lokale einige der gelesensten Zeitschriften vereinigt und wo man alle Abende einen gewählten angenehmen Zirkel findet, der sich hoffentlich immer vergrößert und erweitert, je mehr das Bedürfnis der gegenseitigen Unterhaltung die Badegäste erfüllen wird. Die Entfernung dieser beiden Häuser voneinander ist das einzige Unangenehme und verhindert größtenteils mit das bedeutendere Emporkommen des einen oder des andern. Doch kann es nicht fehlen, daß das Kasino mit jedem Tage besuchter und interessanter werden muß.

An sonstigen Unterhaltungen fehlt es nun auch nicht. Die Schauspieler-Gesellschaft des Herrn Dengler aus Freiburg gibt sich alle Mühe, die Zuschauer zufriedenzustellen, und wirklich sind auch einige recht brave Mitglieder dabei, die, wenn nicht die Wut existierte, bei ungefähr $3^1/_2$ Mann im Orchester *„Don Juan"*, *„Opferfest"*, *„Lodoiska"* usw. geben zu wollen, recht artigen Genuß verschaffen könnten.

[Denn, um sich in *solchen* Opern, auf *diese* Art gegeben, zu ergötzen, müssen sie um vieles schlechter als von der Denglerschen Gesellschaft gegeben werden.]

Übrigens gehe ich immer mit einer gewissen Angst vor

Feuer oder Wasser hinein; denn unbegreiflich ist es, daß die Stadt so wenig getan und ihren Besuchern ein so aus ein paar Brettern dünn zusammengeheftetes Häuschen hinstellen konnte, dessen Ritzen dem freundlichen Sonnenlichte den Eingang verstatten und dessen *einzige* vorhandene Türe bei vorkommender Feuersgefahr den Ausgang bedenklich machen möchte. Da indessen das Fundament des Theaterchens sehr auf die Dauer berechnet scheint, so tröste ich mich mit der Hoffnung, daß es, an einen schicklicheren Platz versetzt, zweckmäßiger und solider wird gebaut werden. Dem Tanzlustigen öffnet sich hier nun vollends ein weites Feld, wenn auch mitunter auf *engen* Sälen, denn Bälle sind alle Woche einige in der „Sonne", dem „Salm" und dem „Badischen Hofe", außer mehreren anderen. Ja, sogar einen Maskenball hatten wir neulich in letzterem, der sich durch ein paar hierbei folgende Gedichte eines unserer ersten Dichter interessant machte. Das Gebäude des „Badischen Hofes" war nämlich ehemals ein Kapuzinerkloster, und auf dem Ballsaale (der ehemals, glaube ich, zur Kirche diente) erschien ein Kapuziner, welcher sich nicht wenig über das Wesen und Treiben an dieser Stätte zu ärgern schien. Er verteilte folgende Strophen:

O Greuel! Hier, wo wir sonst Gott verehrten,
die Orgel fromm in unsre Feste klang,
wo mancher Geist sich aus den grambeschwerten
Regionen auf zum lichten Himmel schwang!
Hier seh' ich nun die wilden, die verkehrten
Gemüter frech berauscht in Lust und Sang!
Die stille Kirche muß so hell erglänzen,
Musik ertönen zu den flücht'gen Tänzen?

Eine andere Maske gab dagegen folgende

Antwort an den Kapuziner

Mein Freund, es zürnt kein Gott dem leichten Leben,
das gern vergißt, wovon es oft gequält; –
beglückt, wenn alle Tage Freuden geben,

daß er nach Lust und Scherz die Stunden zählt!
Der darf so hoch den frohen Mut erheben,
den Glauben, der ihn gegen Leiden stählt,
daß, wo sich arglos gute Menschen freuen,
die heil'gen Tempel Gottes sich erneuen.

Zum Troste aller Freunde ihres Leibes kann ich auch noch mit Recht versichern, daß man durchaus sehr gut ißt und trinkt, daß die Gasthöfe bequem, wohlfeil und gut bedient sind. „Der Badische Hof", „Der Salm" und „Die Sonne" sind die vorzüglichsten. In allen diesen ist der Tisch gleich gut; aber weit erhebt sich der „Badische Hof" in Hinsicht des Lokals über die andern: der schöne hohe Speisesaal, der sein Licht von oben erhält, der geschmackvolle Kasinosaal und die schönen, steinernen Bäder, die in den anderen Häusern nur von Holz und in finstern Kämmerchen gefunden werden, müssen diesen Gasthof von Jahr zu Jahr besuchter und beliebter machen; auch haben künftig die Gäste Hoffnung, da gewiß unterkommen zu können, weil außer den schon vorhandenen sechzig Zimmern noch eine bedeutende Anzahl dazu gebaut werden wird.
Was dieses unendlich überwiegt und Baden immer zum ersten Range der Bäder und zu einem ewig besuchten Orte machen wird, ist die einzig schöne Natur, von der es umgeben ist. Ich kenne manches Bad, aber noch nirgends habe ich so mannigfaltige Gegenden um einen Ort vereinigt gefunden. Freundliche und erhabene Aussichten, Berge und Felsen auf der einen, liebliche Ebenen auf der anderen Seite, die Nähe des herrlichen Murgtals usw., alles dieses sind unvergängliche Vorzüge, haben Baden schon den Römern wert gemacht und werden es auch jetzt und ewig den Galliern und Germanen teuer erhalten.
Häufig teilt sich daher auch die Gesellschaft in kleine Landpartien, von denen jeder befriedigt und erfreut zurückkehrt, indem er in seine Heimat dann das Andenken und den Wunsch, es wiederzusehen, mit sich nimmt.

1810

DER POET

Anagramm-Scharade[78]

Ich bin ein hehres, ernstes Wesen,
dem wahrer Meister nur gebeut,
der nun, vor allen auserlesen,
dem Dienste Gottes mich geweiht.
Denn einfach, fest, und fähig doch der größten
und schönsten Mannigfaltigkeit,
entwickelt er in mir allein am besten
des Wissens wie des Geistes Fähigkeit.

In frühern Zeiten, da die Kunst beinah'
in ihrer Wiege noch gelegen,
stand ich in meiner höchsten Blüte da,
und jedes folgte meinen Wegen;
im „Heilig" pries ich Gott,
durch Händel jubl' ich ihm.

Willst du mein Wesen nun ergründen,
kannst du es ganz in diesen Zeilen finden:

*F*estigkeit bezeichnet meinen Gang,
*U*nabänderlich ist der Gesang.
*G*egensatz verbindet sich mit mir,
*E*ins in dem Einem bilden wir.

Künstlers Liebeswerben[79]

Wer versteht denn die Götterkraft,
die in mir lebt, die aus mir schafft,
wonnigen Schmerz und jubelnde Lust
gießt in jede Brust?

Der Lieb' im Arm'.
für Freundschaft warm,
der hohen Kunst geheiligt,
gibt's etwas Größeres noch, so sprich!
Mädel, ich frage dich.

Brauchst nicht zu schrecken, liebes Kind,
feurig auflodert der Künstler geschwind,
aber das ist just der klarste Beweis,
daß er zu lieben weiß.
Mein Sinn ist froh,
und nirgendwo
hab' Tränen ich verschuldet.

Mädel, ich schaue an dir
herrliche Gotteszier;
frisch und entschlossen sprich:
Junge, ich liebe dich!

Lieben ist auch freie Kunst,
drum nicht erschleichen will die Gunst;
liebst du die Kunst nicht auch in mir,
zieht es mich weg von dir.
Doch, siehst du ein,
wie hoch und rein
die Kunst und die Liebe heben,
Mädel, so schau mich an und sprich:
Junge, ich liebe dich! 1811

Trinkspruch

Die Frauen sind die Melodie,
die wahrhaft zeuget Harmonie
des Lebens.

Des preist sie hoch! Denn ohne sie
wär' aller Komponisten Müh
vergebens.

Der Komponist A–e

Ihr tadelt? Nein, bewundert diesen Mann,
dem einst kein Gott den Vorzug rauben kann,
daß selbst im Scheiden von dem Leben
er nicht den Geist braucht aufzugeben. 1810

Die Bravour-Sängerin Tembila

A. Von oben herab, von unten hinauf!
Mein Gott, welch ein entsetzlicher Lauf!

B. Man muß es gestehn, daß ihr Trillern gelingt,
nur schade, daß sie vor Singen nicht singt. 1810

An den berühmten Variationen-Schmied G–k[80]

Kein Thema auf der Welt verschonte dein Genie,
das simpelste allein – dich selbst – variierst du nie.
1810

An den Buchstaben C[81]

Ob du auch sinnig als Th
mummst dich in neue Kantusche,
nimmer kannst du dich verleugnen
südlich helltönendes C.

Schwimme denn, mutiger Buchstab',
schwimm auf der Fläche des Glutstroms!
Leer bist du, leicht genug – winklicht,
kannst nur die Tinte nicht halten. 1817

Zu Voglers Geburtstag

Chor (Meyerbeer)

Willkommen, teurer Vater, hier
in deiner Kinder Reihen,
wo alle engvereinigt dir
die wärmste Liebe weihen;
von einem Wunsche nur beseelt,
daß dieser Tag sich mehre,
und oft, mit neuer Kraft gestählt,
verherrlicht wiederkehre!

Solo (Gänsbacher)

Gebannt an deinen Namen steht
der Ruhm auf ew'ge Zeiten,
wenn deine Asche längst verweht,
wird hoch er sich verbreiten.
Vor dir verband sich so noch nie
das Wissen mit dem Genius,
denn Harmonie und Melodie
eint sich bei dir zu gleichem Guß.
Und mehr, als alles dies, vereint
der Mensch, der in dem Künstler wohnt
und der als Vater, Lehrer, Freund
hochauf in jedem Herzen thront,
der keinen, der ihm liebend naht,
mit Stolz von sich verscheucht,
der gern sein Wissen früh und spat
dem Wißbegier'gen reicht.

Terzett (Meyerbeer)

O möchte Gott es doch verleihn,
daß uns die Kraft gegeben,
dereinst als würd'ge Schüler dein
zu deinem Ruhm zu leben.

Solo (Gänsbacher)

Die Dankbarkeit nur tut es kund,
dies kleine Lied der Liebe,
und froh ertönet aller Mund
erfüllt von diesem Triebe.

Chor

Willkommen, teurer Vater, hier,
(usw.) 1810

Zu Bärmanns Namenstag

Wohlauf denn, ihr Geigen, Trompeten und Pfeifen!
Heut müßt ihr euch einmal ganz extra angreifen,
zu preisen und loben den heutigen Tag,
der Heinrich den Bärmann zu nennen vermag.

Auf, auf, meine Muse! Ich steig' in den Bügel,
genier dich nicht, lauf nur, ich lass' dir den Zügel.
Erkläre ihm durch dein wahrsagend Genie,
wie hoch er geliebt sei von Menschen und Vieh!

Der Rührung Tränen,
ein banges Stöhnen
der Lust
füllt die Brust!

Zieht auf alle Tränenschleusen,
hier ist nicht die Red' vom König von Preußen,
nein, nein, von dem Heinrich, dem dicken, dem fetten,
von Bärmann, dem lieblichen, freundlichen, netten.

O Sonne!!!
O Tag der Wonne,
o Allmacht,
wie's in mir kracht!

Die Wünsche stürzen in mir übereinander
wie Fenchel, wie Kümmel und Koriander.
Ich weiß nicht, was ich zuerst sagen soll,
ich bin sozusagen vor Rührung ganz toll.
Vor allem wünsch' ich ihm 'ne höllische Lunge,
womit sich verbind' unermüdliche Zunge,
die Lippen so dauernd wie Elendsleder,
die Finger so springend wie eine Uhrfeder.

Sodann eine G'sundheit von eigener Art,
sie sei nicht zu bäurisch, sie sei nicht zu zart,
auch darf er zu tief nicht ins Alter 'neinrennen,
mit hundert Jahr', denk' ich, wird er z'frieden sein können,
wobei (immer jung und gesund wie ein Fisch)
nie fehle ein tüchtig besozzener Tisch.
Geld wünsche ich ihm nur so viel, als er mag,
so zirka ein paar Million alle Tag',
da kauf' er, was ich ihm zu wünschen vergessen,
das übrige leg' er bei Jungfern auf Int'ressen.

Auch wünsch' ich ihm ferner:
ein' Kopf ohne Hörner,
eine Brust voller Lust
und ein Herz ohne Schmerz,
einen Magen
zum Ertragen
von Weinen
und Steinen.
– – – –
– – – –
Und etwas andres noch,
ich wag' es nicht zu sagen.
Und etwas andres noch?
Wer wird nach allem fragen!

Und da jeder Triller einst doch schließen muß,
so eil' ich auch mit meinen Wünschen zum Schluß
und wünsche nur noch, daß er bleib' in der Tat
der Freund seines *wahren Freundes*
Krautsalat.

München, den fünfzehnten Juli,
am Namenstag des Klarinettgenie. 1815

An die zur Kur in Schandau weilende Gattin

Guten Morgen, mein allervortrefflichster Muckel,
ich weiß es, du liegst noch fest unterm Bettduckel,
ich aber bin schon bei der Hand,
weil der Husten mich aufzustehen ermahnt.
Was ich dir hier schicke, das weißt du ja! Eh?
Es ist halt a Zucker und a Kaffeeneh!
Geschlafen hab' ich passabel, gottlob,
der Husten ist auch nicht mehr so teuflisch grob.
So wird sich ja alles zum Guten lenken,
wird nur der Muckel stets fort an mich denken,
recht brav sein, mich liebhaben fröhlichen Muts,
so tut er sich selbsten und mir alles Guts.
Jetzt kann ich nicht länger ins Schreiben versinken,
denn meinen Kaffee muß ich auch noch erst trinken.
Sehn drum die Verse noch sehr nüchtern aus,
so mache sich nur Herr von Muckel nichts draus.
Es liebt dich doch ewig und treu in der Tat
dein Carl (heute kein Krautsalat).

1821

Simson an Delila[82]

Bei einem Maskenfeste

Delila, dich muß ich schauen,
grausamlichste aller Frauen,
hab' ich das um dich verdient,
daß du mich so schlecht bedient;
du, die ich zum Lieb erküre,
schneidst mir ab die Chevelure?
Gibst mich in Philisterklauen,
und ich soll dir jetzt noch trauen?
Und wohl gar auch etwas schenken?
Ja, ich werde mich bedenken.
Hat sich dir denn ganz entneiget,
wie sich meine Minn' erzeiget?
Als ich suchend hoher Deutung
Rätsel aus der „Abendzeitung",
Blümlein, Lüftlein von der Wiese –
Verse, lang und scharf wie Spieße,
und dann endlich hingeschmolzen
ich, von deiner Blicke Bolzen,
abends sang als wie ein Narre
Gazza ladra zur Gitarre.
Delila, du delirierest,
wenn du das nicht respektierest!
Und daß ich dich so umsternet,
dafür hast du mir entfernet
Lockenschmuck vom Haupte gar,
kurz, du schnittst mir ab die Haar!
Doch der ist ja nie geboren,
den die Weiber nicht geschoren,
drum muß ich nach Schicksals Fügen
auch dem Schicksal unterliegen;
da du aber gar vermessen
aller Attention vergessen,
mich so tätest raufen tun,
ärger als die Magd das Huhn,

so erlaub' der Rache Wüten,
dies Rasierzeug dir zu bieten,
mög' es mit geheimen Banden,
die sich innerlich umwanden,
fesseln dein'n Erinn'rungston
an den Feind und Freund Simson. 1819

Rezept zu einem Drama

Nimm viel Schicksal!
Geister ohne Zahl,
meng's mit Rittern.
Laß zersplittern
sieben Leiber
junger Weiber.
Schraub's zu Reimen,
laß es leimen,
durch Maschinen
Flugwerk dienen.
Kurz, wirf alles durcheinander,
Mäusedreck und Koriander,
Knall und Fall,
reiß und beiß.
Ächz' mit Blümelein,
Jammerkäuzlein
laß 'nen Ton drein,
muß dabeisein.
Dann zum Klatschen,
Händepatschen,
siehst du Massen
sich erfassen.
Aber ob es morgen lebe?
Das der Himmel gnädig gebe! 1818

Zu einem Kristallhumpen[83]

Sehnsuchtsvoll nach Frauen blick' ich,
doch für sie bin wohl zu dick ich.
Unanständig möcht' es scheinen,
wollten sie sich mir vereinen;
und je mehr sie Geist mir schenken,
kann man ihnen es verdenken.
Drum bin ich nach Brauches Art
nah gebracht der Männer Bart.
Da könnt' ich von Deutschtun singen,
wenn mich die gehörig schwingen.
Wem nun auch in dieser Nacht
mich das Schicksal zugedacht,
sagen will ich frei und frank
meinen Neujahrswunschgedank':
Herre, dem ich zugefallen,
laß dir 's Fallen nicht gefallen;
mög' dein Glück wie ich so rein,
nur nicht so zerbrechlich sein! 1819

Der Braut bei Überreichung eines silbernen Punschlöffels

Ich bin ein arm Christkindelein,
bring' nur ein kleines Löffelein;
doch ging's nach meinem Herzelein,
müßt's tausend Zentner schwerer sein.
Drum nimm, geliebtes Muckerlein,
was kommt vom Herzen, gut und dein. 1814

An die Schauspielerin Frau Allram

Der braven schwarzen Mutis [84],
die seltner bös als gut is,
wenn ihr auch die Geduld riß,
doch in den Apfel einbiß –
den Hut bekommt vom Dicken,
vom Magern was zum Stricken,
von gutem Herzen beides:
Tu Sie sich nur kein Leides,
wenn Sie die Verscher lieset
und Sie etwas verdrießet;
sind nicht vom Zuckerbacher,
auch nicht vom Handschuhmacher,
gewöhnlich bei Ihr heißt er
der wilde Kappelmeister. 1816

Verspottung des eigenen Versemachens

Stürze sturmstark stracks wieder zu,
prächtig, machtreich, Sprachstrom du!
Bügel-, zügellos! Ziehe aus!
Rhythmisch festreich ist mein Gebraus!
Kämpfend, krampfvoll füllt sich der Mund,
schlingend, schlängelnd sträubt sich der Schlund.
Verse, wer sie hört, zittert nur,
gräßlich Gruftgraun folgt ihrer Spur.
Bangest, bäumst baß dich, Pegasus, hoch –
trugst traun traurigern Reiter nie noch,
Chaisenträgerprosa [85] kaum wert.
Schicksal schickt's scharf! Schnell, o Pferd!
Angstschweiß brandheiß gleist Wang' ab!
Sprache – renkst, schränkst, kränkst ihn ins Grab!

Ja, wer heißt mich denn Verse versuchen?! – Versuchet die Götter nicht, oder die Reime und Füße rücken als Eumeniden dir entgegen mit sinnverwirrenden Schlangenhäuptern. – So geht's; wer andrer Leute Kinder unberufen tadelt, erfährt das größte Leid an den eigenen; was ich je an schlechten Versen schlecht gefunden, zahlt sich mir doppelt heim in den eigenen Kindern. – Wie sie mich anstarren, stier, stürzend, ungelenk sich überpurzelnd – – –

Übersetzungen aus dem Italienischen

1. Quel ruscelletto

Rieselnde Quelle,
freundliche Welle,
fern zu dem Meere
eilest du hin.
Murmle dann leise
nach deiner Weise
von meinem treuen,
liebenden Sinn.

Fliegender Sänger,
fühlst du der Liebe
fesselnde Triebe?
Frei sind die Flügel,
doch nicht dein Herz.
Du flötest Töne
für deine Schöne,
die von dir ferne
noch weilt in Schmerz. 1810

2. Non far la smorfiosa

Jetzt sei nit so sprödig,
Lisettl mi Schatz,
i bin ja so büllig
und nur en Schmatz.
Was Teufel, was machst denn,
du schaust mi nit an,
ahi, ahi, i g'schlagener Mann.

O Hitze, o Schmerze,
o Feuer, o Brand,
o tröste mein Herze
und reich mir dei Hand.
Nein solchen Spektakel
ertrag' i nit mehr,
ahi, ahi, i lieb' dir zu sehr.

Ein einziges Schmatzerl
von dir will i hab'n,
drum gib mir dein Tatzerl,
sonst kannst mi begrab'n;
jetzt sei nit so gremli,
du siehst wie i rehr –
ahi, ahi, gib's Göscherl doch her. 1810

3. L'amero, saro costante

Ewig treu beständig lieben,
heiß durchglüht von reinen Trieben,
atmen nur zu ihrer Lust,
von der Teuren stets umgeben,
nur in ihren Blicken leben:
füllt mit Seligkeit die Brust. 1810

4. Piangero

Beweine nicht mein herbes Leiden,
wenn das Schicksal dich mir raubet;
glaube fest, daß selbst im Scheiden
ewig du die Meine bleibst;
und versenkt in süße Schmerzen
diese Trennung meine Seele,
denke, daß in diesem Herzen
Trost durch deine Treue lebt. 1810

5. Ah ramento

Kannst du treulos es vergessen,
daß du Treue mir geschworen!
Hör mein Flehn, geliebtes Wesen,
kehr in meinen Arm zurück!
Welche Qual stürmt auf mich nieder,
keine Hoffnung strahlt mir wieder!
Für was trag' ich dieses Leben,
raubst du mir der Liebe Glück?! 1810

6. Io lo so

Ja, ich fühl's, daß deine Schönheit
mich mit ew'ger Lieb' erfüllet
und daß nichts die Sehnsucht stillet,
die in meine Seele drang.
Ich nur war's, der heitre Felder,
Rosenfluren, dunkle Wälder
der Geliebten Namen lehrte,
ja, zu wiederholen zwang. 1810

ANMERKUNGEN

1 Die *„Autobiographische Skizze"* entstand in Dresden, am 14. März 1818. Sie wurde nicht gedruckt; ob sie überhaupt für den Druck bestimmt war, ist fraglich. Echter Quellenwert kommt ihr wegen der subjektiv gefärbten Darstellung nicht zu.

2 Auf Grund dieser Eintragung wurde lange Zeit der 18. Dezember als Webers Geburtstag angesehen. Im Eutiner Kirchenbuch ist aber die Taufe unter dem 20. November eingetragen, was auf den 19. November hindeutet. Später, nach der Verheiratung mit Caroline Brandt, gab Weber, abweichend von der Autobiographie, den 19. November als seinen Geburtstag an, weil an diesem Tag auch seine Frau Geburtstag hatte. Auch diese Tatsache deutete er als ein Zeichen der Zusammengehörigkeit.

3 Es ist ein schönes Zeichen ehrfurchtsvoller Kindesliebe, daß Weber seine Erziehung so bezeichnet; sie war auf Grund der Abenteurerlust seines Vaters Franz Anton Weber, der unstet seine Berufe wechselte, keineswegs „sorgfältig". Vielleicht dachte er mehr an seine Mutter Genofeva geb. von Brenner, die er im 3. Kapitel seines Romanfragments „Tonkünstlers Leben" einen „Engel" nennt.

4 „Allgemeine Musikalische Zeitung", Leipzig, gegründet 1798 durch Friedrich Rochlitz im Verlag Breitkopf & Härtel. Sie brachte später häufig Artikel aus der Feder Webers.

5 Vgl. dazu die *„Beantwortung von Kritiken über die Oper ‚Das Waldmädchen'"*, S. 88. Eine Aufführung in Petersburg kann nicht belegt werden.

6 Dr. Joseph Munding.

7 Die von Weber geplante Biographie Voglers kam nicht zustande. Vorarbeiten dazu hat er in mehreren Aufsätzen geleistet.

8 In Wirklichkeit nur reichlich ein Jahr.

9 1808 schrieb Weber die *„Melodramatische Cantate für Declamation, Chor und Orchester Der erste Ton"* nach einem Text von Rochlitz, 1809 als Opus 37 die Musik zu Friedrich Schillers „Turandot", deren Ouvertüre hier wohl gemeint ist.

10 Vgl. dazu Webers Brief an den Prager Theaterdirektor Liebich, S. 177.

11 An diesem Roman arbeitete Weber von 1809 bis 1820. Immer wieder mußte er die Niederschrift einstellen, obwohl es ihn drängte, schriftstellerisch tätig zu sein, obwohl man es ihm immer wieder nahelegte, mit der Niederschrift fortzufahren. So ermunterte ihn auch E. T. A. Hoffmann bei der Begegnung 1816 in Berlin; er ließ ihn, auch das sicherlich als Anregung gedacht, Einsicht nehmen in den letzten Teil seines Romans *„Die Elixiere des Teufels"*. Manche Anregung verdankte Weber Clemens Brentano und Ludwig Tieck.
Die einzelnen Kapitel sind nicht der Reihe nach entstanden und wurden von Weber auch nicht fortlaufend veröffentlicht. An den von ihm aufgestellten „Plan", sowohl an den „ersten" als auch an den „zweiten", hat er sich nicht gehalten. Die sehr zerstreut vorliegenden Teile wurden zum erstenmal im Zusammenhang veröffentlicht von Theodor Hell (Dresden und Leipzig, Arnoldische Buchhandlung, 1. Band 1827, 2. und 3. Band 1828). Diese Anordnung übernahm Max Maria v. Weber im dritten, 1866 erschienenen Band der Biographie seines Vaters. Während er die anderen „Literarischen Arbeiten" in der Reihenfolge ihrer Entstehung und mit Angabe des Datums veröffentlichte, sind die Teile des Romans, eben wie bei Hell, sinngemäß und ohne Rücksicht auf die Zeit der Entstehung aneinandergereiht. Dem entspricht auch die hier vorgelegte Anordnung, die nach der Ausgabe von Georg Kaiser in den einzelnen Teilen mit dem Datum der Entstehung versehen ist.

12 Die Voranstellung der Note C erklärt Weber in einer Anmerkung auf dem Entwurf des Romans folgendermaßen: „Kapitel mit Notenbezeichnungen, die am Ende, wenn er sein Leben überblickt, in einen Choralschluß endigen und vorher einen Zirkelkanon bilden, der vor- und rückwärts dasselbe gibt. Bild des menschlichen Lebens überhaupt."

13 Ein Singspiel von F. H. Himmel.

14 In die Docken wurden beim Kielflügel die Rabenfedern eingesetzt, die plektrumartig die Saiten anrissen und zum Tönen brachten.

15 Hier wird die autobiographische Komponente des Romans besonders deutlich.

16 Aus Rossinis *„Barbier von Sevilla"*.

17 „Seid zufrieden!"

18 Leeres Gerede.

19 Hier beginnt eine Parodie auf die von Weber so gehaßte italienische Oper, der dann eine auf die französische und eine auf die deutsche folgen.
Die Übersetzung:
O Gott, leb wohl!
Klage nicht, mein Liebling,
dich lassen, mein Idol, ach!
Schon ertönt die Trompete.
Für dich will ich sterben.
O Glück!
Mein Geliebter, meine Liebste!
Welch bittres Los!
O barbarische Qual!

20 Diese Anmerkung Webers erfordert eine Berichtigung: Die Parodie entstand erst 1778.

21 Erster Akt

DIE PRINZESSIN: Teurer Prinz, man gibt uns zusammen.
DER PRINZ: Ich bin entzückt, Prinzessin;
Volk, singt, tanzt, zeigt Eure Freude!
CHOR: Singen wir, tanzen wir, zeigen wir unsere Freude!

Zweiter Akt

DIE PRINZESSIN: Liebe!
Teurer Prinz!
DER PRINZ: Ach!
DIE PRINZESSIN: Wie?
DER PRINZ: Ich sterbe!
DIE PRINZESSIN: Welch ein Unglück!
Volk, singt, tanzt, zeigt Euren Schmerz!
CHOR: Singen wir, tanzen wir, zeigen wir unseren Schmerz!

Dritter Akt

PALLAS: Pallas gibt dich dem Leben zurück.
DIE PRINZESSIN: Oh, welch ein Augenblick!
DER PRINZ: Wo bin ich?
Volk, singt, tanzt, feiert dieses Wunder!
CHOR: Singen wir, tanzen wir, feiern wir dieses Wunder!
(Ende)

22 Eine Anspielung auf Kotzebues damals vielgespieltes Lustspiel „Schneider Fips oder die gefährliche Nachbarschaft".

23 Singspiel von Ferdinand Kauer.

24 Einem Auftrag des ihm wohlgesinnten Berliner Intendanten Brühl folgend, schrieb Weber 1820 eine Begleitmusik zu P. A. Wolffs Schauspiel „*Preziosa*". Den Kopf voll „*Freischütz*"-Noten, hatte er sich zuerst dagegen gesträubt, dann aber bestimmten ihn die Dankbarkeit gegenüber Brühl und die Verehrung für Wolff, den Auftrag auszuführen. Dies um so mehr, als ihm das spanische Kolorit der Handlung reizte und sich die Möglichkeit eröffnete, in der Komposition auf originale Volkslieder zurückzugehen, wozu er, ein echter Schüler des Abbé Vogler, neigte. In Gotha hatte er Nationalmelodien von spanischen Soldaten gehört, außerdem hatte ihm der Dresdner Oberbibliothekar Hofrat Ebert solche nachgewiesen. Als Weber die letzte Note der „*Freischütz*"-Komposition niedergeschrieben hatte, machte er sich an die Komposition der „*Preziosa*"-Musik und vollendete sie in der kurzen Zeit vom 25. Mai bis zum 15. Juli, also in genau vierzig Tagen.

Es hat nicht an Versuchen gefehlt, die Webersche Musik für die Gegenwart zu retten. Ein entscheidender Erfolg wurde ihnen nicht zuteil. Verbunden mit den Bemerkungen zur Musik und ihrer Ausführung sind, sehr bezeichnend für den Theatermann Weber, solche über die schauspielerische Umsetzung. Die Bemerkungen sind einem Brief Webers an P. A. Wolff entnommen (vom 13. Juli 1820).

25 Vgl. Anm. 5! Dem anmaßenden Ton der so gar nicht kindlichen „Beantwortung" ist anzumerken, daß Vater Weber dahintersteckte. Einer unverbürgten Aussage nach soll Weber bei einem späteren Aufenthalt in Freiberg (vom 19. bis 21. November 1822) sich mit dem Stadtmusikus ausgesöhnt haben, da er „zu jener Zeit noch ein übereilter, junger Mensch" gewesen sei. Weder das Tagebuch noch die Biographie des Sohnes erwähnen diesen Vorfall, der in der „Neuen Zeitschrift für Musik" berichtet wird. Doch entspricht es durchaus dem Charakter Carl Marias, Unrecht gutzumachen, und so ist die Anekdote glaubwürdig. – Die „Beantwortung" entstand im Februar 1801 in Freiberg, zuerst gedruckt wurde sie in den „Gnädigst bewilligten Freyberger gemeinnützigen Nachrichten für das chursächsische Erzgebirge" 1801, S. 69. Der Nachdruck in der Biographie Max Maria von Webers (Band I, S. 57–63) ist stark verändert und verkürzt.

26 Freude, Dankbarkeit, Bescheidenheit sprechen aus diesen Worten eines Mannes, den auch ein so grandioser Erfolg wie der

seiner Oper *„Der Freischütz"* anläßlich der Uraufführung in Berlin am 18. Juni 1821 nicht übermütig machte. Und er zieht daraus die Konsequenz, „mit reinem Streben weiter auf der Kunstbahn mich zu versuchen". Mit dem „bitteren Tropfen" war das bei der Premiere verteilte Huldigungsgedicht eines Freundes gemeint, dessen Schlußstrophe hieß:

„So laß dir's gefallen auf unserem Revier,
‚hier bleiben!' so rufen, so bitten wir;
und wenn es auch keinen Elefanten gilt,
du jagst wohl nach anderem, edlerem Wild!"

Das bezog sich auf die der *„Freischütz"*-Premiere vorangehende Uraufführung von Spontinis Prachtoper *„Olimpia"*, bei der in einem Triumphzug lebende Elefanten mitgeführt wurden. Spontini war der Meinung, und er äußerte sie auch, Weber sei der Verfasser des Gedichtes. Das steigerte seinen Groll gegen den ohnehin Verhaßten, und erst recht fuhr er fort, Weber zu bekämpfen.
Der „Dank" erschien in der „Vossischen privilegierten Berliner Zeitung" Nr. 74 vom 21. Juni 1821.

27 Vgl. hierzu das Vorwort S. 9. Der Aufsatz entstand in Prag (26. Januar 1816), er wurde von Weber wohl nicht in Druck gegeben.

28 Im Januar 1826 schickte Weber aus Dresden das *„Rundschreiben an sämtliche Bühnen"*, das ein bezeichnendes Licht auf die rechtlose Stellung des Komponisten wirft. Es war ein Hilferuf gegen unrechtmäßige Aufführungen und Bearbeitungen (!) seiner Opern *„Freischütz"* und *„Euryanthe"*. Der französische Advokat, Schriftsteller und Musikfreund Castil Blaze hatte den *„Freischütz"* mit einem neuen Text versehen, das heißt verschandelt, und unter dem Titel *„Robin des bois, ou les trois balles"* am 7. Dezember 1824 in Paris zur Aufführung gebracht und Autorenrechte geltend gemacht. Ein ähnliches Verfahren wandte er gegenüber der *„Euryanthe"* an. – Ein Abdruck des Schreibens in einer Zeitung oder Zeitschrift zu Lebzeiten Webers läßt sich nicht nachweisen. Der Wortlaut findet sich im III. Band der Biographie des Sohnes.

29 Da die Schüler Abbé Voglers – neben Carl Maria von Weber Giacomo Meyerbeer, J. B. Gänsbacher, Gottfried Weber, Alexander v. Dusch und der Tenor Berger – sich und ihre Werke der Mitwelt bekannt machen wollten, gründeten sie den „Harmonischen Verein", den man mit seiner Tendenz,

die Werke der Mitglieder zu propagieren, etwa mit dem Schubertschen Freundschaftsbund oder auch mit dem Balakirew-Kreis in Rußland vergleichen kann. Man gab sich Satzungen, die unter den Wahlspruch gestellt waren: „Beharrlichkeit führt zum Ziel." Die Satzungen wurden von Carl Maria von Weber entworfen, endgültig ausgearbeitet wurden sie von ihm, Gottfried Weber, Berger und von Dusch am 30. November 1810. Von den im § 11 geforderten Pseudonymen, die unter die Rezensionen zu setzen waren, falls nicht mit dem eigenen Namen unterzeichnet wurde, sei der von Carl Maria von Weber genannt: „Melos".

Ähnliche Gedanken finden sich übrigens bei Richard Wagner, und zwar in seinem „Entwurf zur Organisation eines deutschen Nationaltheaters für das Königreich Sachsen". Da die Satzungen des „Harmonischen Vereins" zum erstenmal in der Biographie von Max Maria von Weber (1864) veröffentlicht wurden, ist allerdings nicht anzunehmen, daß Wagner sie 1848, als er den „Entwurf" verfaßte, gekannt hat.

30 Wenn man Carl Maria von Weber als Kritiker vorstellen will, so ist es ratsam, dies zu tun mit seinen eigenen Worten, die er „über Kritikenwesen überhaupt" geäußert hat. Er tat es in dem Artikel für die „Allgemeine Musikalische Zeitung", unterzeichnet: Dresden, im Juli 1818. Geschrieben wurde der Artikel am 22. und 23. Juli im Hosterwitzer „Sommerparadies", wohin sich Weber seit 1818 Sommer für Sommer, mit Ausnahme der Jahre 1820, 1821 und 1825, zurückzog, um sich von den Strapazen des Dienstes in der Oper zu erholen und schöpferisch tätig sein zu können.

Mit dieser Besprechung der Werke von Friedrich Ernst Fesca beweist Weber, daß er die schwierige Synthese gefunden hatte, selbst Schöpfer und zugleich gerechter Beurteiler anderer zu sein. Was er von dem Kritiker fordert, nämlich daß eine Kritik „die innigste Vertrautheit mit dem Objekte so bestimmt und vollendet voraussetzt, daß dann auch durch die Beurteilung ein möglichst ebenso lebendiges Bild des Werkes sich in der Seele des Lesers forme, daß sie ein treuer Geistesspiegel desselben sei", ist eine Forderung, die heute noch aktuell und leider noch nicht immer erfüllt ist. (Erstdruck: „Allgemeine Musikalische Zeitung" 1818, Band XX, S. 585 ff.)

31 Zu deutsch: „Auch ich bin ein Maler."

32 In der Besprechung von Cherubinis Oper *„Der Wasserträger"*, die Weber in München am 2. Juli 1811 schrieb und dem

„Gesellschaftsblatt für gebildete Stände" in München zum Abdruck übergab (sie erschien dort in der Nr. 52 v. 3. Juni 1811), kommt ebenso die große Verehrung, die Weber für Cherubini hegte, zum Ausdruck wie der immer wieder in Webers Schriften zum Durchbruch kommende Humor.

33 Es ist nicht anzunehmen, daß Weber die Oper auf einer französischen Bühne gesehen hat. Es dürfte sich also um eine „poetische Lizenz" handeln, wenn er das behauptet.

34 Mit dem Komponisten Meyerbeer war Carl Maria v. Weber von Jugend auf befreundet. Er hatte den Sohn eines reichen Berliner Bankiers, Jakob Beer, der schon mit zehn Jahren erfolgreich das Mozartsche d-Moll-Konzert gespielt hatte und der sich später Giacomo Meyerbeer nannte (der Vater mütterlicherseits hieß Meyer), in Darmstadt bei Abbé Vogler kennengelernt. Das Schülertrio Weber, Meyerbeer und J. B. Gänsbacher unterwarf sich nicht nur der strengen Schule Voglers, die lebenslustigen Adepten der Tonkunst fanden auch Zeit, die Umgebung der Stadt und die schöne Landschaft am Neckar zu durchstreifen. Die Freundschaft zwischen Weber und Meyerbeer drückte sich nicht nur darin aus, daß Weber Meyerbeers Werke mit besonderer Bevorzugung aufführte, sondern daß er sich auch als Schriftsteller für sie einsetzte. Hier handelt es sich um einen Bericht für die „Allgemeine Musikalische Zeitung" (1815, S. 785 ff.). Er ist nicht zu verwechseln mit der im Rahmen der „Dramatisch-Musikalischen Notizen" in Prag verfaßten Einführung. Vgl. S. 188.

35 Weber lernte E. T. A. Hoffmann im Jahre 1811 kennen, als er auf der Reise von Darmstadt nach München in Bamberg haltmachte. Er begegnete ihm erneut 1816 in Berlin, wo Hoffmann Weber zur Weiterarbeit am Roman „Künstlerleben" ermunterte. Anfang Januar 1817 schrieb Weber dann den Aufsatz über Hoffmanns Oper *„Undine"* und schickte ihn nach seiner Rückkehr nach Dresden, allerdings erst im Februar, an Rochlitz nach Leipzig zur Veröffentlichung in der „Allgemeinen Musikalischen Zeitung" (1817, Band XIX, S. 201 ff.). Im Gegensatz zu den übrigen damals erschienenen Kritiken ist die von Weber mit viel Verständnis für die Schönheiten und positiven Seiten des Werkes geschrieben.
Es sei hier vermerkt, daß die in der „Vossischen Zeitung" erschienene abfällige Kritik über die *„Freischütz"*-Uraufführung irrtümlich E. T. A. Hoffmann zugeschrieben wurde. Sie stammt von einem nicht mehr zu ermittelnden Kritiker der Zeitung.

Hoffmann hat sich in der Öffentlichkeit nicht über den *„Freischütz"* geäußert.

36 Diese und die folgende Kritik sind Zeugnis dafür, daß sich Weber nicht auf die Besprechung von Opern beschränkte. Auch das ihm fernerliegende Genre des Oratoriums interessierte ihn. Im ersten Falle, bei der Besprechung des Oratoriums von Meyerbeer (erschienen in der „Allgemeinen Musikalischen Zeitung", 1811, Band XIII, S. 570ff.), mögen die freundschaftlichen Beziehungen eine Rolle gespielt haben. An Gottfried Weber schrieb er darüber: „Gott, das war ein Kunststück, die Rezension über ‚Gott und Natur'! Ich halte es für eine meiner glücklichsten und fleißigsten Arbeiten."

37 Gemeint ist die berühmte Stelle aus dem Eingangschor von Joseph Haydns *„Schöpfung"*.

38 Deutsch: durch Vergrößerung. Man versteht darunter die gleichmäßige Verlängerung aller Notenwerte in einem bestimmten Thema.

39 Die Besprechung des Morlacchischen Oratoriums ist ein Beispiel für die vorbildliche Haltung Webers einem Künstler gegenüber, von dem er wußte, daß er sein Feind war. Besonders beachtenswert der letzte Absatz dieser Besprechung. (Erschienen in der „Dresdner Abendzeitung", Nr. 78 vom 1. April 1817.)

40 In dem Bericht über die Konzerte zu Gotha (erschienen im „Journal des Luxus und der Moden", Jahrgang 1812, S. 724ff.) interessieren vor allem Webers Ansicht über Louis Spohr sowie seine Bemerkungen über „Konzerte beim Tageslicht" und über die Funktion des Beifalls im Konzert.

41 Mit welcher Liebe sich Carl Maria von Weber dem Nachwuchs zuwandte, geht aus den beiden Kritiken über die Konservatoriumszöglinge von Prag hervor, erschienen in der „K. K. Privilegierten Prager Zeitung", Nr. 13 vom 22. April 1816. (Vgl. auch Anm. 52.)

42 Nicht nur als Referent, sondern auch als Dirigent (in diesem Falle in beiden Funktionen) stellte sich Weber für die Armen, für Witwen und Waisen zur Verfügung (der Bericht war für die „K. K. Privilegierte Prager Zeitung" geschrieben, er erschien dort in Nr. 145 vom 24. Mai 1816). Streng ist die Kritik des Oratoriums von T. Sauer, interessant die Beschreibung des Beethovenschen Tongemäldes *„Die Schlacht von Vittoria"*, dem Gegenstück zu Webers eigener Komposition *„Kampf und Sieg"*.

43 Durch die Kritiken über zwei Konzerte Hummels kommt

Weber mit einem seiner Konkurrenten als Komponist und als Pianist in Berührung. Die beiden Melodramen (5. Absatz) wurden von Webers späterer Frau gesprochen. – Da Weber selbst ein Meister der Improvisation war, erhält seine Anerkennung für Hummels freies Phantasieren besondere Bedeutung. (Erstdruck „K. K. Privilegierte Prager Zeitung" 1816, Nr. 154 vom 2. Juni und Nr. 155 vom 3. Juni.)

44 Der damals hochangesehene Pianist Ignaz Moscheles wird in dieser von Weber für die „K. K. Privilegierte Prager Zeitung" (Nr. 242 vom 29. August 1816) geschriebenen Besprechung trefflich porträtiert. Das Konzert hatte in Karlsbad stattgefunden. Es ist ungewiß, ob Weber das Konzert selbst besucht hatte oder ob er den Bericht nach Angaben des ihm befreundeten Arztes Dr. Jungh aus Prag, der zur Kur in Karlsbad weilte, geschrieben hat. Obwohl nicht unterzeichnet, kann die Kritik ihrem Charakter und ihrem Stil nach Weber zugeschrieben werden. Das Lob für den Gitarrekünstler stammt also von einem Musiker, der selbst ein Meister des Gitarrespiels war.

45 Den erwähnten Gitarrespieler traf Weber später in Prag wieder und schrieb über ihn in der „K. K. Privilegierten Prager Zeitung", Nr. 282 vom 8. Oktober 1816, deren Konzertreferat er vom Ende des Jahres 1815 an übernommen hatte, diese begeisterte Kritik.

46 Als Beispiel für Webers Musikkritiken wurde die Besprechung des Buches „Briefe über den Geschmack in der Musik" von Johann Baptist Schaul ausgewählt, erschienen in der „Allgemeinen Musikalischen Zeitung", 1809, Band XI, S. 793 ff. Sie ist unterzeichnet „M" (= Melos, Pseudonym Webers aus dem „Harmonischen Verein"). Es ist eine scharfe Abrechnung mit dem Verfasser, sowohl was dessen Stil als auch seine Ansichten, vor allem die über Mozart, angeht. Aus der Rezension ergibt sich auch, daß Weber über gute Literaturkenntnisse verfügte, so daß er das Plagiat aus dem Gerberschen Lexikon aufdecken konnte.

47 Deutsche Übersetzung: „Oh, daß wir von neuem an dieser verhaßten Stelle sein müssen."

48 Deutsche Übersetzung: „Was Gott zum Guten wenden möge!"

49 Friedrich Wieck ist nicht als Komponist, wohl aber als Klavierlehrer seiner Tochter Clara Wieck und als Schwiegervater Robert Schumanns in die Musikgeschichte eingegangen. Weber geht in dieser am 12. August 1815 in München entstandenen, nicht gedruckten, sondern brieflich dem Komponisten

mitgeteilten Besprechung sehr streng mit Wieck ins Gericht. Wichtig Webers Hinweis auf das Prinzip seiner eigenen Liedkompositionen im 4. Absatz.

50 An größeren kritischen Berichten ist der über das schweizerische Musikfest, geschrieben in Solothurn während einer „Kunst- und Naturkneip-Reise" durch die Schweiz und abgedruckt im „Gesellschaftsblatt für gebildete Stände", München (Nr. 75 vom 21. September 1811), bemerkenswert, weil Weber mit Recht in diesem Musikfest ein „Fest der Lebensfreude und der Heimatliebe" sieht, wie er überhaupt in der Schweiz bekannt wird mit dem „echt republikanischen Geist" des Musiklebens. Nachdem Weber vorher (und das änderte sich später nicht) vom Adel zwar manchmal verwöhnt, aber noch öfter enttäuscht worden war, war der Blick in bürgerliches, vom Patriotismus getragenes Musikleben recht lehrreich.

51 Aus dem Hinweis auf das Musikfest in Frankenhausen (Thüringen), erschienen in der „Allgemeinen Musikalischen Zeitung" 1815, Band XVII, S. 653 ff., spricht die Hochachtung vor dem Wirken des Musikdirektors Bischoff, der es verstanden hatte, in einer kleinen Stadt ein dem Schweizer Musikleben ähnliches, von den Bürgern getragenes zu entwickeln. Dies ist um so bemerkenswerter, als dieses Musikfest sich zugleich durch eine „patriotische Tendenz" auszeichnete.

52 Mit diesem Aufsatz erinnert Weber an eine für die Musikgeschichte Dresdens bedeutsame Institution, und so ergibt sich damit eine für die noch ungeschriebene Geschichte der Stadt Dresden wichtige Quelle. Der Verein darf sich rühmen, unter J. G. Schneider die erste Aufführung der Beethovenschen *„Missa solemnis"* im Bereich des damaligen Deutschen Reiches (die zweite nach der Petersburger Erstaufführung) durchgeführt zu haben. Robert Schumanns *„Faust"-Musik* kam in einem Konzert unter Leitung des Komponisten zur Aufführung, das die Kgl. Kapelle gemeinsam mit der Dreyßigschen Singakademie und Schumanns Chorgesangverein am 29. August 1849 zur Feier von Goethes 100. Geburtstag gab. Der Aufsatz wurde in Gotha am 27. September 1812 verfaßt und erschien in der „Zeitung für die elegante Welt" Nr. 198 vom 4. Oktober 1812.

53 Dieser Hinweis bezieht sich auf die von Karl Friedrich Zelter in Berlin gegründete „Singakademie", die im Leben Webers noch eine wichtige Rolle spielen sollte.

54 Direktor Liebich hatte im November 1815 Weber mitgeteilt,

daß der Städtische Theaterausschuß, an dessen Spitze ein neuer Präsident getreten war, mit den Leistungen der Oper nicht zufrieden gewesen sei. Das war ein so ungerechtfertigter Vorwurf angesichts der großen Verdienste Webers um die Prager Oper, daß er sich mit diesem Brief, geschrieben im November 1815, heftig dagegen verwahrte.

55 Mozart war in Prag sehr populär. 1787 wurde hier der *„Don Giovanni"* durch die Bondinische Truppe uraufgeführt, mit Luigi Bassi, dem späteren Freund Carl Maria von Webers, in der Titelrolle – Mozart hatte ihm die Rolle auf den Leib geschrieben. Und 1791 bedrängten ihn die Prager, für die Feierlichkeiten bei der Krönung Leopold II. zum König von Böhmen die Festoper zu schreiben: *„La Clemenza di Tito"*.

56 Diesen Ausdruck übernahm Weber von Rochlitz, der ihn in einem Brief an den Komponisten gebraucht hatte, und verwendete ihn öfter.

57 Die folgende Charakterisierung der Oper in den verschiedenen Nationen wird als ein Glaubensbekenntnis Webers mit Recht viel zitiert.

58 Auf die Schwierigkeit, wirklich gute Opernkräfte zu finden und dann auch festzuhalten, kommt Weber auch in dem folgenden „Entwurf" zu sprechen.

59 Eine Wiener Zeitschrift.

60 Im Januar 1817 hatte Weber sein Dresdner Amt als Hofkapellmeister angetreten. Nachdem er sich über die bestehenden Verhältnisse orientiert hatte, reichte er dem Intendanten, dem Grafen Vitzthum, diesen „Entwurf" ein, wobei er die Eigentümlichkeiten eines deutschen Operninstituts – ein solches zu gründen, war er nach Dresden berufen worden – im Auge hatte. Er ist in mehrfacher Hinsicht bemerkenswert. Einmal wirft er Licht auf die organisatorischen Fähigkeiten Webers, dem es darum ging, der italienischen Abteilung der Dresdner Oper eine gleich vorzügliche Besetzung des deutschen „Départements" gegenüberzustellen. Zum andern erweist er sich als Reformator der Operndarstellung dadurch, daß er die Wichtigkeit eines stehenden Opernchores und seiner auch darstellerischen Ausbildung betont.

61 Über die Bedeutung der „Dramatisch-musikalischen Notizen" ist das Notwendige in der Einleitung gesagt. Hier ist die Dresdner Fassung abgedruckt, der eine für Prag geschriebene vorausgegangen war. Die Prager Fassung erschien in der „K. K. Privilegierten Prager Zeitung" Nr. 293 vom 20. Ok-

tober 1815, die stilistisch verbesserte und mit „einigen lokal-notwendigen Änderungen" versehene Dresdner Fassung in der „Abendzeitung" Dresden, Nr. 25 vom 29. Januar 1817. Die ersten drei hier abgedruckten Einführungen sind für Prag, die übrigen für Dresden geschrieben. Es erschienen die Besprechungen von *„Alimek"* in der „K. K. Privilegierten Prager Zeitung", Nr. 294 vom 21. Oktober 1815; *„Die Jugend Peters des Großen"* in der „K. K. Privilegierten Prager Zeitung", Nr. 358 vom 24. Dezember 1815; *„Faust"* in der „K. K. Privilegierten Prager Zeitung", Nr. 245 vom 1. September 1816; *„Joseph in Ägypten"* in der „Abendzeitung", Nr. 25 vom 29. Januar 1817; *„Helena"* in der „Abendzeitung", Nr. 96 vom 22. April 1917; *„Johann von Paris"* in der „Abendzeitung", Nr. 105 vom 2. Mai 1817; *„Raoul Blaubart"* in der „Abendzeitung", Nr. 118 vom 17. Mai 1817; *„Lodoiska"* in der „Abendzeitung", Nr. 173 vom 21. Juli 1817; *„Die Entführung"* in der „Abendzeitung", Nr. 142 vom 16. Juni 1818; *„Emma di Resburgo"* in der „Abendzeitung", Nr. 17 und 18 vom 21. und 22. Januar 1820; *„Die Bergknappen"* in der „Abendzeitung", Nr. 98 vom 25. April 1820; *„Heinrich der Vierte"* in der „Abendzeitung", Nr. 164 vom 11. Juli 1820.

62 Der Satz sollte alle Bearbeiter Weberscher Opern, die im Falle der *„Euryanthe"* und des *„Oberon"* zweifellos meist das Beste beabsichtigen, nämlich sie für die Bühne zu retten, doch zu größter Zurückhaltung, zur Ehrfurcht vor dem Werk des Meisters ermahnen.

63 Das Erscheinungsjahr ist in Wirklichkeit 1789.

64 Weber fand in Dresden nicht nur Freunde, Helfer und Förderer, sondern auch mißgünstige Kritiker. Wie er mit ihnen abrechnete, tapfer und überlegen, dafür sind die „Bemerkungen" ein Beispiel. Mit dem Buchstaben C. unterzeichnete in der „Abendzeitung" Therese aus dem Winkel manchmal ihre Berichte, so auch den über die Aufführung der *„Vestalin"*. Darin kritisierte sie die von Weber eingeführte Sitzordnung des Orchesters, die er für notwendig hielt, weil er als Dirigent bisher nur einen Teil des Schlagzeugs und der Blechbläser im Auge haben konnte und weil die Streicher in der Bogenführung behindert waren. Der enge Kontakt zwischen Dirigent und Orchester aber gehörte nach Webers Ansicht unbedingt zum Wesen der deutschen Oper. Da auch der König seine Mißbilligung ausgesprochen hatte, war Weber tief verletzt und wandte sich mit den „Bemerkungen" an die Öffentlichkeit.

65 Wie aus dem „Versuch eines Entwurfes ..." hervorgeht (vgl. S. 181), legte Weber großen Wert auf die Heranbildung eines ständigen Opernchores, der auch auf sein Betreiben hin laut Königlichem Dekret vom 8. Oktober 1817 gegründet wurde, nachdem vorher die Oberstimmen von Kreuzschülern gesungen worden waren. In Kostüme gesteckt, mußten sie manchmal mit „tintenbefleckten Fingern und in plumpen Straßenschuhen" römische Priesterinnen darstellen.

66 Im „Literarischen Merkur" (Dresden) war, vermutlich aus der Feder von Therese aus dem Winkel, ein Artikel erschienen, der sich mit Webers Aufsätzen über Meyerbeers *„Emma di Resburgo"* beschäftigte und Weber sehr scharf angriff. Der Inhalt dieses Artikels geht aus der Antwort Webers hervor, der in der gleichen Zeitschrift (Nr. 14 vom 17. Februar 1820) erschien, braucht also nicht näher wiedergegeben zu werden.

67 Über den hohen Stand des Unterrichtes am Prager Konservatorium berichtete Weber von Dresden aus in der „Abendzeitung", Nr. 281 vom 24. November 1817. Der Aufsatz ist eine Umarbeitung eines schon in Prag über dieses Institut verfaßten und in der „K. K. Privilegierten Prager Zeitung" (Nr. 117 und 118 vom 26. und 27. April 1816) veröffentlichten. Er stellt eine Musikgeschichte Prags in nuce dar und verschafft Einblick in den Charakter des Instituts.

68 Julius Benedikt war von 1821 bis 1824 Schüler Webers, der ihn am 24. Juni 1824 mit folgendem Schreiben aus der Lehre entließ: „Daß Herr Julius Benedikt aus Stuttgart die Tonsetzkunst bei mir studiert und sein ausgezeichnetes Talent einen vorzüglichen Künstler hoffen läßt, beglaubigt hiermit auf Verlangen C. M. von Weber, Kgl. Sächs. Kapellmeister." Benedikt führte Webers *„Oberon"* mit eigenen Rezitativen aus, deren musikalische Substanz aus der *„Euryanthe"* stammte. Der Brief wurde am 24. Juni 1824 in Hosterwitz geschrieben; zu Lebzeiten nicht gedruckt.

69 Das Schreiben an Aloys Fuchs, entstanden in Hosterwitz am 27. Mai 1824, geht auf die Bitte des Adressaten zurück, Weber möge ihm die Aussichten des Musikerberufs mitteilen. Fuchs, ein hervorragender Musikkenner, hielt den Brief für so wichtig, daß er ihn der „Allgemeinen Musikalischen Zeitung" zum Abdruck gab, wo er in der Nr. 38 vom 26. September 1826 unter dem Titel „Carl Maria von Weber an alle die, welche sich der Kunst widmen möchten" erschien. Der Einsender ist allerdings nicht genannt, doch war es zweifellos

Fuchs, denn er fügte hinzu: „Ich wünsche dadurch den zunächst mir gewidmeten Lehren allgemeinere Wirksamkeit zu geben, und gewiß gibt es zu solchem Zwecke kein besser gedachtes, offeneres Geständnis aus dem Munde eines solchen Mannes, dessen vortrefflicher Charakter sich zugleich so schön darin ausspricht."

70 Am 5. August 1819 schrieb Weber in Hosterwitz diesen Brief. – Die Walzer sind dann doch gedruckt worden und fanden in der „Allgemeinen Musikalischen Zeitung" (1819, Nr. 51) eine halb anerkennende, halb ablehnende Kritik. In die Musikgeschichte ist Pastenaci trotzdem nicht eingegangen.

71 Dieser Artikel ist die erste kulturpolitische Arbeit Webers, die in der Leipziger „Zeitung für die elegante Welt" (Nr. 53 vom 15. März 1810) erschienen ist. Sie war im Dezember entstanden, also kurz bevor Weber mit seinem Vater aus Württemberg ausgewiesen wurde und, wie es im Tagebuch heißt, „eine neue Lebensepoche" für ihn begann.

72 In Mannheim fand Weber Freunde, Erfolge und eine schöpferische Atmosphäre. (Vgl. das über den „Harmonischen Verein", S. 291, Gesagte.) Für die „Allgemeine Musikalische Zeitung" schrieb er diesen „Städte-Brief", erschienen ist er 1810 im Band XII, Seite 659ff. Seine eigenen in dem Konzert am 26. Mai aufgeführten Werke erwähnt Weber nicht. Die Übersetzung des Liedes von Gänsbacher stammt von Weber. Darüber mehr im Kapitel: „Der Dichter."

73 Von Mannheim aus hatte sich Weber nach Darmstadt gewandt, das wegen der Musikliebe des hessischen Großherzogs Ludwig I. einen guten Ruf als Kunststadt genoß. Wie aus dem Städte-Brief, veröffentlicht im „Morgenblatt für gebildete Stände" (Nr. 18 vom 17. Mai 1811) hervorgeht, war er doch enttäuscht; das war auch der Grund dafür, daß er sich auf die Dauer nicht wohl fühlen konnte. Und alsbald, im Februar 1811, begab er sich erneut auf Wanderschaft.

74 Ein weiteres „Städte-Bild", aus dem die trotz mancher Trübungen doch beständige Liebe zu Prag spricht. Weber schrieb es Ende Juli 1815 in München, wohin Weber auf der Flucht vor den Streitigkeiten mit Caroline Brandt im Juni geflohen war. (Erschienen in der „Allgemeinen Musikalischen Zeitung", 1815, S. 617ff.)

75 Vgl. Anm. 55.

76 Die in den Gedankenstrichen eingeschlossenen Passagen stammen von Rochlitz, dem Redakteur der Zeitschrift.

77 Der Städte-Brief „Baden-Baden“ ist an den Schluß gestellt, obwohl er aus dem Jahr 1810 stammt („Morgenblatt für gebildete Stände“, Nr. 190 vom 9. August 1810), weil er das „Feuilletonistische“ am stärksten aufweist: nämlich die im Plauderton vorgetragene Beschreibung einer Stadt, ihrer Menschen, ihrer Gaststätten und vor allem ihrer „einzig schönen Natur“, vermischt mit liebenswürdig geäußerter Kritik an den Kunstzuständen.

78 Die Lösung dieser Scharade (= Silbenrätsel) findet sich in den Anfangsbuchstaben der vier letzten Zeilen.

79 Dieses Gedicht hat Weber bei seinem Aufenthalt in Jegisdorf am 24. September 1811 der von ihm sehr verehrten Frau Peyermann gewidmet. Die Vertonung, von der er im Tagebuch spricht, ist verlorengegangen.

80 Gemeint ist Joseph Gelinek.

81 Mit diesem auf Wunsch Kinds entstandenen Epigramm rächte sich Weber an Therese aus dem Winkel (vgl. Anm. 64 u. 66), nachdem er sie vorher in einer Gesellschaft gelobt, aber dann hinzugefügt hatte: „Schade, daß sie an einer bösen Krankheit leidet! Sie kann die Tinte nicht halten.“ (Überliefert von Max Maria von Weber.)

82 Max Maria von Weber berichtet über die Entstehung dieses Gedichtes. Am Silvesterabend 1819 sollte Weber als Simson einer Dame ein Geschenk überreichen. „Mit dem köstlichsten komischen Pathos, den Eselskinnbacken in der Hand, überreichte er seiner auserwählten Delila die Atrappe eines Rasierzeuges, in welcher sich Bänder befanden.“

83 Auch dieses Gedicht geht auf einen Silvesterscherz zurück. Die Mitglieder des „Liederkreises“, der Vereinigung Dresdner Dichter und Schriftsteller, der u. a. Friedrich Kind, der *„Freischütz“*-Librettist, angehörte, beschenkten sich zu Silvester 1819 gegenseitig. Der von Weber mitgebrachte und bedichtete Kristallhumpen ging durch Los in den Besitz Kinds über.

84 Mutis ist eine von der Schauspielerin Allram dargestellte Person einer Meyerbeerschen Oper. Der „Dicke“ ist Liebich, der Direktor des Prager Theaters, der „Magere“ ist Weber selbst. Da die Allram die Rolle kurzfristig übernommen hatte, schenkte ihr der Direktor einen Hut, Weber ein Strickkörbchen.

89 Die Chaisenträger sind in Dresden eine Vereinigung von Möbelspediteuren, die es heute unter diesem Namen noch gibt, spezialisiert auf Klavier- und Flügeltransport.

PERSONENREGISTER

Eberwein, Madame: bis 1837 Sängerin am Weimarer Theater, sehr geschätzt vor allem in hochdramatischen Partien (Donna Anna, Fidelio u. a.). Sie war die Gattin Karl Eberweins, Zeitgenosse Goethes, mit dem er befreundet war. 179

Ehlers, Wilhelm (1774–1845): berühmter Tenor und Gesanglehrer. Sang ebensogut Bariton- wie Tenorpartien. Komponierte ansprechende Lieder. 131 f., 180, 190, 230

Eunicke, Therese (1776–1849): zweite Frau des Tenors Friedrich Eunicke (1764–1844), glänzte vor allem in komischen Opern. Ihre Tochter Johanna (1798–1856) sang bei der Uraufführung des „Freischütz" das Ännchen. 141

Fesca, Friedrich Ernst (1789–1826): deutscher Geiger, zuletzt Konzertmeister in Karlsruhe, schrieb Kammermusik, Opern und Sinfonien. 119, 123–125, 292

Fischer, Anton (1777–1808): Kapellmeister bei Schikaneder am Theater an der Wien, schrieb beliebte Singspiele. 205, 227

Fischer, Johann Gottfried (1751–1821): einundzwanzig Jahre lang Musikdirektor in Eisleben, von 1799 an Kantor in Freiberg, hinterließ Kirchenmusik, auch Oratorien im Manuskript. 89

Förster, Carl (1784–1841): Lehrer am Kadettenkorps in Dresden, Dichter und Literarhistoriker, der Weber bei der Textbearbeitung der „Euryanthe" beriet. Weber hat mehrere seiner Gedichte vertont. 221

Forti, Anton (1790–1859): berühmter Bariton an der Wiener Oper, unvergleichlich als Figaro und als Don Giovanni, kreierte die Partie des Lysiart in Webers „Euryanthe". 190, 230

Fouqué, Friedrich de la Motte-Fouqué (1777–1843): spätromantischer Dichter, dessen Prosamärchen „Undine" den Libretti von E. T. A. Hoffmanns und Lortzings gleichnamiger Oper zugrunde liegt. 133, 136 f.

Fränzl, Ferdinand (1770–1833): Hofkapellmeister und Direktor der Deutschen Oper in München. 128, 198, 228

Frey, M. (gest. 1832): Hofkapellmeister in Mannheim. Von Kompositionen ist nur eine Operette „Jery und Bätely" (nach Goethe) bekannt geworden. 256

Fuchs, Aloys (1799–1853): Concept-Adjunkt im Hofkriegsrat Wien, der eine stattliche Autographensammlung anlegte, die vielen Musikforschern wertvolle Dienste leistete, musikalischer Laie, aber einer der gründlichsten Musikkenner. 90, 241, 299

Fuetsch, Joachim Joseph (1766–1852): Cellist, Komponist, studierte u. a. bei Michael Haydn. 13

INHALT

DER KAPELLMEISTER

DER LEHRER

DER FEUILLETONIST

DER POET

Bitte beachten Sie auch die folgenden Seiten

TASCHENBÜCHER ZUR MUSIKWISSENSCHAFT
Herausgegeben von Richard Schaal

GERHARD ALBERSHEIM
Zur Musikpsychologie
292 Seiten mit Abbildungen, kartoniert

HERMANN BECK
Methoden der Werkanalyse in Musikgeschichte und Gegenwart
302 Seiten mit Notenbeispielen, kartoniert

SIEGFRIED BORRIS
Einführung in die moderne Musik. 1900–1950
192 Seiten mit zahlreichen Notenbeispielen, kartoniert

ALAIN DANIELOU
Einführung in die indische Musik
176 Seiten Text mit zahlreichen Notenbeispielen und 32 Bildtafeln, kartoniert

Die Musik Asiens zwischen Mißachtung und Wertschätzung
Ein Beitrag zum Problem kultureller Entwicklung in der Dritten Welt. 138 Seiten, kartoniert

HANS HEINRICH EGGEBRECHT
Musikalisches Denken
282 Seiten mit Notenbeispielen, kartoniert

GOTTHOLD FROTSCHER
Aufführungspraxis alter Musik
176 Seiten mit über 150 Notenbeispielen, kartoniert

PETER GRADENWITZ
Wege zur Musik der Zeit
224 Seiten mit Abbildungen und Notenbeispielen, kartoniert

ANDRE-ERNEST-MODEST GRETRY
Memoiren oder Essays über die Musik
504 Seiten mit Notenbeispielen, kartoniert

OTTO HAMBURG
Musikgeschichte in Beispielen. Von der Antike bis J. S. Bach
240 Seiten mit 96 umfangreichen Notenbeispielen, kartoniert

GÜNTER HAUSSWALD
Musikalische Stilkunde
172 Seiten, kartoniert

HEINRICHSHOFEN'S VERLAG
D-2940 Wilhelmshaven